津田政隣
政隣記

耳目甄録　廿二
従文化元年―到文化二年

校訂・編集　代表　髙木喜美子
「政隣記を読む有志の会」
笠嶋　剛　南保信之
真山武志　森下正子

桂書房

政隣記　目次

従文化元年到文化二年　耳目甄録　廿二

凡例

一、金沢市立玉川図書館近世史料館所蔵の津田政隣著「政隣記」全三十一巻の内、「耳目甄録」廿二巻（16.28・11・22）を底本とした。

一、原則として原文に忠実を旨とし、文意のため適宜読点・並列点を付けた。表敬の台頭・平出・闕字は表記しない。本文中の傍注（　）は校訂・編集者の書き込みである。

一、字体は原則として常用漢字を用いた。ただし、当時の慣用字・同義字・同音仮借（アテ字）はそのままとし、送り仮名もそのままとした。異体字も現常用漢字とし変体仮名は現行平仮名を用いた。助詞の而・者・茂・江・与・爾（尓）はポイントを落とし、テ・ハ・モ・ヘ・ト・ニとした。ゟはヨリとした。解読不能部分は「　」（〇〇カ）、空白は「　」（空白）、文意不明は「　」（ママ）とした。明らかな脱字は□（脱カ）、誤字は□（カ）とした。

一、読者の便宜を図るため、左の方策を講じた。

(1) 引用文は原則として原文のままとした。人名も巻末の氏名索引に入れていない。

(2) 上欄に注として、参考事項を記した。

(3) 朱書きは（朱）とした。

(4) 巻末に本文に記された事項ごとの「内容一覧」を記した。

(5) 巻末に藩士及び藩主関係者の「氏名索引」を付けた。

一、人名はゴチック体にし、藩士名は金沢市立玉川図書館近世史料館の「諸士系譜」「先祖一類由緒帳」及び「諸頭系譜」で比定し巻末にまとめた。

その他藩主関係・藩士以外の人名は欄上の注に『寛政重修諸家譜』及び『徳川諸家系譜』で比定し寛○巻○頁、徳○巻○頁で表記した。

付記

津田政隣（宝暦十一年（一七六一）～文化十一年（一八一四））、通称権平・左近右衛門、初諱正隣。父は正昌、政隣は明和中世禄七〇〇石を襲ぎ、大小将組に列し、藩主の前田重教・治脩・斉広の三世に仕え、大小将番頭・歩頭・町奉行・大小将組頭・馬廻頭に進み、宗門奉行を兼ね、職秩二〇〇石を受け、文化十年罷め、翌年没する。年五十九。読書を好み文才に富む。諸家の記録を渉猟し、天文七年以降安永七年に至る二四〇年間の事蹟を録して「政隣記」十一巻を著し、又安永八年より文化十一年に至る三十六年間自ら見聞する所を輯めて「耳目甄録」二十巻を著す。「耳目甄録」も亦通称「政隣記」を以て称せらる。並びに加賀藩の事蹟を徴するに頗る有益の書なり。（「石川県史」及び「加能郷土辞彙」より）

（内表紙）

従文化元年　到同二年

耳目甄録　廿二

此次従同三年起

文化元年

●享和四甲子歳　丙寅正月大

二月十九日改元文化
今月於金沢

御用番　長　甲斐守殿
御城代　村井又兵衛殿

辛卯
元　旦　快天長閑也、昼ヨリ陰微雨、御例之通御直垂被為召、朝六時御供揃ニテ同刻過御出、両御丸御登城、於殿中都テ如御先規、九時前表御式台ヨリ御帰殿、御作法都テ御先例之通、且三ケ日御客衆等御料理左之通

熨斗鮑　木地三方　敷紙
御吸物　ひれ　尺長御箸　同　台　塗木具

御盃土器　下輪木地三方　御銚子
御取肴　木地三方内批　巻鯣　こん切　御下捨土器　木地足折

御料理二汁五菜　塗木具
御　汁　塩かも　地紙大こん　せり　松たけ　こほうせん
鱠　ひらめ　うと短尺　紅葉のり　九年母
香の物
御めし

二
御　汁　鱸おろしみ　青こんふ　うとめ
杉箱　くしこ　苞とうふ　くわゐ　敷くす

1寒さにあたる

2前田孝行（年寄・長種系八代）

3御馬廻頭

ひたし物　数の子　すりせうか
花かつを

一ッ焼鯛　御引菜　みそ漬鯛　御肴　朝鮮漬鰤

御吸物　なまこ　小梅干
糸な

御茶請　きうひ飴
しいたけ

后御菓子　すいしかん　青吹よせ
紅宝尽

以上

一、御殿平詰御客等暮頃相済、且鶴之包丁相勤候、御料理人舟木知右衛門御料理頭任田金蔵代、未致出府候ニ付従棟取勤之、御規式首尾能相勤、御目通退候処ニテ中寒[1]之躰ニテ煩出、歩行不叶、幸御医師中年頭御礼ニ出有之、各診察久保江庵針治等之上、駕籠ニテ御小屋ヘ帰但、御次ヘ御台所奉行山岸七郎兵衛被召出、本多勘解由ヲ以、御薬被下之、結構之御噂之趣演達有之

二日　三日四日五日六日七日晴、八日昼ヨリ雨天、九日十日十一日十二日十三日十四日十五日十六日晴、十七日雨、夜雪降、翌朝迄ニ六七寸計積、余寒甚烈十八日陰、十九日廿日雨、廿一日微雪、廿二日廿三日廿四日雨、廿五日晴、廿六日雨雪、廿七日廿八日雨、廿九日雪、晦日雨

三日　左之覚書前田伊勢守[2]殿御渡之由ニテ中村九兵衛[3]伝達
当時詰人并御当地在住共平士、名書・組柄・役名、肩書ニ記、御歩並ハ高何十人之内、小頭何人・御横目何人・何役何人ト書訳テ足軽小者モ右ニ准し、役所附等手替

1 奥村尚寛（年寄）
2 政隣（御先筒頭）

共人数書訳、大工棟梁等ニ至迄不相洩、其支配々々ヨリ書出可申候、右之趣夫々組・支配有之人々ヨリ拙者共席へ早速書出候様、無急度各ヨリ可被申談候事

右ニ付此表役附何人々々ト書訳指出候事

奥村河内守[1]殿旧臘廿四日卒去之段申来候ニ付頭分之面々為伺御機嫌、明日御帳ニ附候様、夫々可申談旨伊勢守殿被仰聞候条、御承知可被成候、以上

正月五日　　永原治九郎

津田権平[2]様

猶以、御帳之義ハ明日四時過ヨリ出候間、左様御承知可被成候、以上

五日　奥村河内守殿卒去ニ付御屋敷中、今明日鳴物遠慮之旨御横目所ヨリ小屋触有之、且外在住支配之人々へ早速可申談旨永原治九郎ヨリ以紙面申来

六日　自分儀一昨日朝乗馬之処、馬馳出、又兵衛坂高ニテ落馬之処、豆腐屋荷桶ニテ面部疵付見苦敷相成、同日ヨリ御殿詰見合、遂療治、未宜今日伺御機嫌之御帳ニ難附、依之伊勢守殿御小屋へ以使者御達申候事

十五日　御登城御下り後、御居間書院於御前、左之通被仰渡

前田伊勢守
本多勘解由
当春御帰国御供

付札　御横目へ

御作事方御門等往来之人々夜切手、且又家来暨為御用足軽小者受取夜中出入切手、御

門番人ヨリ毎度及催促候得トモ及延引候人々モ有之体ニ候、御定之儀ニ候得ハ不及催促共、夜中往来之翌日ハ決テ可指出儀ニ候処、甚等閑成儀ニ候、以来催促ニ不預、早速指出可申候事、右之趣一統可被申触候事

子正月

右、**伊勢守**殿被仰聞候旨等、例之通**永原治九郎**ヨリ廻状有之

付札　御横目へ

博奕御制禁之儀、前々被仰渡置候得共、猶更御家中末々之者共、違失無之様厳重ニ可申渡旨被仰出候、右之通就被仰出候、少シも心得違之者有之候得ハ、御横目足軽ヨリ相咎候筈ニ候条、被得其意、家来末々迄主人々々ヨリ厳重ニ申渡候様、一統相触可被申候事

子正月

右同断、十七日ニ廻状有之

十八日　御表へ年頭初テ**大御前様**[1]御招請、且**御前様**[2]御入輿後初テ就御招請、御居間書院於御敷舞台、左之通御囃子・狂言被仰付、御歩並以上見物被仰付、且携候人々熨斗目、御勝手向服紗小袖布上下、御式台向ハ常服ト昨日御横目中申談之事

但、**尾州様**[3]ヨリ之御附頭**内藤喜左衛門**等於御勝手座敷一汁五菜之御料理等御大小将給事ニテ被下之、挨拶并御使物頭相勤、其外夫々御附之人々御作法ヲ以御料理被下之、御囃子等見物被仰付候事

1 治脩（十一代）室正
2 斉広（十二代）室琴
3 徳川斉朝（尾張藩十代）

高砂　権五郎　　東北　宝生大夫　　山姥　権作　　巻絹　弥三郎
安宅　甚次郎　　邯鄲　宝生大夫　　放下僧　左一郎　　春日竜神　小三郎
融　権作　　祝言岩船　金三郎
栗田口　弥右衛門　　腹不立　春元事 元三郎　　居杭　八三郎
宗八　弥三郎　　子盗人　弥右衛門　　乳切木　弥右衛門
樋の酒　八三郎　　福の神　春哲事 春五郎

一、御饗応方左之通
木地三方 敷紙　　御熨斗　　結のし 結こんふ
御三献　塗薄盤
初献　平角 昆布 平角 勝栗　　平角 熨斗三盃　尺長御箸 同台
二献　小皿 田作 小皿 染こほう　　服紗御雑煮　餅 こんふ くしこ 五部な くし貝 芋の子 焼とうふ かつを　　尺長御箸 同台
三献　御吸物　ひれ 身　尺長御箸 同台　　御土器三　木地三方
長柄御銚子　同提　御下捨土器　木地三方
御取肴　福良のし　木地三方内批

同　巻するめ　同断

若松蒔絵御重壱組
上　早蕨　はへん　すたれふ　砂糖煮金かん
水塩焼きす　ひしき
二　相生かん
谷の鶯
三　かすてぃら
やよひ
与　朝日まんちう　包御のし

御料理二汁六菜　外御引菜　御膳塗　薄盤
膾　すゝき　たい　批せうか
うと短尺　九年母
松葉のり
御汁　橘やき　皮大こん
塩初茸　春きく
香の物　粕漬平瓜
同　花丸瓜
同　花なす
御めし

二
白煮鮑
杉箱　生わらひ
つみふ　敷葛
御汁　さゝめき
ふきの頭
浸物　にんしん才　くるみ
みつは

御三方
指身　たい作り重　きす細作り　山吹付て　みる
刻かくてん　巻はすね　九年母才　南天葉

前酒

一ッ焼小鯛　御引菜　はた白みそ漬
青串

御盃　御銚子　御肴　真羽焼

御吸物　みるくい
うとめ　結こんふ　御茶請　園の桃
川たけ

後御菓子　海老糖
まつ笠　宮城野

御後段
花かつを
やきみそ
焼のり

蕎麦切　御下汁　御再進　御盛替
しほり汁

御盃　御てうし　御吸物　いせとうふ
枝さんせう

御肴　蝦　ふり塩焼

御茶受　つまみやうかん
うはいろ付　後御菓子　巻松風
千代のはま
唐かるやき

十九日　御具足鏡餅直御祝ニ付、御雑煮等頂戴、御前例之通、且左之通、今日伊勢守殿被仰渡

1 前田利命（治脩男）
2 前田利幹（富山藩九代）
3 牧野忠精（寛6 271頁）

当春御帰国御道中奉行等
被仰付
御小将頭 人見吉左衛門
御用人 津田権五郎

一、左之通、伊勢守殿被仰聞候旨等永原治九郎ヨリ今日廻状

付札　御横目へ

裕次郎[1]殿御儀、向後様付ニ唱候様被仰出候条、此段一統可被申談候事

正月十八日

一、裕次郎様御養嫡御願書、一昨十七日御用御頼之御先手堀三左衛門殿へ御渡、昨十八日右三左衛門殿ヲ以御指出候事

廿一日　昨日御老中依御奉書、今日不時御登城可被遊候処、就御疝邪ニ御名代淡路守[2]様へ御頼、右ニ付一統四時揃之旨伊勢守殿被仰聞候段、御横目ヨリ申談候事

一、今日於御席、頭分以上へ左之通伊勢守殿御演述、畢テ於竹之間為御祝詞御帳ニ附候事

本文御弘於金沢ハ二月二日有之、為御祝詞年寄中等へ廻勤

昨日御老中方御連名之依御奉書、御名代淡路守様今日御登城被成候処、於御白書院御椽頬ニ、裕次郎様御養子ニ被成、御嫡子御願之通被仰出候段、御老中方御列座御用番牧野備前守[3]殿御演述、難有被思召候、此段被仰聞候、松平之御称号、且是以後万端御振合前々御嫡子様之通相心得可申候、此段何モへ可申聞旨御意ニ候

右ニ付御表向服紗小袖・布上下着用、三ケ日平詰、今明日之内、為御祝儀年寄中等御小屋へ可相勤旨御横目中申談、且三ケ日之内為御祝儀、御出之御客衆等へ御料理出候筈之事

一、右為御祝儀、二月九日上使有之互見
一、右為御普為聴御守殿[1]并ニ御三家へ之御使自分[2]相勤候之事
廿三日　水戸様[3]へ之御使相勤候事
廿四日　増上寺へ之御成、雨天ニ付御延引
廿八日　月次御登城
廿九日　於御席、左之通伊勢守殿被仰渡
　当御帰国御道中御供、組共被召連候事　津田権平[4]
　当御帰国御道中、組被召連候事　人見吉左衛門[5]
　附、吉左衛門身分御供之儀ハ去十九日被仰渡有之互見
一、昨日御老中方依御奉書、今日不時御登城、依之一統四時揃之旨伊勢守殿被仰聞候由、昨夜御横目中ヨリ申談有之、御帰殿之上頭分以上ニ於御席、左之通伊勢守殿御演述、畢テ於竹之間御祝詞之御帳ニ附候事
　昨日御老中方御連名之依御奉書、今日中将[6]様御登城被成候処、裕次郎様御儀、紀[7]伊中納言様御息女豊姫様ト御縁組御願之通被仰出、忝思召候、此段何モヘ可申聞旨御意ニ候

本文之趣於金沢二月十三日頭分以上ヘ御弘有之、為御祝詞年寄中等ヘ廻勤有之

---

1 徳川斉朝（尾張藩十代）室
2 政隣
3 徳川治紀（水戸藩七代）
4 政隣（御歩頭）
5 御小将頭
6 前田斉広（十二代）
7 徳川治宝

右ニ付一統服紗小袖・布上下着用、今日・来月朔日・二日平詰、今日為御祝儀、御出之御客衆等へハ御料理出候事

一、今日紀州様[1]へ為御使参上之事

一、飛騨守様[2]・淡路守様[3]依御願之趣有之、以来ハ於御居間ニ御対顔可被遊旨被仰出候事

晦日 御先筒頭**堀部五左衛門**、当廿七日暁ヨリ外感内傷煩出、同日ヨリ御番見合、遂療治候得共不宜、今日ヨリ役引之事

但、翌朔日朝、療養不相叶病死、享年六十一

今月十一日於金沢、左之御覚書、御家老**前田図書**殿、定番頭・新番頭・御歩頭・大組頭・御持方頭へモ壱通宛御渡之事

付札　御歩頭へ

都テ諸願方之儀、是迄ハ先例しらへ被仰付候上御聞届、追々御増米等被仰付候得共、相勤候年数而已ヲ以左迄モ無之、勤功ヲ申立願出候様ニ相成候テハ畢竟職分之励モ薄く、自ら不宜風俗ニ押移り不本意之至ニ候、依テ以来御増米等願有之候テモ容易ニ御聞届無之候、格別之勤功有之者ハ時々之御僉議ニテ被及御沙汰、或ハ時宜ニ寄、御増米願等ハ当座之御賞美等可有之候、右等之趣兼テ為心得申聞置候様被仰出候条、可被得其意候事

正月

1 徳川治宝
2 前田利考（大聖寺藩八代）
3 前田利幹（富山藩九代）

今月十五日金谷御殿ニテ旧臘六日、相公[1]様御拝領之御樽肴御披、御作法都テ安永八年二月廿一日於同御殿、御拝領之御樽肴御披之節御同事ニ付略ス
右、年月等之記互見

今月廿六日左之通御触出候由、金沢ヨリ申来
△飛騨守様御舎弟大学[2]殿、一昨廿四日御死去之段申来候、依之普請ハ昨日一日、諸殺生・鳴物等ハ昨日ヨリ明廿七日迄三日遠慮之筈ニ候条被得其意、組・支配之人々ヘ可被申渡候、且又組等之内才許有之面々ハ其支配ヘも相達候様可被申聞候事右之趣、可被得其意候、以上

正月廿六日　　長　甲斐守

同役連名殿

今月廿八日左之通、以御覚書甲斐守殿頭河内山久大夫[3]ヘ就被仰渡候、才次儀久大夫宅ヘ呼立、吉田八郎大夫[4]立会、小頭河辺八左衛門指引ニテ申渡候旨申来候事

御歩横目
山口才次

付札　河内山久大夫ヘ

右才次儀、去春金谷御広式御膳所御用相勤罷在候処、右御膳処古き帳面之分書入（カ）等ニ相成候ニ付、売払代料ヲ以、役所向入用之料紙等相調候ハ可然旨同心共之内申聞候ニ付、御料理人吉田丈蔵・寺尾五郎作ヘ及示談候処、同意之旨申聞候ニ付、同心宮村文左衛門ヘ申談、右帳面之分三貫文余ニ相払候由、且又右代料之内、右丈蔵致借

1 治脩（十一代）
2 前田利龍（利精男）
3 御歩頭
4 御歩頭

用度段申聞候旨、同役土山三郎左衛門ヨリ相達候ニ付、承知之上三貫文貸渡候、粗忽之至不念之趣奉恐入、迷惑至極仕候旨等口上書両通、添紙面ヲ以被指出之、将又先達テヨリ再往御尋之趣御座候処、粗忽之仕方不都合之段申聞候、其上御参勤御供モ御差省之儀ニ御座候間、先指控罷在候様可被申渡哉之旨、紙面被指出候ニ付紙面之通被相心得候様申渡置候、右之趣夫々相達御聴候処、先以帳面相払申義ニ候ハ御用ニ難相立品之否、得ト相糺御広式頭等ヘモ相達、遂塾談可申処、其儀無之、剰同役三郎左衛門ヘモ内談仕候処承知之旨申聞候趣ニ申聞候得共、得ト思慮仕候得ハ三郎左衛門ヘ内談仕候儀ハ無覚束候ニ付、三郎左衛門ヘ相尋候処、最初内談ハ不仕旨申候由、重テ申聞其(上脱)右払代吉田丈蔵ヘ貸渡候族等、彼是不埒至極之義ニ被思召候、依之役儀被指除、指控被仰付候旨被仰出候条、此段可被申渡候事

正月　　　御歩横目
土山三郎左衛門

本文才次指控今年十一月三日御免許

同日　左之趣、御覚書ヲ以、頭菊池九右衛門[1]ヘ甲斐守[2]殿就被仰渡候、則申渡有之

右、御覚書留略、相達御聴候処、同心任申旨ニ帳面送出候族等、不行届義ニ被思召候、以後之義相心得候様可申渡旨被仰出

今月於金沢、組御用番河内山久大夫前洩ニ付爰記之

1 御歩頭
2 長連愛

一、松平相模守[1]様御領内因州松原村

兼村儀左衛門　今年　百八十二歳

妻　百七十歳

せかれ　百三十八歳

妻　百三十六歳

孫　百二歳

妻　九十七歳

彦[2]　三十九歳

妻　二十九歳

曽孫之子　八歳

同断　五歳

右、今般十五人扶持・金百両被下之

今月廿日　左之通、御用番被仰渡

三人共当春
御留守詰順番之通
被仰付

御小将頭　小原惣左衛門　組共

御歩頭　吉田八郎大夫　組共

御用人　庄田要人

1 池田斉邦

2 曾孫のこと

丁卯二月小

御用番　奥村左京殿
御城代　村井又兵衛殿　　組御用番　菊池九右衛門

朔日　雪降、今日御例之通日光御門跡[1]御登城ニ付、月次登城相止、前月廿九日記之通、今明日御殿平詰

二日　朝迄ニ雪二寸計積、終日降、今日前田伊勢守[2]殿叙爵之御礼被仰付、御太刀馬代・紗綾二巻献上、御手自御熨斗鮑被下之、右於御小書院也、畢テ於御居間書院二汁五菜之御料理等被下之、相伴定番頭並関屋中務、且御刀拝領等都テ御先例

同夜　飛騨守[3]様御舎弟大学[4]殿、於大聖寺前月廿四日御死去ニ付、普請ハ今日一日、鳴物等ハ明後四日迄三日遠慮ト小屋触有之

三日　昨夜ヨリ大風雪今朝迄ニ尺余雪積、昼ヨリ属晴天
今日御守殿[5]ヘ為御使参上之事

四日　五日六日晴、七日昨夜ヨリ雪降微積、八日九日十日十一日十二日十三日晴、十四日雨、十五日陰、十六日同、十七日十八日十九日廿日廿一日廿二日廿三日晴陰、廿四日雨、廿五日廿六日廿七日廿八日晴、廿九日雨

九日　今度裕次郎[6]様御養子御嫡子為御祝儀、今日従公方[7]様・大納言[8]様、上使御奏者番松平和泉守[9]殿ヲ以中将[10]様ヘ巻物十・干鯛一箱・御樽一荷、従大納言様、干鯛一箱・御樽一荷、従御[11]

---

1 公澄法親王
2 前田孝友（年寄役）
3 前田利考（大聖寺藩八代）
4 前田利龍
5 徳川斉朝（尾張藩十代）室
6 前田利命（治脩男）
7 徳川家斉
8 徳川家慶
9 松平乗寛（寛1 64頁）
10 前田斉広（十二代）
11 徳川家斉室　寔子

台様、御使御広式番之頭木曽七郎左衛門[1]殿ヲ以、干鯛一箱・御樽一荷御拝受、裕次郎様へ右御同使 和泉守殿也 ヲ以、干鯛一箱・御樽一荷、従大納言様、干鯛一箱、従御台様御使御広式番之頭石尾喜左衛門[2]殿ヲ以、干鯛一箱相公[3]様へ御同上使和泉守殿ヲ以、干鯛一箱・御樽一荷、従大納言様、干鯛一箱、従御台様御広式番之頭御使筑山文左衛門[4]殿ヲ以、干鯛一箱御拝受、御料理御盃事御断ニ付、御餅菓子等出、夫々御都合能被為済、右為御礼御老中方御勤ハ、少々就御風気ニ、淡路守[5]様へ御名代御頼被遊候事

但、九時頃和泉守殿御出、同半時過七郎左衛門殿等御三人御一集ニ御越被成候事

十一日 御近習向之人々不残御帰国御供被仰付候旨、暨左之通夫々於御席、伊勢守[6]殿被仰付

御手前儀、於御道中御近習頭へ加り、騎馬御供可被相勤候事　津田権平

右同断　御大小将御番頭 一木逸角

御道中御筒支配　御持筒頭 御近習御用 神田十郎左衛門

同　御弓支配　聞番 恒川七兵衛

御長柄支配可申渡旨、頭人見吉左衛門[7]へ被仰渡　御大小将 三輪采男

御道中御供　諸組御大小将横目 永原七郎右衛門

1 木曽万年（寛19 8頁）
2 石尾氏武（寛20 403頁）
3 前田治脩（十一代）
4 筑山喜忠（寛22 182頁）
5 前田利幹（富山藩九代）
6 前田孝友
7 御小将頭

1 徳川斉朝
2 徳川治宝

十二日　**尾張様**[1]・**紀州様**[2]へ為御使参上

一、御帰国御道中御供触前々之通、尤御用方留帳ニ記候ニ付爰ニ略ス

十三日　今度**裕次郎**様御縁組御願之通就被仰出候、今日**紀州様**へ為御使者**前田伊勢守**被遣、従**紀州様**モ御家老御使者**三井孫十郎**被遣候筈之処、俄ニ指支有之由ニテ大番頭**長谷川頼母**被遣、御作法左之通

一、御使者**長谷川頼母**来候節、取次御小将誘引御広間溜へ相通、組頭出挨拶、追付御家老出御口上承、達御聴可申候

　但、給事新番、御茶・たはこ盆等指出可申候

一、組頭誘引御勝手座敷上之間へ相通、御吸物・御酒・御取肴二三種・御菓子出之、相伴組頭、御酒之内御使御家老御意申述、組頭・聞番モ罷出挨拶、但給事御大小将

一、右相済御大書院へ御出、御使者**伊勢守**等之内誘引二之間御敷居之内ニ控、御前へ御吸物上之、**頼母**へ**伊勢守**等内挨拶、二之間御敷居之内御縁頬之方着座、御吸物等出、**伊勢守**等内挨拶、御廊下之方へ引退、重テ誘引、二之間御敷居之内へ入、御盃頂戴、御肴御手自被下之、加有之、御土器持退き候時、是ヘト御意有之、御次ニテ御坊主衆受取之、御給事人へ被相渡、御土器三方ニ戴、御前へ持参仕被召上、**頼母**御敷居之外ニテ御礼申上退、引続**頼母**儀**伊勢守**等内誘引罷出、御直答被仰含退候節御意有之相済、御使者御勝手座敷上之間へ退候事

一、披候節、御家老・組頭・聞番・取次御小将モ階下迄送候事

一、御使者誘引之御家老并御酌御給事ハ無地熨斗目・小紋長袴、右ニ携候頭分・平侍等無地のし
め・小紋上下着用候事
但、浅黄并返小紋ハ除之　　以上
右之通ニ候処、就御風気ニ御出不被遊、御答伊勢守ヲ以被仰進、且二汁五菜、内一ツ焼鯛
之御料理等被下之候事

十四日　紀州様へ為御使参上

十五日　朝六時過御供揃ニテ御登城、西御丸へモ御登城、御下り御老中方御廻勤、九半時頃御
帰殿、且今日為御祝詞御出之御客衆等へ二汁五菜、向詰一ツ焼鯛等之御料理出、猶於御席
頭分以上へ左之通伊勢守殿御演述、畢テ於竹之間御祝詞御帳ニ付候事
今度御養子就被仰出候、当九日上使御奏者番松平和泉守殿ヲ以、従公方様・大納言様、
相公様・中将様・裕次郎様品々御拝領物被成、従御台様モ以御使御拝受物被成、御前様[1]
ニモ従公方様・大納言様・御台様、大奥御女中衆奉文ヲ以御拝領物被成候、且又従相公
様御礼之御献上物、今日以御使者首尾能被指上、中将様ニハ、昨日御老中方御連名之
依御奉書、今日御登城被成候処、於御白書院御礼被仰上、御懇之被蒙上意、裕次郎様
ニモ、　御名代飛騨守様ヲ以御礼被仰上、難有被思召候、此段何モへ可申聞旨御意ニ候
本文之趣、於金沢ハ同月廿六日頭分以上へ御弘有之、依テ御両殿様へ為御祝詞、今
明日中御用番之宅へ可相勤旨被仰談有之
一、今日頭分以上へ於御料理之間、伊勢守殿・勘解由殿[2]一席ニテ、当九日御拝領之御酒・御肴・干

1 斉広（十二代）室
2 本多

鯛二切宛并御吸物ふかし・うど・せり御取肴巻鯣頂戴被仰付、御礼ハ取持御先手へ中泉七大夫[1]
申述、給事御大小将新番、指引御大小将御番頭・同御横目

一、於御席、左之通伊勢守殿被仰渡

津田権平

御手前儀、詰中足軽・小者等御賄之儀御用人
申談承届、切手致裏印候様可申渡旨被
仰出候事

一、御帰国御暇御例之通被仰出候ハ、三月十九日御発駕、四月朔日御着城可被遊旨、昨十四日
被仰出候事

十六日　左之通被仰付

当御帰国御供

江戸在住御匕医　**大高東栄**

御匕医　**魚住道仙**

御針医　**久保江庵**

大御前様[2]御用モ有之候ニ付
御留守へ詰延、且於御次
御内々白銀拾枚被下之

十七日　朝、白虹貫日

左之通於御席、**伊勢守**殿被仰渡

1 御先筒頭

2 治脩室

御手前儀、当春御帰国御供被仰付候条、御発駕翌日発足、道中於宿々ニ御供人末々
之者不埒之族無之哉、去秋御参勤之節之通、委承糺可被罷越候事

御台所奉行
山岸七郎兵衛

十八日　左之通、於御前被仰付

物頭並　御近習只今迄之通　御表小将横目ヨリ **原　七郎左衛門**

御表小将横目　**太田数馬**代　御表小将配膳役ヨリ **改田直次郎** 改主馬

一、左之通被仰付候段、**本多勘解由**殿御申渡

御表小将配膳役　御馬廻組御表小将見習ヨリ **里見右門**

一、同断、御同人頭迄御申渡

御表小将見習配膳役　御大小将ヨリ **今井左大夫**

一、左之通**伊勢守**殿御渡之旨、**中村九兵衛**[1]等ヨリ廻状有之

前々ヨリ江戸御供等ニテ罷越候人々ヘ致餞別、又ハ罷帰候節、土産物無用ニ可仕旨被
仰出申渡有之、別テ去々年以来毎度厳敷被仰出候事故、一統違失有之間敷儀ニ候得
共、猶更堅相守可申事

右之通可申渡旨被仰出候条被得其意、組・支配之人々ヘモ厳重ニ可被申渡候、組等之

1 御馬廻頭

内才許有之面々ハ其支配へモ可申渡旨可被申談候事
子二月
右於金沢ハ三月八日御用番**山城**殿ヨリ御触有之

十九日 朝五時前、御供揃ニテ不時惣御登城、九時頃御下り、今日文化ト年号改元被仰出

文化
年号右之通今日ヨリ改元ニ候条、此段一統可被相触候、以上
甲子二月十九日
前田伊勢守
本多勘解由
御横目中

右**永原治九郎**[1]ヨリ例文判形之以廻状到来、於金沢ハ三月朔日公義御用**長甲斐守**殿ヨリ御触紙面被出之、文段前々之通也

一、今日上使御使番**日根野織部**[2]殿ヲ以御鷹之鶴御拝領、万端御例之通被為済、**中村九兵衛**気滞見合ニ付、代御客方御用**伊勢守**殿被仰渡、**自分**相勤

一、右相済為御礼御老中方御廻勤、時刻七ッ時ニ成候ニ付、御登城ハ不被遊候事
附、右上使ニ付テ之御作法書、三月七日ニ記ス互見

廿日 御先手物頭**音地清左衛門**へ今度**裕次郎**様御養嫡就被仰出候、従**相公**様右為御礼、公辺へ被指出候御使被仰付、右相済直ニ詰被仰渡、今月八日金沢発足、一日之歩逗留ニテ今日

1 御大小将横目
2 日根野弘篤（寛15 339頁）

江戸参着之事
但今月廿八日切ニテ右御使御用相済、廿九日ヨリ御番等常御使モ詰人之通相勤候、且当
御留守中大御門方支配兼、翌廿一日**伊勢守**殿被仰渡候事

廿一日　**戸田采女正**[1]殿へ為御使罷越候事
年寄中等御屋敷之内御往来之節、家来共時宜不仕不作法之仕形共有之候、此義前々
ヨリ申談候義ニ候得共、年寄中等へ右之仕合ニ候得ハ、其外之面々ヘハ別テ不作法之
為躰可有之候、年寄中等御往来之刻、急度時宜仕、其外之面々ヘモ慮外不仕様家来
末々御申渡可被成候、右之趣**伊勢守**殿ヘモ相達申談候義ニ御座候条、御組・御支配御
申談可被成候、且又御組等之内、才許有之面々ヘモ御申談可被成候、以上

二月廿一日　**永原治九郎**

津田権平様　組諸頭連名

廿三日　今日**市谷御守殿**[2]等へ為御年賀**御前様**御出

廿八日　就御風気ニ御登城御断

廿九日　**尾張様**并**近衛**様御使者**斉藤若狭守**旅宿田安御長屋へ御使相勤候事

今月朔日　左之通於金沢被仰渡
御着城之上、公辺御使御内証
人持組御奏者番　**奥村左膳**

---

1 戸田氏教（老中）
2 徳川斉朝（尾張藩十代）室

1～5 公事場奉行（五人とも）
6 御用番年寄
7～9 三人とも御歩頭

今月
於金沢左之通

△当年為御用江戸并遠所へ罷越候人々、一季居下々奉公人居成ニ可召置候、但暇遣候儀ハ主人勝手次第ニ候条、如前々組・支配中可被申触候、以上

子二月二日

遠田誠摩[1]印　原　九左衛門[2]印
本多主水[3]印　中川清六郎[4]印
前田兵部[5]印

同役在合連名殿

△相公様へ為年頭御祝儀、各并組・支配之人々ヨリ青銅献上之、御喜悦之御事ニ候、此段可申聞旨被仰出候条承知有之、組・支配之人々へモ可被申聞候、在江戸之人々へハ代判人ヨリ可有伝達候、以上

二月四日　奥村左京[6]

同役連名殿

菊池九右衛門[7]

二月三日夜、母儀病死ニ付忌引、依テ同日ヨリ組御用番吉田八郎大夫[8] 吉田氏江戸発足前ニ付、 十六日ヨリ安達弥兵衛[9]

一、御歩小頭岡本次郎左衛門、今月八日病死

△先達テ被仰渡候打込、諸方御土蔵へ上納銀、御扶持方并御切米被下候人々之分、しらへ方

全不相済候得共、知行百石ニ付三拾目宛之図りヲ以、取立可申旨被仰出候条、左之通割府ヲ以当三月中諸方御土蔵ヘ上納有之、右奉行請取切手、当場日印請ニ指出候様可被申談候、以上

二月十日　　御算用場

菊池九右衛門殿　但御用番送候義、不相知躰ニテ如此

此紙面ニ同役中伝達可有之旨可調処、相洩候条右紙面之趣、同役中伝達可有之候、明日如此候ト同月十二日追見状有之

一、三匁九分　三人扶持
一、十三匁五分　十人扶持
一、三十六匁六分　三十人扶持
一、九匁三分　廿五俵
一、十三匁八分　三十七俵
一、十八匁六分　五十俵
一、廿六匁壱分　七十俵
一、七匁五分　足軽一人
一、六匁六分　五人扶持
一、廿目四分　十五人扶持
一、六十目九分　五十人扶持
一、十一匁一分　三十俵
一、拾五匁　四十俵
一、廿目四分　五十五俵
一、十八匁九分　四十俵三人扶持
一、廿一匁六分　四十七俵三人扶持
一、廿二匁五分　三十五俵七人扶持
一、三匁　小者一人
一、九匁六分　七人扶持
一、廿七匁三分　廿人扶持
一、百廿二匁壱分　百人扶持
一、十二匁九分　三十五俵
一、十六匁八分　四十五俵
一、廿弐匁五分　六十俵

右之通候、此外御役米之外ハ、都テ右割合ヲ以上納可有之候、以上

御家中一統、春出銀如御定、三月朔日ヨリ晦日迄之内、御支配并御自分共可被上之候、且又当秋出銀之義モ例年之通十月朔日ヨリ晦日迄之内、可被指出候、御披見後御判形候テ可被相越候、以上

二月十日　　富田権佐[1]判

同役連名殿

追テ春出銀之分、帳面ハ三月之月附ニテ四月十日迄之内可被指出候、以上

今月廿一日　八時御供揃ニテ春日山辺へ**相公**様御行歩御出

火之元之儀、随分厳重相心得候様、御家中ヲ初末々曁町家ニ至迄不相洩様、一統可申渡旨被仰出候条、被得其意、組・支配之人々へ可被申渡候、組等之内才許有之面々ハ其支配へモ相達候様被申聞、尤同役中可有伝達候事

右之趣可被得其意候、以上

二月廿二日　　**奥村左京**

安達弥兵衛殿

付札　御横目へ

御城中所々御番所等火之元之儀、前々之通厳重相心得候様、諸頭并諸役人中へ可被申談候事

1 出銀奉行

二月廿三日

別紙之通夫々可申談旨、御城代又兵衛殿被仰聞候条御承知被成、御同役御伝達、御組・御支配之内、御城中等所々へ罷出候人々へ御申談可被成候、以上

二月廿七日　御横目

御歩頭衆中

今月廿八日　於金沢、左之通被仰付

若年寄　人持組小松御城番より　前田掃部

御算用場奉行当分加人　御馬廻頭　富永右近右衛門

但四月七日ョリ御免

御用人当分加人　御歩頭　菊池九右衛門

但四月三日ョリ御免

付札　御横目へ

二之御丸裏御式台前、御飾番所続御台所入口御門御造営就被仰付候、来月四日ョリ往来指留候条、御台所奥之口并松坂御門通り金谷御殿へ罷出候人々、鶴之丸通り埋御門ョリ往来之筈ニ候条、此段不相洩様夫々可被申談候事

但、三之御丸御番所左右入口ョリ供之人数、二之御丸之通召連可申事

二月廿八日

右御城代又兵衛殿被仰聞候旨等、例之通御横目廻状有之

1青山忠裕
2天子に奏上する書
3蛕（かい）の異体字

△三月廿七日ヨリ往来不支旨、本文同趣之廻状同月廿五日ニ有之

前洩附記

前田伊勢守殿へ之口宣請取、京都へ之御使御大小将**奥村半五兵衛**正月十五日江戸発同廿七日京着、同日京詰人**堀田次兵衛**会所奉行同道、御所司代**青山下野守**[1]殿宛所之御老中方御奏書[2]持参候処、**下野守**依御召江戸表へ罷越在之ニ付、難受取候得共、前例モ無之候間、公用人心得ヲ以受取、以急便江戸**下野守**へ可相達候、就テハ於旅中**下野守**へ行合候節不心付、右御奏書不相達旨、**半五兵衛**ヨリ書札指出候様、公用人任申聞ニ則指出、致逗留在之候内、二月十五日頃ヨリ時疫蚘[3]虫之症煩、急ニ快復難計旨等、**萩野典薬頭**其外数医申聞候間、御国へ之御暇願書付三月二日江戸へ到来ニ付、頭**人見吉左衛門**ヨリ得御内意候処、表向願出候様即刻被仰出候ニ付、右書付**吉左衛門**奥書ヲ以、則**伊勢守**殿等へ相達候処、則被入御覧、願之通ト被仰出候段被仰渡候ニ付、其段**吉左衛門**ヨリ以紙面**半五兵衛**へ申達候、猶又京詰人**堀田次兵衛・小畑次郎**御馬廻組ヨリ口宣渡り候ハ如何可相心得哉之旨、**伊勢守**殿等迄伺越候ニ付、**次兵衛**等之内指添指急江戸表迄致持参候様、**本多勘解由**殿ヨリ同三日以早飛脚御申遣候事

但、**半五兵衛**儀療養不相叶、三月十三日於京都病死

付札　御台所奉行へ

御料理頭　**任田金蔵**

右金蔵儀、不応思召趣有之ニ付、先指控被仰付
尤此表へ罷帰、相慎罷在候様可申渡旨被仰出置候通ニ候、金蔵儀役儀モ有之
候処我意ヲ立、御料理人共一統不心服、支配人ヨリ加異見候得共相慎不申、
其上御用聞町人共へ取組、彼是不埒之趣モ有之躰、沙汰之限ニ候、依之役儀
被指除御料理人ニ被仰付、遠慮被仰付候旨被仰出候条、此段可被申渡候事

子二月

右今月□(空白)日　御用番左京殿被仰渡、則御台所奉行於宅申渡有之

喧嘩追懸者役

二月廿日ヨリ　堀　万兵衛代　青木多門

只今迄之通　吉田又右衛門

△

右例之通、万兵衛ヨリ廻状有之

今月十九日　左之通被仰付

当年御留守江戸詰　御家老役　津田玄蕃

附　三月四日金沢発、同十五日江戸参着

一、此方様始御成之節、御出合之節、御供中御目通不相成、御供人ハ町家或ハ番所等へ入隠し
置、主人迄蹲踞之御格、且紅葉山・上野増上寺等御規式御成之節ハ主人たり共御目通不相

成、若隠れ所於無之ニハ指控之伺可有之御格定、此例先年讃岐守様御家ニ有之

一、御女中様方之御法会ニハ都テ伺御機嫌之登城無之御格之事

一、出羽国秋田ニ森ヨシ（吉）山ト云有、上品之銅山也、往昔ハ秋田領トいふ事必定無之候処、其頃藤沢遊行上人通行之節、此山ヲ見て左之通詠歌有之ヨリ以来、秋田領ニ極りし由也

富士に似て富士にはあらす　森よしの山は秋田の内にこそあれ

戊辰三月大

今月於金城
御用番　横山山城殿　　組御用番　河内山久大夫
御城代　村井又兵衛殿

朔日　雨昼ヨリ晴、二日夕雨、三日四日五日六日晴、七日雨、八日晴、九日十日十一日雨、十二日十三日晴、十四日雨、十五日十六日晴、十七日雨、十八日ヨリ就御道中日々ニ記ス

二日　明日ハ就御日柄ニ飛騨守[1]様・淡路守[2]様、今日上巳為御祝詞御出

三日　御登城御断昨日被仰出、御風気御全快不被遊ゆへ也

四日　左之趣、以御使者御案内有之
淡路守様御儀、当年御暇被下間敷候、来夏御暇被下ニテ可有之旨、御用番戸田[3]采女正殿御宅へ淡路守様御家来被召呼、以御覚書被仰渡候

五日　左之通、以御覚書、伊勢守[4]殿被仰渡
付札　御歩頭へ　　御料理人　御細工者
右、於御道中可有支配候事

1 前田利考（大聖寺藩八代）
2 前田利幹（富山藩九代）
3 老中
4 前田孝友（年寄）

同日　今般御帰国御供人、左之通紙面出之、且組・支配之人々之分モ夫々御達申候事

一、金拾両　　津田権平　無判

右、私儀、当御帰国御供ニテ罷帰候間、詰中被下金請取方不指支様、会所ヘ被仰渡可被下候、以上

三月五日

前田伊勢守様
本多勘解由様

六日　左之通被仰付

梅之御居宅御用人[1]　梅御居宅御広式番ヨリ　曽田永蔵

七日　今度裕次郎[2]様御養嫡、御願之通就被仰出候、今日相公[3]様御名代御老中方御廻勤、裕次郎様御名代ハ淡路守様ヘ御頼、御廻勤被成候事

鶴　上使御作法　前記二月十九日互見

一、上使御案内之御小人目付来次第、御付人大手昌平橋・本郷三丁目弐人宛付置、外付廻之者弐人可指遣候

但、御小人目付来次第、一統布上下着用可仕候

一、御拝領之鶴来候ハ聞番先立仕、御玄関敷付ニテ御使番請取之、御大書院上之方前々之通持

1 治脩室の江戸の住居
2 斉広養嫡利命（治脩男）
3 治脩（十一代）

1 前田長禧（高家）（寛22 244頁）
2 前田利以（七日市藩九代）

出控可罷在候
一、上使御出之節、御門外へ年寄中・御家老并聞番罷出、組頭・物頭御白洲へ罷出可申候
一、上使御下乗ヨリ御玄関敷付先迄、聞番御先立可仕候、**御前**御玄関鏡板内ヨリ御右之方へ御出向、敷付右之方へ**飛騨守**様・**淡路守**様・**前田信濃守**[1]殿・**前田大和守**[2]殿等御出向、左之方へ御先手衆御出可被成候、**御前**御誘引ニテ上使御大書院上之間へ御着座、御刀同二之間御床之内上之方ニ御表小将直之可申候
　但、御玄関階上ニ御大小将控罷在、御跡ヨリ罷越、御刀御渡被成次第請取、御表小将へ相渡可申候
一、上意御拝聴、御拝領之鶴控罷在候処へ被為寄、御頂戴相済、上使御座付被改候上、御挨拶之内御拝領之鶴御勝手へ引之、畢テ御熨斗 木地三方 出之引之、**御前**御勝手へ被為入、御火鉢・御たはこ盆・御茶出之可申候
一、**御前**重テ御出御挨拶之上、御先衆御相伴ニテ御菓子出之、御酒之上御肴**御前**御持参可被遊候、御相伴へハ御給仕人引之可申候
一、御吸物出御土器 木地三方 御肴 同 出之、**御前**御出御挨拶之上御盃事、上使御初ニテ**御前**へ被進、御肴モ被進、御加被遊上使へ被遣、此時替之御肴指出、御肴モ被遣、御加畢テ重テ**御前**へ被進、御肴モ被進御納被遊、御勝手へ御入可被遊候、御銚子御勝手へ入、御土器・三方等引之、御濃茶等段々引替ニ可仕候
一、御取持衆御挨拶之上、**御前**御出御請被仰述、追付上使御退出、**御前**最前之所迄御送り、**飛**

騨守様初御取持衆最前之所迄御出、其外年寄中・御家老以下前条之通罷出可申候
一、上使御退出以後、御広間溜ニテ御歩目付、御使者之間ニテ御小人目付御料理出之、且又御
拝領物持参人へハ大御門続内腰懸ニテ御菓子・御酒等可被下之候
右、前々之振ヲ以奉伺候、以上
二月

或書曰
金山寺額
善一止　　此読様ハ　善心起れハ悪心やみ
仏心同　　　　　　　一心悟れハ仏心に
悪悟起　　　　　　　同し

伏羲[1]木ヲ削テ琴ヲ造り玉フ、其式ニ曰
琴面円法レ天　底平則象レ地
龍池八寸通八風　風池四寸象四時
五絃象五行　長七尺二寸

八日　紀州様[2]へ御使

1 中国古代の伝説上の帝王
2 徳川治宝

1牧野忠精（寛6 271頁）
2徳川家慶
3安藤信成（寛17 180頁）
4徳川家斉室　寔子
5小笠原義武（寛19 63頁）

左之通、伊勢守殿被仰渡候旨、中村九兵衛・人見吉左衛門ヨリ廻状ヲ以到来

付札　組頭へ

当春御帰国御供人之内古詰之者モ有之候得共、多分去秋御供ニテ罷越、詰満不申、当御在府御慶事共打続、格別御繁用ニテ烈敷相勤、彼是失墜相懸り、其上、此表米価ハ近く引下候得共、諸色高直ニ付、何モ致難渋、御公界向相勤候人々ヘハ被下金モ御座候得共、前段之趣ニテ一統指支候ニ付、御省略中之御儀ニハ候得共、前々之振ヲ以御貸渡有之様被致度旨等再往段々被申聞候趣、無拠儀ニ付、猶更遂詮議、委細達御聴候処、願之趣ニ付今般格別之趣ヲ以、去秋以来追々此表ヘ相詰候者ヘハ壱人扶持ニ、三拾目宛被下、外ニ五拾目宛御貸渡、古詰之者ヘハ三拾目之外ニ弐歩宛御貸渡被成候旨被仰出候、如斯被仰付候上ハ精誠致勘弁、旅用不指支様相心得、御供可仕義肝要之事ニ候、右之趣被得其意、組・支配之人々ヘ被申聞、組等之内才許有之人々ハ其支配ヘモ相達候様可被申聞候事

三月

十三日　上使御老中**牧野備前守**[1]殿ヲ以、御国許ヘ之御暇被仰出、御例之通御巻物三十・白銀百枚御拝領、従**大納言**[2]様モ御老中**安藤対馬守**[3]殿ヲ以、被為蒙上意、御巻物二十御拝領、従**御台様**[4]モ御使御広式御用人**小笠原大隅守**[5]殿ヲ以、御巻物五御拝受、八時頃万端御都合克段々被為済候

但、**対馬守**殿トハ御盃事有之、其外ハ御断、尤二汁六菜之御料理等被出之、向詰御持参、**大隅守**殿ハ御餅菓子等被出之、御重引御持参、其外御作法都テ前々之通ニ付略ス

右為御普為聴、日光御門跡[1]并水戸様[2]へ御使ニ参上、且尾州様[3]・紀州様[4]へモ御使可被進候処、今日ハ市ヶ谷御守殿[5]へ御成ニ付、道筋人留指支候ニ付、右御方へハ明日ハ御日柄、明後日被遣候筈之事

今月四日　左之通、於金沢被仰付候由、今日申来

御算用場奉行　公事場奉行ヨリ　遠田誠摩

御表小将横目　原七郎左衛門代　御大小将横目ヨリ　池田勝左衛門

思召有之ニ付役儀御免除　御算用場奉行組頭並　笠間九兵衛

十五日　昨日、御老中方依御奉書、今朝六時過御供揃ニテ御登城、御下り御老中方并若御年寄衆御廻勤、九時過御帰殿、左之通於御席頭分以上へ伊勢守殿御演述、畢テ於竹之間恐悦之御帳ニ附

一昨十三日、上使牧野備前守殿ヲ以御国許へ之御暇被進、白銀・御巻物御拝領、従大納言様、安藤対馬守殿ヲ以御巻物御拝領、従御台様モ小笠原大隅守殿ヲ以御巻物御拝受被成候、昨日、依御奉書今日御登城被成候処、於御黒書院御礼被仰上、御懇之被為蒙上意、御鷹・御馬御拝領、次ニ伊勢守・勘解由[6]御目見、拝領物モ被仰付、重畳難有被思召候、此段何モヘ可申聞旨御意ニ候

一、今日御拝領被遊候御鷹 大鷹二据・御馬 鹿毛二疋 渡ル、御作法御先例之通

一、去冬御拝領被遊候御拳之鴨、今夕御披、飛騨守様等御饗応、御作法御前例之通、且頭分以

1公澄法親王
2徳川治紀
3徳川斉朝
4徳川治宝
5徳川斉朝（尾張藩十代）室
6本多政養

上へ御例之通、於長囲炉裏之間、左之通頂戴被仰付、御礼於御次御近習御用御用部屋勤候
関屋中務ヲ以申上、都テ暮頃相済
御吸物　塩鴨　ふき　　御酒　　御取肴　巻鯣
再進　うと　松茸

十六日　吉田八郎大夫、今月五日昼金沢発、姫川等支二日逗留、今日参着、且左之通被仰付
当御留守中御省略方　御小将頭　小原惣左衛門　御歩頭　吉田八郎大夫
御用主付　御用人　庄田要人　御先手　高畠安左衛門
一、当十九日、王子筋へ御成之御沙汰、依之明後十八日可被遊御発駕旨今日被仰出候由、伊勢守殿夫々へ被仰渡

十七日　左之通被仰渡
御用人故障等之節、御用人兼帯并御賄切手裏印御用人申談押候様被仰出　吉田八郎大夫

十八日　陰、今朝六半時御供揃ニテ、五半時頃御発駕、八時過浦輪駅御着、自分御昼蕨駅ヨリ御近習騎馬、但六時過御小屋出立、蕨ニテ奉待請御供、且旅中食物等如例別録ニ有
同夜、今月四日出御用状、河内山久大夫ヨリ到来披見之処、披言上紙面有之ニ付、御旅館へ持参、御近習頭神田十郎左衛門ヲ以上之、其外御用状、江戸吉田八郎大夫へ送遣、附此末同趣度々有之、略不記之

1 松平治郷

2 御近習御用

十九日　陰、今朝六時御供揃ニテ七半時頃御立、御中休桶川、御小休ハ大宮・鴻巣・吹上、七時前熊谷御着、自分朝御供、昼ヨリ一木逸角、是ヨリ末御中休代り合ニテ繰々

廿　日　陰昼ヨリ快天、五半時御供揃ニテ同刻前御立、但、雲州松江侯[1]深谷泊ニ付通行御見合之上、御立也、深谷御中休、本庄ニ不時御泊、八時前御着

一、御歩小頭藤江次郎兵衛、御番引書付就指出候左之通

御歩小頭
藤江次郎兵衛

右、昨十九日ヨリ持病之積気強難儀仕、今日御供ハ同役岩倉庄助助合ニテ保養仕候得共、第一不食ニテ積気治り兼、明日ヨリ御供難相勤候ニ付御番引仕候、依之庄助壱人ニ相成候間、前例之通明廿一日ヨリ城下御関所并難所迄御供仕候様可申渡ト奉存候、且右ニ付御先供御歩之内弐人ハ小頭御供所ニ御供為仕可申ト奉存候、右之趣被達御聴可被下候、被仰出次第前田伊勢守等ヘモ相達可申候、以上

三月廿日

津田権平判

関屋中務[2]殿

右、伺之通被仰出候ニ付、左之通及御届并御道中奉行中・御横目中ヘモ及御達置候事

御歩小頭
藤江次郎兵衛

右、昨十九日ヨリ持病之積気強、第一不食ニテ治兼候ニ付今日ヨリ御番引仕候、依之岩

1矢羽の色が黒くて所々に白色の斑点があるもの

倉庄助壱人ニ相成候ニ付、前例之通城下御関所并難所迄御供為仕、且、御先供御歩之内弐人小頭御供所ニ御供為仕可申哉之旨相伺候上、夫々申渡候間、御届申上候、以上

三月廿日　津田権平無判

前田伊勢守様

本多勘解由様

右、伊勢守殿旅宿へ為持遣候処、慥ニ御受取候取次土屋仁左衛門之旨申来

一、拙者江戸以来背等痛出来ニテ船場等ニおゐて御先へ進み候節等、不身躰之儀等可有之哉之旨、関屋中務ヲ以申上置候事

廿一日　雨天、五時御供揃ニテ六半時御立、倉ケ野御中休、落合新町・高崎御小休、九半時頃板ケ鼻御着

廿二日　雨天昼ヨリ晴、暁七半時御供揃ニテ同刻前御立、坂本御中休、はね石・軽井沢御小休、八時過追分へ御着、但、峠御登り口・御下り口等、尤御駕籠際ニ御供仕候事

廿三日　夜之内大ニ霞深、夜明ヨリ快天、今暁七半時御供揃ニテ同刻前御立、海野御中休、平原村・小諸・上田御小休、八時過榊駅御着

廿四日　晴陰、暁七半時御供揃ニテ同刻頃御立、丹波嶋御中休、矢代新町御小休、且、筑摩・才川水高候得共、御通行七時過牟礼御着、但、碓氷御越等之恐悦状相認、御旅館会所へ出之、江戸・金沢同役中へ遣之

一、今日御中休御宿主柳田瀬左衛門ヨリ鷲全身ニテ献上、依之金千疋被下之、粕尾[1]之鷲也

廿五日　快天、暁七半時不遅御供揃ニテ、同刻前御立、関川御中休、柏原・関山・荒井御小休、
七時頃高田御着

廿六日　快天之処昼ヨリ微雨折々降、八半時ヨリ南風雨烈し、今暁七半時御供揃ニテ同刻前御立、名立御中休、五智・有馬川・能生御小休、七半時過糸魚川御着

一、今日御中休御宿主名立寺和尚御目見被仰付、御手自払子《ほっす》・判金一枚被下之、但、往古以来御昼宿等被致候ニ付、従**松雲院**様御紋付之仏具御寄附、其後モ今ニ至候迄数百年、御宿被致候処、一度モ何等之願無之、剰叮嚀実意之趣共有之、依之此度右払子、御土蔵ニ有之候奇南香[1]ニテ柄被仰付、且九條之袈裟モ可被遣筈ニテ京都被仰付、御発駕前到来之処、無御日間仕立出来兼候ニ付、此度ハ先判金御添被下之候事

廿七日　昨夜ヨリ強風雨、今日終日夜終不霽、右ニ付姫川洪水、糸魚川ニ御逗留、依之昼飯ハ弁当ニテ仕廻可申候、若雑用旅宿ヘ申付候者ハ、相対払勿論、今夜食并明朝食暨明昼弁当ハ代料如定、於本陣御供小払役所ヨリ払候筈之旨触有之　附、本文旅籠代被下切ニ相成候義、九月四日御道中奉行廻状有之

廿八日　暁ヨリ属晴快天、姫川減水、船立候ニ付追付之御供揃ニテ四時頃御立、青海御中休、外波・境御小休、駒返り・不親知風波穏静也、七時過泊駅ヘ御着

一、今日青海御中休於御旅館、同駅**油屋建右衛門**を御居間先白洲ヘ被召出、左之通**関屋中務**演述之、金小判二十両於御目通頂戴被仰付、但此度御道中魚物微少、別テ大鯛無之、于時青海浦ニテ今春初テ此間大鯛四枚取揚候内、大なるヲ二枚善光寺駅迄昼夜ヲかけ持参献上、尤

1 香木　伽羅

1 御目付　永井直堯
2 御番方
3 浦和市と大宮市の付近
4 飯塚忠顕（西之丸書院番）

御喜悦之由也
其方儀及深更善光寺駅迄罷越趣等実意之至、且家中之人々通行之節モ実意之趣共被
聞届宜、依之金子被相送之

廿九日　晴陰、朝六半時御供揃ニテ同刻前御立、浦山御中休、舟見・三日市御小休、但布施川
等至テ水深し、八時過魚津御着、夜終雨降

晦　日　雨天昼ヨリ晴、暁七時御供揃ニテ同刻前御立、東岩瀬御中休、東水橋・下村・小杉御小
休、但早月川夜前ヨリ之雨ニテ水増、俄ニ舟橋出来ニ付御支無之候事、八時前高岡ヘ御着、
追付之御供揃ニテ瑞龍寺ヘ御参詣

今月十六日　於金沢、左之通
依願之趣、御家老役御免除　**今枝内記**

同月　寒疫煩出役引　御大小将横目　**永原治九郎**
右ニ付御道中仮御横目　御大小将　**堀　次郎八**

同月廿四日　江戸御城書之内
御目付　**永井靭負殿**[1]
名代　**平賀鉄之助**殿[2]
其方儀、八貫野[3]鹿狩之時、**飯塚主水**[4]ヘ鑓突当候之段、過之義トハ乍申、一分之働ヲ
心懸打込之場所ニテせり合候故ト相聞候、御番方之不作法ヲモ可制役儀ニテ不似合之

仕方、不調法之事ニ思召候、依之御役儀御免被成候

同月廿五日　於金沢、左之通被仰付

右ハ昨廿三日暁**立花出雲守**[1]殿於宅、御同人御申渡、御目付**佐野宇右衛門**[2]殿被相越候事

御表小将　御表小将見習御馬廻組ヨリ **坂井甚太郎**

同断 **片岡助左衛門**

学校読師加人　九里幸左衛門嫡子 **九里波江**

同断読師　小松御馬廻組 **半田牛之助**

梅之御居宅御広式　（**安田久左衛門**
毛利猪之助

同月十一日　左之通、於金沢被仰付

亡父**河内守**知行無相違

壱万七千石　内千五百石与力知　**奥村義十郎**

同月十三日　年頭御祝儀物献上ニ付、御喜悦之旨年寄中迄被成下御書、頭分以上二之御丸於御席拝戴、御組附之分ハ御組頭、年寄中於御宅拝戴

同月十六日　於金沢、左之通被仰付

物頭並　二御丸御広式御用　**松寿院**[3]様附物頭並ヨリ **佐藤弥次兵衛**

1立花種周（若年寄）（寛2 379頁）
2佐野庸貞（寛14 36頁）
3重教女頴（会津保科容頌室）

一、出羽国秋田ニハタ〱トいふ魚有、形鰯ニ似テ頭ニ佐竹様之御定紋、扇ニ丸之形有之ハタ〱
ト言字ハ羽州ニテ鰰（ハタ〱）ト書する由
一、竹田故金右衛門昌忠、歌道ニ殊勝なる人也、詠歌任承左ニ記之
大組頭兼御近習、左之詠歌ハ宝暦四年五月十日於御前依御題詠之ト云々
早苗　植て今朝　小田の早苗に露ならぬ　心を残（カ）か置やすめけむ
旅　　乗物に道ヲ任せて明ぬまや　眠りに過し里やゆく里

己巳四月小

御月番　前田内匠助殿
御城代　村井又兵衛殿
但御用番　菊池九右衛門

朔日　快天、六時御供揃ニテ同刻頃御立、今石動御中休、福岡・倶利伽羅御小休、八時前津幡御着
二日　雨天、今朝六時過御供揃ニテ同刻頃御立、森下ニテ時刻御見合等有之、四半時前益御機嫌克御着城、自分今日ハ本役御供所ヘ加り御供帰着、御用番内匠助殿ヘ於御席恐悦申述帰宅之事
一、長谷観音祭礼能番附左之通
朔日
翁
高砂　五郎兵衛　太右衛門
田村　三郎左衛門　長十郎

草紙洗　権之進　久左衛門　藤戸　宮門　金作
是界　陸之丞　栄次郎　祝言　呉服　小太郎　菌作
三本柱　理右衛門　六地蔵　庄吉　若市　幸助
二日
翁　大社　六左衛門　信助　忠則　五郎兵衛　次助
巻絹　宮門　文次　鉢木　権之進　金作
国栖　忠藏　富次郎　祝言　松尾　嘉十郎　寿助
唐角力　三次　子盗人　専三郎　蝸牛　次郎吉

三日　四日雨、五日陰、六日雷雨、七日八日九日晴、十日陰微雨、十一日同、十二日十三日十四日十五日十六日十七日快晴、十八日十九日雨、廿日廿一日廿二日晴、頃日湿暑、廿三日雨、廿四日廿五日廿六日廿七日廿八日廿九日晴陰

六日　左之通被仰付并御算用者六人被召抱

公義御用　奥村河内守代　前田伊勢守

七日　左之通、被仰付

御大小将横目　池田勝左衛門代　御表小将ヨリ　山本左次馬 改又九郎

御算用場奉行兼帯　御馬廻頭ヨリ　杉野善三郎

御算用場奉行当分加人御免　御馬廻頭　富永右近右衛門

十一日　左之通、被仰付

表御納戸奉行　御大小将　高畠彦之丞

御書物奉行并書写奉行兼　御馬廻組　菅野劉平

割場附御横目　同断　(久)九津見甚兵衛

同日　御作事所横目御馬廻組百五十石四十四歳稲垣八郎左衛門儀、脇差ヲ以自殺、同夜為検使御大小将横目永原七郎右衛門・山本又九郎罷越、暁八時済、去秋已来煩病屈之躰ト云々、せかれ十六歳伝次郎ト云、頭ハ水野次郎大夫、相頭長瀬五郎右衛門尤罷越

十三日　同役寄合宿、但今年中今日定日并廿五日内寄定日同断之趣ニ付時々不記之、且今日左之通被召出

新知百石　青山将監与力早崎宇右衛門嫡子　早崎恒三

年寄女中格栄林院養子ニ被仰付、本組与力ニ被召出、栄林院実方本苗小笠原ニ可相

改候、栄林院儀及老年候迄久々相勤候ニ付、恒三儀、右之通被仰付

同　日　左之通可申渡旨御覚書ヲ以御用番内匠助殿御算用場奉行へ被仰渡

御算用者
不嶋源助
金岩八郎

右両人前月七日於江戸表、御算用者斉藤大次郎御貸小屋ニテ及懸合候首尾ニ付、先指控被仰付、此表へ罷帰相慎可罷在旨等、先達テ被仰渡候通ニ候、先以源助儀腹立之砌、土瓶ヲ八郎へ投付候儀等、甚以不法之儀微陋至極之為躰ニ候、八郎儀モ其場ニ至候ハ、心得モ可有之処、甚おくれ候儀不都合之至ニ被思召候、依之両人共閉門被仰付、源助義御用所執筆被指除之

右之通可申渡旨被仰出候条、此段夫々可被申渡候事

四月

御算用者
園部宗九郎

右源助・八郎、江戸表大次郎於御貸小屋、及懸合候節、其座へ宗九郎参掛取扱候旨、先達テ口上書取立、会所奉行ヨリ指出、相達御聴候処、其場へ罷越候上ハ、何とか双方取治方モ可有之候処、不行届儀ニ被思召候、以後之儀相心得可申候

右之通可申渡旨被仰出候条、此段夫々可被申渡候事

四月

御算用者
斉藤大次郎
寺尾甚之助

右人々、源助・八郎於江戸表懸合之節之一件、先達テ口上書取立、会所奉行ヨリ指出、相達御聴候処、発端之懸合之儀ハ右両人ニ候処、源助、八郎ト及申分候ハ何トか取治方モ可有之候処、不行届候義ニ候、其上仲間勤合之義ニ付、最初大次郎等ヨリ心付候義、八郎不致会得、再往及懸合候儀ハ申談方全不宜故ト被思召候、依之御咎モ可被仰付候得共、其儀ハ御用捨被成候、以後之儀厳重相心得可申候
右之通、可申渡旨被仰出候条、此段夫々可被申渡候事

四月

右之趣意ハ御算用者初詰之者ハ二詰以上ヘ佳節為祝儀廻勤之流例ニ候処、八郎儀初詰ニ候得共、御省略方役所留書、且御帰国御道中御供小払御用ニテ不得隙故、上巳之祝詞廻勤不致候処、其儀ヲ源助咎候ニ付、右不得隙ヲ等之申訳致し候節、八郎儀手ヲ突不申段寛怠之由、是又源助申聞候ニ付、八郎答申ハ何れモ平臥其上八郎之前ヘ足ヲ投出し有之族ニ付、手ヲ突不申段申入候処、源助甚立腹、其座ニ有之土瓶ヲ取、八郎顔ヘ投付候処、余程顔爛壊し、依之八郎申候ハ只今打果し候ハ定テ各乱心ニ可被取計候間、一先御小屋ヘ帰仕抹之上、追付罷越可打果ト申断、帰候ニ付、各八郎ヘ及挨拶詰合候仲間一統之達テ扱ひニ付、八郎令承知候由、荒増趣意右之通ニ候事

此次文化四年六月廿七日互見

十五日　月次出仕、於柳之御間一統御目見、御意有之、御取合言上年寄中、四時前相済

一、右相済、**奥村義十郎**家督之御礼、且役儀之御礼等被為請

此次五月十九日互見

△

覚

一、御家中侍中屋守或長屋等借罷在候者之内、奉公人之外、都テ十五歳以上之男女、当月之在人高可被書出候、何程男、何程女ト可被書分候事

一、寺社奉行・町奉行・御郡奉行等支配地ニ罷在候侍中家来之儀ハ右奉行中不及貪着候間、宅ヲ貸置候内、右族之者有之候ハ其主人々々ヨリ不相洩様、前条之趣ヲ以可被書出候事

一、人高郡分ニ調申ニ付、侍屋敷浅野川橋ヨリあなた居住之者ハ河北郡、橋ヨリ此方ハ石川郡ニ候事

一、右人々僧俗・穢多之類迄、都テ男女之人高ニ候故、内書ニハ品々書分候ニ不及、則紙面調様、左ニ記候事

右寛政十年相触候通ニ候間、其趣ヲ以当五月廿日迄之内、有無之義可被書出候事

四月

覚

一、何拾人　男女但拾五歳以上

内何人　何郡男

何人　何郡男

何人　何郡女
何人　何郡女
右従公義御尋ニ付奉公人之外当四月在人高如斯御座候、以上
甲子月　日　誰　判
宛所月番壱人

公義へ被書上候御郡之人高、先年相触置候通、今年七年目ニ相当り候条、別紙覚書之趣、組・支配之人々へ可被申渡候、且又組等之内才許有之面々ハ夫々相触候様可被申聞候、尤与力・家来等へモ被申渡、被遂吟味有無之儀、当五月廿日迄之内書記可被指出候事
一、先年相触置候通、向後モ子年・午年七年目々々ニハ四月人高被相改、有無之義可被書出候事
右之趣可被得其意候、以上
四月十八日　前田内匠助
津田権平殿　但新番頭・御歩頭連名

廿三日　左之通
今日病死　御馬廻頭兼宗門奉行
享年六拾歳　青地七左衛門

＼御家中倹約被仰出候節、鷹所持等之儀ニ付、享保十三年別紙写本文之通被仰渡、延享三年

ニモ重テ付札ヲ以被仰渡候処、今以心得違之人々モ有之躰ニ候間、前々被仰出候通無違失相
心得可申候、

右之通可申渡旨被仰出候条被得其意、組・支配之人々へ可被申渡候、組等之内才許有之
面々ハ其支配へモ相達候様被申聞、尤同役中可有伝達候事

右之趣可被得其意候、以上

四月廿四日　　前田内匠助

菊池九右衛門殿

鷹所持仕度存候者ハ八百石以上児鷂・鷂・隼之内一居、三千石以上右之内一居或二居、五
千石以上三居、壱万石以上四居、大鷹ハ五千石以上之外可為無用候、八百石以下ハ加り
鷹モ無用之事

一、陪臣ハ仮令高知遺置候者ニテモ鷹所持仕候義一向無用之事

付札　鷹所持之義、本文之通候処、近年小身之人々モ所持仕候躰ニ候、向後小身之者共ハ
勿論、大身ニテモ不勝手之面々ハ鷹所持之義遠慮可仕候事

御家中之人々地廻御用并他国御供・詰等被仰渡、会所銀借用仕候上、御指留或ハ病気等ニ
テ御断申上不罷越人々有之節ハ、会所銀返上方御格モ有之義ニ候間、早速頭・支配人等ヨ
リ会所へ案内可有之筈之処、是迄区ニ相成居申、案内無之人モ有之、証文改方及遅々し
らへ方等指支申儀モ有之候条、以来会所銀御貸渡之上、右等之趣ニテ不罷越人々有之節ハ、
早速頭・支配人ヨリ会所へ不相洩案内有之候様、一統被仰渡御座候様仕度奉存候、以上

子三月廿六日
半田惣左衛門[1]　伴　七兵衛[2]
野口左平次[3]　佐久間武大夫[4]
中村直江[5]　西村甚大夫[6]
横山山城様

付札　定番頭へ
別紙写之通被得其意、組・支配之人々へ被申渡、組等之内才許有之面々ハ其支配へモ相達候様可被申聞候事
四月

右佐藤勘兵衛[7]ヨリ以廻状、同役御用番迄到来之事

廿七日　左之通書付出之、同役中へモ及廻状候事
私せかれ辰之助儀、気分相滞候処、段々指重難見放御座候間、今日ヨリ為看病役引仕候、右御断申上度、如斯御座候、尤少々ニテモ快相成候ハ御案内申上出勤可仕候、以上
子四月廿七日　津田権平判
前田内匠助殿

廿九日　右之通ニ付出仕断紙面左之通
私せかれ辰之助儀、大病相滞看病引仕罷在候ニ付、明朔日出仕不仕候、右御断申上度如斯御座候、以上
四月廿九日　津田権平無判

1〜6　この六人は会所奉行
7　定番頭

前田内匠助様

別紙若年寄中紙面写五通相越之候条被得其意、組・支配之人々へ可被申渡候、組等之内才許有之面々ハ其支配へモ相達候様被申聞、尤同役中可有伝達候事

右之趣可被得其意候、以上

四月廿四日　　前田内匠助

菊池九右衛門殿

向後毎歳九月朔日ヨリ翌年三月晦日迄、宮腰口・粟ケ崎筋金沢町端ヨリ上ハ才川迄、下ハ浅野川ヲ限両川并大野川共浜手迄、曁古保川・金くらい川[1]・安原川共、都テ魚殺生御停止ニ被仰付候

但、猟師之分ハ水戸口ヨリ大潟迄大川筋御免被成候

右之通被仰出候条、御家中之面々等一統御申触可被成候事

子四月

当国御鷹場へ近年殺生人多紛込、甚不縮成躰ニテ去冬以来モ毎度網等有之取上候、御家中一統御免場たり共網懸もち、或八寸以上之串指、且三里四方天網張候儀御停止ニ候処、心得違之者有之躰ニ付、以来右殺生人見請次第、召捕候様御郡方之者へ申渡、曁藤内共モ相廻厳重見咎候様申渡候

一、御留場之内、堀々・俣川・不湖[2]ニテ投網打候義、猟師たり共御停止ニテ、惣テ本川筋之分モ毎歳九月朔日ヨリ翌年三月晦日迄投網打候義、御家中ハ勿論殺生渡世之者モ従前々御停止ニ

1 金腐川

2 湖辺の溜水地

1 拰は搦
2 たかはご、小鳥を捕まえるしかけ

候、水戸口ョリ大潟之分ハ御免ニ候得共、是又潟縁へ寄鳥之とかめ候処ニテハ打申間敷旨被仰出置候処、甚猥ニ相成候躰、且又都テ御場之内本道之外ハ殺生道具等携罷通候儀不相成候処、是又猥成躰ニ付以来右族之者急度見咎候様、御郡方之者并藤内共へモ申渡候
右之趣、夫々厳重可申渡旨被仰出候条、御家中之面々等家来末々迄心得違無之様、一統御申触可被成候事

子四月

御家中之人々鷹御郡方へ出候節、勢子人足貸并致止宿候節、払方相対払ニ致可申処、御用払ニ致候者モ有之躰相聞候、此儀ハ主人不存儀ニテ鷹匠共指支不申義ニ相心得居候者モ有之躰ニ候条、以後心得違無之様、御家中之面々等家来末々迄厳重申付候様一統御申触、御郡奉行・改作奉行へモ御申聞可被成候
右之通被仰出候事

子四月

鷹商売致し候者共、拰[1]売等ト申立、又ハ御家中之面々ョリ被頼預り候テ、鷹拰候義モ有之候、元来町人共鷹拰候義ハ無之筈、向後鷹屋共鷹為拰申間敷候、御家中若党・足軽躰之軽者共モ鷹拰候躰ニ候、主人ョリ申付為拰候儀ハ格別、自分トシテ鷹拰候儀ハ一向有之間敷旨、先年被仰出申渡置候処、近年甚猥ニ相成鷹屋共曁浪人躰之者鷹拰候躰ニ候、且又高はこ（擌）[2]等ニ懸り候鷹モ御鷹部屋へ不指出隠置候族モ有之躰相聞へ候
一、小鳥商売之者たり共、御日柄ニハ相控可申処、流例之由ニテ御日柄ニモ無構高構ニ罷越心得

違ニ付、以後右之趣無之様申渡候、近年御家中末々之者等之内鳥屋名前ヲ借、御日柄ニモ鳥構ニ罷越、甚不埒成者有之躰ニ相聞候、右之族無之様今般町方之者ヘモ急度申渡候条、以来心得違無之様、御家中一統御申触可被成候事

子四月

春秋張切網ト唱候網ヲ以、峯々致越張、鶉捉候人々有之躰ニ候、右ハ御停止之義ニ候処、近年猥ニ相聞候ニ付今般御餌指共ヘモ急度申渡候条、御家中之面々等家来末々迄厳重相心得候様一統御申触可被成候事

子四月

一、左之通

本役致詰番候者煩等ニテ役引致し、両人ニ成候節ハ本役方詰番ヘ加り相兼相詰候、先規ニ付**自分**一昨日ヨリ看病引、**河内山・菊池**両人ニ成候故、相加り詰番之事

御歩頭兼御用人 **安達弥兵衛**

但、五月六日**富永**御歩頭ニ被仰付候後、本文之趣ニ不及候事、附、両度共**安達**ヨリ言上并御席ヘモ及御届候事

△御切米被下候御歩、死去人跡屋敷数年来指上不申人々有之、御絵図之表名前及混雑、且前々之御格ニモ致相違候条、早速指上申欤、又ハ名跡之者居成拝領相願候様夫々御申渡可被成候、其内十ヶ年以上之分ハ急速訳立候様御申渡可被成候、以上

四月十八日　御普請会所

菊池九右衛門殿

追テ御歩小頭居屋敷、せかれ一代ハ直ニ拝領之御格ニ候処、三代ニ至、未指上不申人々有之候、此分早速指上候様御申渡可被成候、以上

右、御歩以下支配人ヘ夫々申来

今年モ毎月八日・廿三日於実検之御間、経書講釈四書之内繰々御儒者代々勤之、物頭以上聴聞登城、此末時々不記之

但、止候節迄ヲ記ス

今御在国如前々、同役壱人宛毎日四時ヨリ八時迄御城詰、是又日記略ス

今月十五日　寺中祭礼能番附左之通、御先手両人詰前々之通

翁　嵐山　五郎兵衛　康助　　俊成忠度　孫兵衛　団平

藤　五郎兵衛　金作　　通小町　宮門　久治

須磨源氏　小左衛門　金之助　　祝言　養老　勘蔵　庄之助

佐渡狐　万蔵　　右近左近　幸助　　棒縛り　金助

大坂在住道二[1]翁之門弟脇坂義道トいふ心学者、近く例年夏向江戸ヘ出府之処、松平越中守[2]殿モ心学講釈被聴候処、甚気ニ応し候由、所々大名中等被相招、講釈被聴、江戸中ニ取用、尤於旅宿モ致講釈候ニ付、聴聞之貴賤群集由也、此次五月晶紙互見

1 中沢道二（石門心学者）
2 松平定信（老中）

庚午五月小

御月番　村井又兵衛殿
御城代　前田伊勢守殿
組御用番　河内山久大夫

朔日　快天、月次出仕、一統御目見御意有之、御取合年寄中四時過相済、但自分儀、前月廿七日廿九日記之通ニ付出仕不致候事

一、今日左之通被仰付

新知百石被下之　原田又右衛門元組
御歩小頭被仰付
只今迄之御切米御扶持方ハ被指除之
御歩横目ヨリ　中西清助

小松御馬廻ヘ被指加
組外ヨリ　村田左源太

加判御免并若年寄兼帯
モ御免被仰出、但就病身ニテ也
御家老役　横山又五郎

二日　三日四日快天薄暑催、五日雨、六日七日八日九日晴陰温暑、十日昼ヨリ雨、十一日十二日十三日十四日十五日十六日雨天、十七日陰、十八日十九日廿日晴陰、廿一日雨天昼ヨリ霽、廿二日廿三日廿四日晴陰、此間温暑甚、廿五日雨天、廿六日陰、廿七日雨、廿八日雨、昼ヨリ霽、廿九日陰

三日　左之通写ヲ以定番頭御用番武田喜左衛門ヨリ、今日例文之廻状有之由、河内山氏ヨリ伝達ニ付左ニ記

付札　定番頭ヘ

養父之遺知相続之上、又養父之本家ヘ養子ニ参り、其家致相続候時ハ、先養方之続之者ハ定式之服忌半減請候得共、以来先養母ヲ初服忌無之筈ニ候、養子ニ相成養父存年之内、又養父之本家ヘ養子ニ罷越候者モ、右同様先養父母ヲ初服忌不及沙汰候、今般公義御聞合之上右之通ニ候事

右之趣被得其意、組・支配之人々ヘ可被申渡候、組等之内才許有之面々ハ、其支配ヘモ相達候様可被申聞候事

右之通一統可被申談候事

子五月

五　日　端午御祝詞出仕之人々、如例年年寄中謁ニテ四時前相済、自分如朔日記ニ付出仕不致候、但、昨四日又兵衛殿ヘ指出候今日出仕御断紙面、当朔日断同趣ニ付留略ス

六　日　左之通被仰付

御家老役　　寺社奉行并公事場兼ヨリ　前田兵部

御馬廻頭　青地七左衛門代　　御小将頭ヨリ　人見吉左衛門

御省略方兼帯只今迄之通

御歩頭　原田又右衛門代　　御先弓頭ヨリ　富永権蔵

学校方兼帯只今迄之通

御留守居物頭　竹田源右衛門代　　御先筒頭兼御異風才許　本保六郎左衛門

御先弓頭　中村八郎兵衛代
[1]裕次郎様御用兼帯　　御近習御使番ヨリ　渡辺久兵衛

物頭並江戸御広式御用　　定番御馬廻御番頭兼御省略方ヨリ　田辺五郎左衛門

物頭並御近習御用只今迄之通　　御近習御使番ヨリ　戸田伝太郎　改与一郎

御近習御使番　　御表小将配膳ヨリ　今村藤九郎

金谷御近習御使番　　相公様御表小将配膳ヨリ　上坂久米助　改平九郎

御使番　　御膳奉行ヨリ　池田範蔵

右、於御前被仰付、且左之通於御席御用番被仰渡

御近習御用兼帯被仰付　　御先弓頭　津田権五郎
　　組外御番頭　木村茂兵衛

但、権五郎ハ是迄兼御用人、茂兵衛ハ是迄兼学校方候事

裕次郎様御用被仰付　　物頭並二之御丸御広式御用ヨリ　佐藤弥次兵衛

役儀御免除被仰付　　御馬廻頭　小寺武兵衛

就病気願之通役儀御免除

物頭並江戸御広式御用
堀　兵馬

一、拙者せかれ辰之助、当春二月以来相滞、医師中診察風方多分ハ時疫ト見立之処、段々指重療養不相叶、今六日申ノ上刻病死、享年廿一歳、依テ左之通忌中重引書付、以使者又兵衛殿御宅ヘ指出候事

私儀せかれ辰之助大病相滞候ニ付、為看病役引仕罷在候処、病気指重只今病死仕候ニ付、重テ忌中役引仕候、右御断申上度如此御座候、以上

子五月六日　津田権平判

村井又兵衛殿

右之趣、同役中ヘモ以廻状及案内、此節之事ニ付廻達有之候様致度段、追啓繕調遣候事

七日　左之通於

御前被仰付

寺社奉行
御奏者番ヨリ
竹田掃部

御馬廻頭ヘ帰役
公事場奉行兼帯
今石動等支配列御小将頭上ヨリ
和田源次右衛門代
高畠五郎兵衛

御小将頭　人見吉左衛門代
横浜善左衛門等席御用兼帯
物頭並奥取次ヨリ
辻　平之丞

八日　左之両人、於御前左之通被仰付、且平田ハ於御席御用番被仰渡

今石動等支配　御奏者番ョリ　奥村源左衛門
御奏者番　人持組無役ョリ　藤田五郎
御用人兼帯　御先筒頭　平田三郎右衛門

一、今日経書講釈聴聞登城断、昨日左之通紙面指出
拙者儀忌中役引致罷在候ニ付、明八日経書講釈為聴聞不罷出候、右為御案内如此御
座候、以上
五月七日　津田権平
御当番
御横目衆中
附、上書切封之事

一、青山将監今日御呼出之処、当病ニテ不罷出候事
覚
一、御預所御所務銀　一、今石動宿用銀
△
一、諸役所預り十ヶ年賦銀　一、諸役所預り廿ヶ年賦銀
右諸役所ョリ町会所ヘ預り銀、御家中ヘ貸附置候分、知行高百石ニ付三拾目宛之図り
ヲ以、諸方御土蔵上納銀之内ヘ打込ニ被仰付候条、人別借用高しらへ、御算用場

へ可引送旨被仰渡候事

此次八月十一日互見

一、加入格段銀　一、町会所後用銀

右、去亥十二月迄之利足元銀ニ結込、惣銀高之内弐歩取立之図り百目ニ付四匁宛、当七月ヨリ五ヶ年之間取立銀主ヘ相渡、残八歩銀高書上銀ニ打込、借用人手前五ヶ年相済候上、残銀高見消ニいたし、縮証文等相返可申候事

一、去申年十一月ヨリ戊十二月迄無縮貸附候銀子、去亥十二月迄之利足元銀ニ詰込、利足七朱ニ相定当七月ヨリ十五ヶ年賦ヲ以元利取立可申候

但、年賦銀高百目ニ付引当米三石宛、幾年蔵縮相改取立可申候事

右今般詮儀之上御用番ヘ御達申、右之通相極候条証文調方等之儀ハ町会所承合、当月中右六口之分証文相改候様、御組・御支配之人々ヘ御申談可被成候、尤御同役御同席御伝達、先々早速御順達、落着ヨリ御返候様致度候、以上

子五月

井上井之助

村　杢右衛門

河内山久大夫様

△

去亥十二月十一日夜、浅草諏訪町家主吉兵衛并同人妻あさヲ及殺害、同人娘すきヘモ手疵為負逃去候、右吉兵衛親喜七元召仕三之助人相書

一、当子三十七歳
一、中せい中肉之方
一、面躰丸く頬骨高く柔和ニ見候方
一、髪月代共薄き方、左鬢先より髪中へ懸、八分程之腫物跡有之
一、眉毛下り赤毛之様ニテ薄き方
一、鼻ハ並ヨリ小き方
一、口常躰上之前歯先一枚かけ有之
一、言舌小音ニテ静なる方

一、生国武州粕壁新町町人
惣七実子ニテ右吉兵衛
方ニ罷在候者
一、鬢常躰
一、目尻下り細き方ニテ一重
まふた
一、耳常躰

一、其節之衣類、上着木綿茶微塵縞継之袷、両袖ハ似寄候新敷切レニテ取替有之、下ニ濃鼠無地木綿綿入ヲ着し、帯竪ハ絹糸横ハ木綿浅黄格子嶋

右之者於有之ハ其所ニ留置、御領主・御代官、私領は領主・地頭へ申出、夫於江戸月番之町奉行所へ可申出候、若及見聞候ハ其段モ可申出候、尤家来・又もの等迄入念可遂吟味候、隠し置、脇ヨリ相知候ハ可為曲事候

子二月

従公義相渡候御尋者、人相書写相越之候条被得其意、組・支配并与力且又家来末々迄被申渡御請可被上之候、組等之内才許有之面々ハ夫々申渡、是又御請指出

1 前田利考（大聖寺藩八代）
2 治脩（十一代）

候様可申渡厳重遂吟味、若御尋躰之者於有之ハ早速可被及断候事、右之趣可被得
其意候、以上
甲子五月九日　前田伊勢守印
長　甲斐守印
津田権平殿　同役六人連名
今般従公義御尋者人相書写、御添紙面ヲ以被仰渡之趣奉得其意、組・支配并家来末々迄急
度申渡、組中御請取立置、私共御請上之申候、以上
甲子五月　同役六人連判
長　甲斐守殿　附在江戸吉田判形調書候上
前田伊勢守殿　六月五日指出之

十一日　飛騨守[1]様御登城御対顔、御料理被進、御退出直ニ金谷御殿へ御出、相公[2]様少々御疝邪気ニ被為在、御対顔無之

一、飛騨守様今般御帰邑、御城下御通行ニ付、今日此方様御入国後初テ御登城ニ候得共、御太刀等御持参之儀御断之段、先達テ於江戸表被仰進置有之候処、其儀しらへ違ニテ、今般就御登城ニテ之御作法書ニ、御太刀馬代御持参ト記有之候、然処飛騨守様御登城之上、御太刀等参り不申ニ付、御奏者番中ヨリ御用番又兵衛殿へ及示談候処、飛騨守様へ伺可然旨被申聞、則伺之候処、宜取計候様被仰聞、彼是僉議之上、右御作法書調方間違之趣相知れ、就中飛騨守様少々御不快ニ付、於御旅宿町奉行等へ如御例御目見モ不被仰付候得共、久々御

対顔モ無之事ニ付、押テ御登城被成候間、何卒御隙取無之様御願、其儀兼テ御許容ゆへ御登城之上ハ早速ニ御対顔之思召ニテ御登城之御案内申上候ニ付、御口上御待被為在候得共、右等之永僉議ニテ御口上不申上、度々御催促被仰出候得共、彼是ト及遅滞、一時余りも飛騨守様御待被成御座候事

右之趣ニ付、又兵衛殿迷惑被申上、飛騨守様ヘモ迷惑被申上候段被達御聴候

一、右しらへ方不念之趣等ニ付、今日指控伺有之候処、同十三日不及指控ニ旨等被仰出、其人々左之通

永原久兵衛　藤田五郎

御奏者番　松平治部

十五日　月次出仕之面々、御疝邪ニ付御目見不被仰付、年寄衆謁ニテ四時前相済、且自分出仕断紙面、左之通昨日指出之

私義忌中役引仕罷在候ニ付、明十五日出仕不仕候、右御断申上度如斯御座候、以上

五月十四日　津田権平　無判

村井又兵衛様

犀川・浅野川々除ヘ塵芥等捨置、御普請等之節取除不時人足相懸り、其上竹籠等之上殺生人等致往来、籠石等相障、別テ夏中水遊人多、御普請所踏荒し、甚御不益ニ相成候ニ付、川廻り之者烈敷相廻候得共、人少ニテ御縮方行届不申候、前々一統被仰渡候得共、末々心得違之者モ有之躰ニ相聞候間、猥成義無之様一統厳重被仰渡御座候様致度奉存候、以上

1〜4　この四名は普請奉行

子四月廿日

石川兵勝[1]　上木金左衛門[2]

小幡右膳[3]　津田善助[4]

前田内匠助様

犀川・浅野川々除へ塵芥等捨置申間敷旨等之義ニ付、別紙御普請奉行出候ニ付、写相越之候条被得其意、組・支配之人々へ厳重可被申渡候、組等之内才許有之面々ハ其支配へモ相達候様被申聞、尤同役中可有伝達候事、右之趣可被得其意候、以上

五月十二日　村井又兵衛

河内山久大夫殿

十七日　左之通

御歩頭　富永権蔵

右、学校方御用兼帯ニ候得共、本役方詰番相勤、学校へ指懸り御出有之候ハ御用人安達弥兵衛申談、学校へ罷越、若弥兵衛不罷出節ハ其時々御達申、詰欠成之義、可請御指図段奥村左京殿今十七日被仰聞候由、自富永氏廻状有之　此次七月六日互見

覚

一、八人　男女但拾五歳以上

内

三人　石川郡　男

五人　同郡　女

1〜6
この六名は御歩頭

右、今般従公義御尋、武家奉公人之外之男女、当四月在人高人数御改之儀ニ付、御触之趣奉得其意、私共組・支配且又自分家来末々迄逐吟味、家守長屋借り・借家人等相改人数如此御座候、此外相洩申者無御座候、以上

甲子五月

1 河内山久大夫判
2 安達弥兵衛判
3 菊池九右衛門判
4 富永権蔵判
5 津田権平忌中
6 吉田八郎大夫在江戸

村井又兵衛殿

右、四月十八日御用番前田内匠助殿依御触之趣、今十九日指出之

廿三日 経書月次講釈聴聞、拙者忌引中ニ付断紙面昨廿二日出之、文段等去八日断之節同断

一、昨廿二日 左之通被仰付

学校御用主附兼帯
但六月廿五日互見
御家老役并御近習御用若年寄兼帯 本多勘解由

加州御郡奉行
御大小将 宮崎弥左衛門

御膳奉行加人
御近習番ヨリ 中川助三

廿五日 左之通書付指出之

私儀忌中役引仕罷在候処、明廿六日忌明ニ付、同日ヨリ出勤仕候、右御断申上度如斯御座候、以上

子五月廿五日　津田権平判

村井又兵衛殿

一、今日左之通於御前被仰付、且左近ハ尤御用番被仰渡

御先筒頭　村　杢右衛門代　御大小将御番頭ヨリ　仙石兵馬

御先弓頭　戸田斎宮代　同　横目ヨリ　水原清左衛門　改孫大夫

定火消役御免　多賀左近

廿六日　左之通被仰付

定火消　横山図書

廿八日　左之通被仰付

月番并御勝手方御用御免　前田伊勢守

役儀御指除遠慮　魚津町奉行　小堀左内

付札　御横目へ

△足軽并坊主共等、近年僣上ニ相成、其中ニハ分限を取失、第一於江戸表ハ致御門外候節、衣服モ絹類致着用候躰ニ相聞候、右等之心得違無之様急度可申渡候、元来絹類致着用候儀ハ御定モ有之候、向後地他国共綿衣迄相用可申候、此段無違失相心得候様一統可申渡候事

右之通、足軽等支配有之面々并坊主頭へ可被申渡候事

子五月

別紙之通、御用番又兵衛殿被仰聞候条、足軽等御支配有之御面々夫々御申渡、御組等之内右支配有之面々へ大々不相洩申渡候様御申談可被成候、且又別紙御覚書之内、御定ト申儀有之候間、足軽小頭并坊主之義ハ紬着用不指支様相心得候者モ可有之候得共、右文段ニ拘り不申、右小頭并坊主たり共綿衣布類之外一切着用難相成筈ニ候、尤羽織之儀モ同様ニ候条、此旨モ申談候様御同人被仰聞候、以来心得違之者有之候ハ急度見咎候筈ニ候条、無違失厳重ニ相心得候様御申談可被成候、尤御同役御同席御伝達可被成候、以上

五月廿七日　　御横目

御歩頭衆中

今月(空白)日　左之通被仰付

別宮奉行　御馬廻組　武藤主計

拙者儀痛所有之候ニ付、不出来之節当分足袋相用申候、右為御届如此御座候、以上

五月廿九日　　津田権平判

御横目衆中

右自分之儀ニ付判形、組支配人之届ニハ不及判形候事

今廿八日　被仰付

1中沢道二の弟子
2中沢道二（石門心学者）

御普請奉行加人　御馬廻組　神尾孫九郎

前記前月　畾紙ニ有之脇坂義道[1]旅宿へ戸田五左衛門 御預地方御用江戸詰人 立寄、心学講釈被聴候処、甚疑惑ヲ解シ候趣、今ハ道二[2]帰泉ニ付、心学棟取ハ右義道迄之由、講方色々之面白き引言咄等聴衆眠気之来る時ハ笑ヲ為催、又退屈ト見る時ハ茶・たはこヲ出し、兎角人気ヲ為悦候事ニ仕成し、其上暑ニ中《（あた）》ラヌ布袋丸トいふ薬ヲモ与へ施し候由也 此次八月畾紙互見

辛未 六月大

御用番　長　甲斐守殿　　組御用番　富永権蔵
御城代　村井又兵衛殿

朔日　陰折々微雨洒、月次出仕一統御目見御意有之、御取合年寄中、右畢テ役儀之御礼、初テ御目見被仰付、四時頃相済

一、今日今度御帰国御道中歩御供之人々へ於御次、拝領物被仰付、八講布或金子、夫々御前規ヲ以被下之

二日　三日四日五日六日七日八日九日十日十一日十二日快天炎暑日々増長、十三日折々微雨、十四日十五日十六日雨、十七日昼ヨリ霽、十八日十九日廿日廿一日廿二日廿三日廿四日廿五日廿六日晴連日朝陰、廿七日大雨、廿八日陰、廿九日快天、晦日晴陰、追日炎暑烈候処、頃日微涼催

今二日、久々相勤候ニ付、紗綾三巻
拝領、役儀御免被仰付
寺社奉行
品川主殿

一、昨朔日、左之通被仰付
表方仮定御歩横目相勤候
定番御歩
岸　牛右衛門
同断
高橋孤八郎
改孤一右衛門
御引足米拾俵宛
先御切米都合五拾俵宛
右、御用方心懸宜精ニ入相勤候ニ付、六組御歩へ被指加、
本役御歩横目ニ被仰付、役料並之通被下之

右、御家老衆ヨリ定番頭へ可申渡旨被仰渡、御歩横目本役被仰付、御役料被下候義ハ御歩
頭へ可申渡旨御申渡有之

三　日　左之通被仰付
御馬廻頭
長瀬五郎右衛門
思召有之ニ付、御省略方
御用兼帯御免除
東岩瀬御代官ヨリ
大野茂右衛門
能美郡御代官
割場道具渡奉行ヨリ
城戸元右衛門

四　日　左之通被仰付
二御丸御広式御用達ヨリ
猪俣吉郎左衛門
東岩瀬御代官

御異風才許　本保六郎左衛門代
御先弓頭　堀　万兵衛

金谷御広式御用御免除
組外御番頭　沢田伊佐右衛門

同断
定番御番頭　永井貢一郎

但　貢一郎ニ之御丸御広式御用ハ只今迄之通

画方御細工者ニ被仰付
御切米三十五俵被下之
御表方坊主御近習頭席物頭ヨリ　松本梅順
改吉左衛門

坊主小頭
表方坊主年寄中席定役ヨリ　沖野長哲

五日　左之通

昨四日病死　享年五十
御小将頭　窪田左平

八日　左之通、於御前被仰付

御大小将御番頭仙石兵馬代
御大小将ヨリ　岡田主馬

御大小将横目水原清左衛門代
御大小将組学校講師ヨリ　加藤余所助

頭へ被仰渡申渡

御作事所横目
御馬廻組　山崎茂兵衛

今日御大小将撰六人有之内、二人当病断

十一日　暑気伺御江戸表へ之御使、御馬廻組三嶋安右衛門今日金沢発

但、十三日夜戌三刻ヨリ土用也

今月六日御料理頭ニ被仰付　御料理人領知百拾石　井口数右衛門

十五日　月次出仕、一統御目見、甚暑之砌何モ無事ト御意有之、御取合御用番、夫ヨリ役儀之御礼等被仰付

△喧嘩追懸者役六月十七日ヨリ**青木多門**代　**仙石兵馬**

但、例之通**仙石**ヨリ廻状有之　只今迄之通り　**吉田又右衛門**

今月朔日、江戸於殿中、左之通御老中被仰渡

大目付へ

御代替ニテ朝鮮之信使来聘之儀思召寄有之、只今迄被相延、信使当地へ不及相越、於対州聘礼相整候様、追々被仰出候処於彼国モ承引ニ付、近年之内対州迄信使可為来聘候条為心得相達候、右之趣、今日出仕之面々へ為見置可被申候、尤達洩候面々へハ可被相触候、以上

六月朔日

十七日　左之通

新番御歩ニ被召出、書写役被仰付　**増木仲平**せかれ只今通書写役御雇　**増木際助**

名替　主馬事　**岡田伊右衛門**

余所助事　**加藤三四郎**

十八日　左之通被仰付

1吉徳女暢

御大小将　松原牛之助
学校読師
付札　御横目へ　五月廿三日
祐仙院[1]様
右、当年御七回忌モ相済候ニ付、毎月御忌日御祥月共、御家中諸殺生不及遠慮候条、
此段向寄次第夫々可被申談候事
六月

右、今十九日例文之添廻状ヲ以、御横目中ヨリ申来候段、富永氏廻状有之

御家中之人々旧宅中、地子銀上納延引之義、再往御詮議之上、是以後旧宅中上納延引之義、御聞届被成候条、追テ相続被仰付候上、打重取立可申候、是又御切米等被下候者致死去、名跡願之義有之跡屋敷指上申義見合有之人々、御切米全被下、死去ニ候ハ、其年ハ地子銀取立不申、翌年ヨリ名跡被仰付候年迄取立可申候、右之趣、私共ヨリ一統申談候様御用番長甲斐守殿被仰渡候、就夫御支配之内旧宅中地子銀上納延引之分、毎歳十月御印章之御紙面ヲ以御申聞可被成、此段御同役御伝達被成、先々御順達、落着ヨリ御返被成候様致度御座候、以上
六月廿二日　津田善助
富永権蔵様

1斉広養嫡利命（治脩男）

裕次郎[1]様御側小将就御用、頭分之子弟之内ゟ相撰候様被仰出候間、拾歳ゟ拾二歳迄之者、紙面ニ書記有無共御家老中へ早速直ニ可被書出候事

右之趣可被得其意候、以上

六月廿三日　　長　甲斐守

津田権平殿　但新番頭・御歩頭連名

右ニ付同廿七日、左之通紙面出之

裕次郎様御側小将就御用、頭分子弟之内御撰被仰付候条有無可書出旨、御用番ゟ被仰渡候処、私子弟之内書出可申者無御座候、以上

六月廿七日　　津田権平判

本多勘解由様等御家老衆七人

廿五日　左之通、於御前被仰付、且岡田久延已下於御席御用番被仰渡

御小将頭　窪田左平代　御歩頭ゟ　河内山久大夫

定番御馬廻御番頭　田辺五郎左衛門代　能州所口町奉行ゟ　山崎十三郎

五拾石御加増先知　都合百弐拾石　坊主頭　岡田久延

数十年入情相勤候ニ付如此被仰付、附五十一年勤仕之由

御勝手方御用主付　御家老役　前田織江

学校方御用御免除
同并若年寄御近習御用兼帯　本多勘解由

割場道具渡奉行
定番御馬廻　野村直之助

廿六日　左之通被仰付

魚津町奉行
御馬廻組　山森藤右衛門

一、今日　新番組御歩三人被召出

廿八日　左之通、於御席御用番被仰渡、御年寄衆等御列座

御加増
一、五拾石先知都合百五拾石
組外金谷奥御納戸奉行加人　林　浅右衛門

浅右衛門義、五十ケ年余品々役儀等情ニ入相勤
候ニ付如此御加増被仰付

庄助義、久々役儀入情相勤
候ニ付組外ニ被仰付
（御歩小頭ヨリ四十五ケ年勤仕、内小頭十四ケ年）六十一才也　岩倉庄助

市郎左衛門義、及極老候迄数
十年来彼是役義情ニ入相勤候ニ付組外へ被仰付
（本組与力御持方組附加人ヨリ六十一ケ年勤仕）　崎田市郎左衛門

今月廿二日　左之人々六人御大小将ニ被仰付

千百石　二十　三浦采女賢

五百石　三十二　小川伝九郎知安
三百五十石　十七　奥村鉄之助師昌
三百石　二十一　岡嶋采女一之
三百石　二十六　鈴木与四郎義方
二百石　二十一　山東甚五郎陳保
今月廿四日病死　享年三十六　物頭並聞番　岩田源左衛門
同廿六日病死　享年五十四　御小将頭　今村三郎大夫

今月十四日　左之通被仰付

御鷹方御歩横目　御鷹方　松崎徳兵衛
役料銀三枚宛　御歩ヨリ　薄井左平
御鷹方取次本役被
仰付、依テ御鷹匠ニ被仰付　御鷹方御歩御鷹方取次加人ヨリ　黒田源蔵

同廿四日　左之通申来

△御歩等御切米被下候人々、病死之節諸上納銀名跡之御沙汰有之候迄、上納延引之義相願、御聞届之分親存命中せかれ等被召抱罷在候ハ、其者引請今般一紙証文相改候様被仰渡候条、先達テ名跡之御沙汰有之候迄、上納延引御聞届之分モ今般自分借用銀之内ヘ結

込、証文相改候様可被申渡候、以上

六月廿四日　御算用場

富永権蔵殿

右、御用番従富永氏伝達廻状有之

今月［（空）］日病死　享年六十三　御馬廻頭御免之頭分 小寺武兵衛

私せかれ辰之助儀、篠原故権五郎嫡女ト享和元年縁組奉願嫁娶仕候処、今般辰之助儀病死仕候、右妻儀未年若、出生モ無御座候ニ付、双方一類共示談之上、故権五郎養子篠原勇三郎方へ引取申候間御断申上候、以上

甲子六月十六日　津田権平判

長　甲斐守殿

私養方姉、御歩頭津田権平せかれ津田辰之助ト縁組養父権五郎奉願、享和元年嫁娶仕候処、今般辰之助病死仕候、右姉義未年若ニテ出生モ無御座候ニ付、双方一類共示談之上、私方へ引取申候、追テ相応之再縁奉願度奉存候、此段御届申上候、以上

甲子六月十六日　篠原勇三郎判

富永右近右衛門殿

右勇三郎ハ御馬廻組頭御用番支配也、右近右衛門今月御用番ニ付、右之通ニテ指出候処、同月廿四日右近右衛門引請、紙面ヲ以甲斐守殿へ御届申候由之事

一、金沢**金屋**何某トいふ町人詠歌好ニテかく詠じ候、或年白山之景題

いつはあれと　わきて冬こそみこし路や　空にはれたる
雪のしら山

右詠歌、上京之節御歌所之入御覧候処、如何之趣ニテ空ニ晴れたると詠し候哉ト御尋ニ付、三季ニハ雰霞覆ひ山之躰遠見難及候、冬はかり雪降候躰山形白々ト見へ候ゆへト申上候処、甚詠歌御誉感之上、御加筆左の如く被成下

空にはれたると申所を宵にはれたると御直し
尋テ実躰ヲ覚候

右之通御添被下候由承ニ付記之

壬申**七月**小

御用番　**奥村左京**殿[1]
御城代　**前田伊勢守**殿
組御用番　**自分**

朔日　晴、残暑強、月次出仕、一統御目見御意有之、御取合年寄中今日、左之通被仰付

弓料
一、五拾石　**小西喜兵衛**

右**喜兵衛**儀、射術情ニ入相勤、中《あたり》モ宜候段被聞召候、依之如斯弓料被下之

弓料
一、五拾石　**根来三九郎**

1 孝友

右三九郎儀、射術情ニ入相勤、中モ宜、弓之奥儀モ相極候段被聞召候、依之如斯弓
料被下之

異風料
一、三拾石宛
小塚藤左衛門
中村与右衛門
岡野政右衛門

右其方中、家芸心懸、中モ宜候段被聞召候、依之如斯異風料被下之

一、白銀五枚　八講布二疋御目録
吉田甚左衛門（御異風ニテ足軽鉄砲指南役也）
右甚左衛門儀、数十年役儀無懈怠入情
相勤候ニ付御目録之通被下之

一、白銀五枚　八講布二疋御目録
岡田茂右衛門（当時組外御番人也）
右茂右衛門儀、数十年役儀無懈怠相勤候ニ付
御目録之通被下之

学校読師
組外　藤田吉左衛門

同断加人
堀左兵衛嫡子新番　堀　定之丞

学校生徒
組外　矢部勘右衛門　等并無息十人

一、半納米今朔日価左之通、其外准テ尤有差

地米　四十九匁五分　羽咋米　三十九匁　井波米　三十五匁

二　日　三日四日五日晴陰残暑甚強、六日七日八日雨、九日暁寅上刻地震属晴、十日晴陰、十一日昼ヨリ雨、十二日十三日十四日十五日十六日十七日十八日十九日快天、廿日雨天、廿一日晴、廿二日〔微涼〕、廿三日〔夕方雷雨一頻〕、廿四日廿五日廿六日晴陰〔炎熱如蒸〕、廿七日廿八日雨、廿九日晴

四　日　暑気御尋之宿次御奉書今朝到着、依之御礼御使御馬廻頭**長瀬五郎右衛門**へ今日被仰渡、当七日ニ発出

但、御使之御内証ハ、前月二日被仰渡有之

一、今日左之通被仰付

御加増拾俵、先御切米都合六拾俵　御歩横目　**塚本和左衛門**

和左衛門義数十年役儀情ニ入全相勤候ニ付、如此御加増被仰付

御算用者小頭　御算用者ヨリ　**山本直吉**

五　日　左之通被仰渡

大聖寺御横目今日ヨリ御用無之　御大小将組　**平岡右近**

真田佐次兵衛

六　日　跡目且残知拝領被仰付候人々、左之通

玉井勘解由
亡祖父宗仙隠居知
五百石本知都合五千石、内五百石与力知如元
宗仙隠居知ハ本高之内ニ付テ御引足被下之

嫡子
不破英之助
亡父彦三知行無相違
四千五百石、内三百五拾石与力知

成瀬鍋吉
亡祖父監物知行弐千五百石、内五百石与力知
自分知弐千石之三之一
六百六拾石
監物名跡願置候せかれ左近儀致病死候ニ付、左近願之通
嫡孫承祖被仰付

庄田権佐
亡養父兵庫知行無相違
千六百石

青地要人
亡養父七左衛門知行無相違
八百石　御馬廻へ被加之

堀部宗次郎
亡父五左衛門知行無相違
百七拾石　組外へ被加之

坂井庄太郎
亡養父小平知行無相違
三百石　組外へ被加之
亡養父半五兵衛知行無相違

五百石　末期願置候通、中村弥十郎五男
久五郎養子被仰付、御馬廻へ被加之
奥村久五郎

亡養父吉郎左衛門知行無相違
三百五拾石　末期願置候通、弟与三之助養子ニ
被仰付組外へ被加之
金子与三之助

亡養父半六知行百五十石之三ノ一
五拾石　末期願置候通、弟新番組御歩
不破助次郎せかれ宝三郎養子ニ被仰付
不破宝三郎

亡父主馬知行無相違
千石
玉井鉦太郎

亡養父新蔵知行無相違
千石　末期願置候通、指次弟八十大夫
養子被仰付
小堀八十大夫

亡父伊左衛門知行無相違
五百石
大久保覚兵衛

亡養父右膳知行無相違
五百石
小幡左門

高沢牛太郎知行無相違
四百五拾石　末期願置候趣被聞召届候
高沢甚五郎

依之同姓横山山城家来給人高沢五左衛門
三番目弟甚五郎へ相続被仰付

亡養父与九郎知行無相違
弐百石　山根義六
末期願置候趣被聞召届候
依之明石数右衛門三男義六養子被仰付

亡養父善之丞知行無相違
弐百石　中村源六
末期願置候通弟源六養子被仰付

亡父新左衛門知行無相違
百五拾石　不破惣蔵

亡父太三郎左衛門知行無相違
百五拾石　野田皆次郎

亡父多治右衛門知行無相違
百五拾石　木村儀大夫

亡養父貞九郎知行無相違
百五拾石　不破金二郎
末期願置候通、長井助左衛門養子
新番組御歩長井平吉娘養女仕、加須屋助右衛門
二男金二郎義、右養女へ聟養子被仰付

亡養父半祐知行無相違

百三拾石　末期願置候通、中泉七大夫四男　水野五十郎
五十郎儀娘へ聟養子被仰付
亡父杢兵衛知行無相違

百石　福田金十郎
亡養父繁蔵御扶持高之通

拾五人扶持　末期願之趣被聞召届候、依之　山野新平
厄介仕置候おち出野新左衛門せかれ
新平儀娘へ聟養子被仰付

亡父常右衛門知行無相違
百五拾石　定右衛門へ被下置候御切米御扶持　筒井定右衛門
方ハ被指除之、組外へ被加之

亡養父左門知行無相違
百石　小十郎へ被下置候自分知ハ被　豊嶋小十郎
指除之、御異風ニ被仰付

亡養父次兵衛知行無相違
百石　末期願置候通、高橋新平二男　今村兵吉郎
兵吉郎義娘へ聟養子被仰付

亡養父六郎大夫知行無相違
百石　松波重左衛門

残知　　　　亡父帯刀知行無相違
弐千石　本知都合三千石　　多賀清次郎
同　　　　亡養父善大夫知行無相違
弐百弐拾石　本知都合三百三拾石、組外へ被加之　　田辺永三郎
同　　　　亡父源左衛門（ママ）知行無相違
三百四拾石　本知都合五百石　御馬廻へ被加之　　栂　豹九郎
同　　　　亡父兵助知行無相違
四百石　本知都合六百石　　杉江長八郎
同　亡養父伝九郎知行無相違
百四拾石　本知知行弐百石　　鷹栖立之助

七日　七夕御祝儀出仕、一統御目見御意有之、御取合年寄中四時頃相済
一、富永権蔵兼役有之候間、御城詰番ハ相省可申候、御用番ハ本役御人少ニモ候間、相勤候様
被仰渡候旨、御用番左京殿ヨリ為承知被仰聞、富永氏ヨリモ廻状有之、前記五月十七日互見
但、本文之趣当月朔日也、洩ニ付爰ニ記之、此次八月十一日互見
△稲ニ花附実入ニ相成候間、石川・河北両御郡来ル七月十日ヨリ九月十日迄、御家中鷹野
遠慮有之候様仕度旨改作奉行申聞候間、夫々被仰渡候様仕度奉存候、以上
六月廿四日　　水野次郎大夫[1]
長　甲斐守様

1 御算用場奉行

別紙御算用場奉行紙面之写相越之候条、被得其意、組・支配ヘモ被申渡、鷹預置候家来等ヘモ急度申渡候様可被相触候、尤同役中可有伝達候事

右之趣可被得其意候、以上

七月六日　　**奥村左京**

津田権平殿

一、左之通、定番頭御用番**佐藤勘兵衛**ヨリ、例文之以廻状到来之事

△寺社方門前地ヘ家相求罷越、或借家等仕候者有之候節ハ其組合頭宗門相改、其地主之寺々ヘ証文取立申義、前々格合ニ御座候処、右改方区ニ相成候儀モ有之様子ニ付、近年惣門前肝煎共ヘ申渡、宗門方改来申候、然処御家人之義ハ其支配、又家中奉公人之義ハ主人於手前宗門改申義ニ候間、別に寺証文指出候義ハ難致等申出候者モ有之、彼是懸合ニ相成しらへ方指支、其上右御家人等門前居住之内致浪人、或町人ニ相成候者モ毎度有之候処、其義時々相知不申儀モ有之ニ付、最初門前地ヘ罷越候節寺証文取立置不申候テハ、しらへ方甚混雑仕御縮方ニモ相洩申義有之候ニ付、以来御家人ハ足軽以下寺証文取立、又家中ハ給人等譜代ニ召仕候者ハ格別、其外ハ都テ寺証文取立右譜代ニ召仕候者ハ、門前地ヘ罷越候節ハ主人ヨリ送紙面指出、若其者暇差出候節等ハ、早速其段肝煎迄及届、且譜代ニ召仕候者たり共、足軽以下ハ都テ寺証文取立候趣ニ相心得、新ニ門前地ヘ罷越候者ヘ可申談旨今般改テ申渡候、依テ是迄致居住来候者モ前段之趣ヲ以此度改、寺証文取立候様申渡候間、門前地町役人共ヨリ寺証文之義申談候節無滞指出候

1 寺社奉行

様、一統被仰触置候様仕度奉存候、以上
六月十九日　　中川清六郎[1]
長　甲斐守様
別紙写之通、被得其意、組・支配之人々へ可被申渡候、組等之内才許有之面々ハ其支
配へも相達候様可被申聞候事
右之通一統可被申談候事
七月
付札　定番頭へ
十一日　左之通、於御前被仰付、尤小杉以下於御席被仰渡
御小将頭　今村三郎大夫代　　町奉行ヨリ　村　杢右衛門
御歩頭　河内山久大夫代　　御先筒頭等ヨリ　水越八郎左衛門
御用人兼帯ハ御免除
御先筒頭　堀部五左衛門代　　定番御馬廻御番頭ヨリ　武田何市
願之通役儀御免除　　御留守居物頭　小杉喜左衛門
同断　且数十年品々役儀　　御先筒頭　吉田又右衛門
相勤候ニ付、白銀五枚・晒布三疋拝領被仰付
一、今日跡目之御礼等被為請

一、今日縁組・養子等諸願被仰出

△喧嘩追懸者役　吉田又右衛門代　水原孫大夫
七月十二日ヨリ
例之通孫大夫ヨリ廻状有之　只今迄之通　仙石兵馬

十三日　左之通於御前被仰付、尤水原以下於御席等ニテ被仰渡

町奉行　村　杢左衛門代　組外御番頭ヨリ　岩田伝左衛門

定番御馬廻御番頭　武田何市代　御大小将ヨリ　坂倉長三郎　改伝右衛門

御用人　水越八郎左衛門代　御先筒頭　水原孫大夫

御居間方　御細工者絵細工兼芸笛　興津平助

十四日　左之通被仰付於御前

組外御番頭岩田伝左衛門代　御台所奉行ヨリ　山岸七郎兵衛
御省略方御用兼帯

御歩小頭　新知百石被下之　御歩横目ヨリ　中村左平太　改次郎左衛門
拾人扶持　幸助せかれ　奥泉新録

新録親幸助儀、不届之趣有之候ニ付、急度御咎可被仰付者ニ候得共、思召有之御宥免五人扶持被下、永一類ヘ御預置被成候処致死去候ニ付、名跡之不被及御沙汰候、乍然御由縁モ有之ニ付、格別之趣ヲ以新録被召出、如此御扶持方被下之、組外ヘ被加之

村田三郎兵衛

白銀弐枚宛　中村善左衛門

右当春古米計立御用相勤候処、御益之筋有之候ニ付被下之

喧嘩追懸者役　水原孫大夫代　武田何市

七月十三日ヨリ

例之通何市ヨリ廻状有之　只今迄之通　仙石兵馬

十五日　例年之通、月次出仕無之、今日左之通跡目被仰付、先達テ一統跡目立被仰付候節忌中故也

亡父多門知行無相違　多門せかれ　辻右近

四百五拾石　前田杢等並　改三郎左衛門

十七日　左之通於御前被仰付

御台所奉行　山岸七郎兵衛代　御大小将組御近習勤仕ヨリ　神保又三郎

十八日　左之通被仰付

1 治脩室正

十九日　**裕次郎**様御抱守　金谷御広式御用達ヨリ **中村弥五兵衛**

左之通被仰付

大御前様[1]附御用人　定番御馬廻 領知七十石 **深尾七之助**

当秋江戸詰順番之通被仰渡　御先手物頭 **堀　万兵衛**

但**中泉七大夫・高畠安右衛門**ト交代　**仙石兵馬**

廿一日　左之通於御前被仰付

御先筒頭　**水越八郎左衛門**代　御大小将横目ヨリ **永原治九郎**

廿三日　今日、於二之御丸御次、**裕次郎**様御側小将御撰有之、若年寄中・人持組之二男并弟・組頭等嫡子等十五人罷出候事

但三之一被下置候人々モ罷出候事

廿五日　右同断、頭分嫡子等十ニ人罷出候事

△**裕次郎**様御疱瘡未被為済候ニ付、御家中之面々家内疱瘡病人有之候ハ、三番湯懸り候迄ハ金谷御殿并二之御丸へ罷出候義、遠慮可仕候、且又御番人等ハ御目通へ罷出候儀相控可申候

一、疱瘡病人ハ相見へ候日ヨリ三十五日過候ハ肥立次第罷出相勤可申候

右之趣、被得其意、組・支配之人々へ可被申渡候、組等之内才許有之面々ハ其支
配へモ相達候様被申聞、尤同役中可有伝達候事
右之趣可被得其意候、以上
　　七月廿七日　　　　奥村左京
　　　津田権平殿

廿八日　於御前、左之通被仰付
　御留守居物頭　**小杉喜左衛門**代
　　　　　　物頭並金谷御広式御用ヨリ　**井上太郎兵衛**

今月朔日
裕次郎[1]様当九月卯辰観音院へ御宮参主附御用、**奥村左京**へ被仰付、同十一日右主附御用、
御大小将御番頭**中村宗兵衛**、御大小将横目**永原治九郎**へ**左京**殿被仰渡、且左之通被仰渡候
由、**佐藤八郎左衛門**申談
　当九月卯辰観音院へ**裕次郎**様御宮参之節、（今月廿一日転役ニ付代**佐藤八郎左衛門**へ被仰渡、**佐藤**江戸詰被仰渡候ニ付八月十三日代**永原七郎左衛門**へ被仰渡）御供等之人々一統熨斗目・上下等不及
　相改、有合之品相用可申候、勿論従者装束之分モ有来候ヲ相用ひ、見苦儀ハ不苦
　旨被仰出候条、右御供等之人々へ不相洩様可被申聞候事
　右之趣夫々可被申談候、以上
　　子七月廿七日　　　　**奥村左京**
　御横目中

1 斉広養嫡利命（治脩男）

同二日　吉田八郎大夫組御歩平出孫助弟八右衛門儀、去年正月十一日前田権佐家来給人於飯田小左衛門宅、小幡雅楽助家来給人山内伴助ヲ切殺候一件、於公事場再三御吟味之処、実ハ甚過酒仕罷在、申分之起り覚モ無之、前田権佐家来給人清水瀬兵衛ト組合候様ニモ覚有之、伴助ヲ切殺候儀モ誠ニ其場之時宜ニテ致出来候儀ニ付、外趣意無之切殺候上、伴助モ心付之義ニ候処、最前申偽罷在之旨申顕し、畢竟酒狂ニテ右之族ト相聞、重々不届至極之者ニ付、赦之不及御沙汰ニ、刎首ト去年九月被仰出、則今二日刎首ニ被仰付

但前記去年正月十二日互見

金沢御留守居物頭ヨリ隠居料廿人扶持　木梨訥軒政仲

今月四日病死　享年七十七

今月十一日　有御内意之趣、十四日同役連名御請上之、十八日於寄合席、小頭中ヘ申談趣有之、委曲別記秘録ニ書之

同廿三日　吉田八郎大夫組御歩神田与大夫儀、御歩田中又作・三橋平左衛門在江戸中代判いたし罷在候ニ付、身分共三人諸方御土蔵ヘ之上納、三月晦日与大夫ヨリ相仕廻、右請取切手四月四日会所ヘ出之、見合印請之、同六日御算用場日印請可申ト与大夫家来小八ト申者ニ右切手為持召連出候処、於途中取落候ニ付、右日印請候義等いかゝ可相心得哉ト其節御用番ヘ御尋申候処、右小八急度縮仕置候様被仰渡置候、然処外ニ相替義モ無之ニ付、不及御貪着候条縮相宥候様今廿三日御用番被仰渡候事、但本文之趣ニ付、御算用場ヘ日印請ニ不差出段、為承知御算用場ヘ頭ヨリ今月廿五日以紙面申達相済、吉田在江戸ニ付御用番頭取捌候事

同廿六日　左京殿左之御覚書、頭水越へ御渡、則申渡有之事

付札　水越八郎左衛門へ

白銀三枚　御歩

覚書　吉田茂右衛門

右茂右衛門儀、於公事場ためし者御用毎度相勤、生胴之御用も両度相勤候処、首尾も宜、
居物急度御用立候旨ニ付、被下之候条可被申渡候事、　子七月

癸酉八月大

御月番　横山山城殿　廿二日マテ組御用番　菊池九右衛門

御城代　村井又兵衛殿

朔日　快天、月次出仕、一統御目見御意有之、御取合年寄中右相済、役儀之御礼等被為請、
四時過相済、且今日左之通被仰付

御奏者番　定火消ヨリ　青山将監

二日　快天、御歩中水練為見分、大野川へ朝五時出宅、同役中ト町端ヨリ同道罷越、八時過
帰宅、但犀川渕共浅く指支候ニ付、大野川ニテ見分、小頭中当番之外、何も為指引被罷越、
且前々之通、同役今日御城詰明け其段昨日言上仕并年寄中・御家老中へも相達置候事

三日　晴陰、左之通御用懸中村宗兵衛等席ニテ披見申談有之
裕次郎[1]様御宮参、九月十三日ト被仰出候事

1 斉広養嫡利命（治脩男）

四日　五日六日七日晴陰、八日暁ヨリ大風雨昼ヨリ霽、九日十日十一日十二日十三日十四日
十五日十六日十七日晴陰、十八日雨、十九日廿日廿一日廿二日晴陰、廿三日雨、廿四日廿
五日晴陰、廿六日廿七日廿八日廿九日雨、一昨朝ヨリ無霽間、晦日陰南烈風

裕次郎様御宮参御行列

御挟箱　手替　御徒　同　同　御鎗　御小将　同
御挟箱　手替　御徒　同　同　御鎗　御小将　御薙刀
御徒　同　同　御小将　同
佐藤弥次兵衛　内　御抱傅　同　付札　御抱傅致不足候得ハ此所御用達
渡辺久兵衛　御乗物　御合輿　年寄女中　御小将　御横目　御歩横目
御小将御番頭　御抱傅　同　御小将　御歩小頭
三十人小頭　御草履取
御傘　手替　御日傘　御蓑箱　手替
三十人小頭　御草履取　付札　雨天ニ候得ハ御行列外へ
御鎗持　手替　御広式附御歩　御仲間　御馬
御茶弁当　手替
御鎗持　手替　坊主　御仲間
御召替御馬　御仲間　手替　御医師
御仲間　沓籠　押足軽
御仲間　沓籠　押足軽

同　若党　草履取　挟箱　鎗　御仲間　御仲間　御使馬
沓籠　自分笠籠　合羽籠三荷　手替二人　笠籠三荷
手替二人　押足軽　押足軽　押足軽　騎馬　御家老

六日　左之通被仰付
御年寄衆加判　御家老役　前田兵部
御増米七俵　先御切米都合三拾七俵右孫大夫儀及老年候迄数十年御用情ニ入相勤候ニ付御弓矢奉行依願如斯御増米被下之候段、町奉行ヘ被仰渡　御矢師　篠原孫大夫

九日　左之通被仰付
当分両学校御用兼帯　御先筒頭　武田何市

十日　左之通
内輪暮方隋弱之旨被聞召不心得之至ニ付指控被仰付、養母不縮無之様仕可置旨被仰出　御馬廻組　水越縫殿太郎

不慎之趣有之ニ付逼塞被仰付　組外 水越軍平

せかれ六事儀、不慎之儀有之候旨被聞召候、子弟成立之義ハ前々被仰出モ有之候処、粗略ニ相心得候故ト被思召候、依テ遠慮被仰付候、六事義不慎之趣ニ付急度相慎可罷在候　前田兵部与力 山本武兵衛

不埒之趣有之候ニ付遠慮被仰付、但一昨八日被仰付候由　御射手 由比友之進

十一日　左之通被仰付

御預地方御用　大嶋忠左衛門代　御大小将組 中宮半兵衛

御歩小頭
新知百石被下之　御歩横目ヨリ 太田総左衛門

喧嘩追懸者役
八月十一日ヨリ　武田何市代 永原治九郎
只今迄之通 仙石兵馬

△治九郎ヨリ例之通廻状有之

△前記五月八日ニ有之町会所加入銀高弐歩五ヶ年賦ヲ以取立之分、五ヶ年ニテハ指出兼候人々多有之ニ付、拾ヶ年賦ニ相極候段等、今月二日町奉行中ヨリ追談有之

一、富永権蔵兼役、学校方同役就御人少ニ、本役御用番御指省候段、御用番山城殿富永氏へ被

仰渡候旨廻状有之、為承知兼役無之同役へモ今月五日被仰聞候事、前記五月十七日・七月七日互見

一、大津詰御歩塚本九左衛門ヨリ刀持足軽之義ニ付願紙面頭富永迄指越候一件、同氏廻状委曲御用留帳ニ記之

聖総院[1]様前月廿七日御逝去之旨申来候、依之普請ハ今日一日、諸殺生・鳴物等ハ明後十四日迄三日遠慮之筈ニ候条、被得其意、組・支配之人々へ可被申渡候、組等之内才許有之面々ハ其支配へモ相達候様可被申聞候事、右之趣可被得其意候、以上

八月十二日　　横山山城

津田権平殿　新番頭・御歩頭連名

十五日　月次出仕、一統御目見御意有之、御取合年寄中右相済、役儀之御礼、息方初テ之御目見被仰付、四時過相済

十六日　前記之通、聖総院様就御逝去、相公[2]様ニハ御養母[3]方之御伯母之御続ニ付、御朦中御尋之御奉書相渡、昨十五日到来、依之御請之御使者御小将頭河内山久大夫へ被仰渡、同廿日発足、右御礼之御使ハ平士仕立ニ相成、御大小将小川伝九郎へ於江戸表被仰渡候筈之事

相公様御代之内、金谷於御庭ニたいはい[4]見物被仰付候儀有之候、其節見物被罷出候者有無相しらへ相達候様、石野主殿助申聞候事

右之趣御同役へ伝達之上、人別当廿日迄ニ御横目所へ御書出可被成候事

1 紀伊徳川宗将女・尾張女従
2 治脩
3 重教室千間
4（帯佩）弓術等の技芸の型や作法

八月十五日

右、昨日御横目中申談ニ付、たいはい見物等罷出候段覚書ニ調、今日御横目所へ指出候事、

此次九月十六日互見

御匕《さじ》御用　横井元秀

同断只今迄之通　大高東栄

御匕御用御免除　魚住道仙

右、此間被仰出候由、承ニ付記之

十八日　於御前被仰付

御大小将横目　永原治九郎代　御大小将組学校読師ヨリ　笠間又六郎　改源太左衛門

△女共衣類之義、先達テ被仰出置候処、当時ニテハ次第ニ猥ニ相成候儀ニ付、重テ別紙之通可被申渡旨就被仰出候相渡之候条、奉得其意厳重ニ可相守候

右之通、被得其意、組・支配之人々へ急度可被申渡候、組等之内裁許有之人々ハ其支配へモ相違候様被申聞、尤同役中可有伝達候事、右之趣可被得其意候、以上

八月十八日　横山山城

菊池九右衛門殿

女共衣類之儀ニ付、先達テ被仰出置候通ニ候処、当時ニテハ次第ニ猥ニ相成品宜ヲ相用、夏向等ハ着服裾ニ縮緬等ヲ以裏ヲ付、或ハ天鵞絨《びろうど》襟ヲ用ひ、万端右ニ准、又々花麗之風俗に流

1 前田斉敬（重教男）世嗣なるも早世

候躰ニ相聞候、其上銀笄高料之櫛等モ、中ニハ宅々或ハ主人方ニテ相用ヒ、町人共之内ニモ商売等ニテ京都ヘ罷越、或ハ入湯申立妻子引連遊里ヘ罷越、衣服モ御国許ニテ難致出来品ハ、京都ヨリ取寄用ひ候ニ付、下々迄モ右風俗ヲ見習、粗品ニ候共栄耀之染模様申付候躰、先達テ厳重被仰渡候処、間モ無之右之通等閑ニ相心得候義ハ、先以沙汰之限りニ候、以来御家中之人々家内之女、且召仕候下女并町在之女とモ、右様之風俗等急度無之様厳重ニ可相守候、如斯被仰出候上、若心得違之者有之節ハ急度可被仰付候事

甲子八月

御大小将横目
後藤杢左衛門

廿日　二之御丸中村宗兵衛等御用取捌候於席（柳之御間横廊下也）、今日裕次郎様御宮参御道書等披見談有之、都テ安永八年教千代[1]様御宮参之節御同趣ニ付留略、委曲ハ諸御作法書之内に有之、互見すへし

今廿日病死　享年四十

廿三日　左之通左京殿被仰渡

裕次郎様御宮参主付御用被仰付

佐藤八郎左衛門江戸出府代
永原七郎左衛門

一、菊池氏痢病ニテ昨廿二日ヨリ役引、依之同日ヨリ組御用番水越氏ヘ御達候段、菊池氏廻状有之

△別紙御郡奉行紙面之写相越之候条、被得其意、組・支配ヘ厳重可被申渡候、組等之内才許有之人々ハ、其支配ヘモ相達候様被申聞、尤同役中可有伝達候事、右之

1 刈取り束ね積上げたもの

趣可被得其意候、以上

八月廿三日　　　　横山山城

水越八郎左衛門殿

石川・河北郡松山、近年以之外木薄く相成申候、就中御家中初鳥構場之辺松木ニ障不申様、曁松木之根ニ火ヲ焚候義不相成趣、是迄度々一統被仰渡モ有之、御郡方ヘモ厳重申渡置候得共、近年猥ニ相成、其上御家中家来末々夜之内ヨリ山ヘ参り、出来松ヲ勝手次第伐取火ニ焼候族モ有之、鳥構木ニ真ヲ付ニ罷越候節ハ松木之枝ヲ下し、是迄無御座処ヲ伐ならし、構場之様ニ拵置、或ハ埋名ト名付、松木之根本ヘ名札ヲ入置、後日ニ至り申分出来、甚紛敷新場共多有之躰、委曲山廻り共及断、構場之札モ批取指出申候、其上近年構場之儀ニ付、不筋之族モ有之躰粗相聞被申候、且又鳥構人家来末々百姓持山之内ニ拵置候芝にう[1]ヲ無断取荒し、又ハ持はへのはりの木ヲ伐取、構木之真等ニ相用候族モ毎度有之、百姓共迷惑仕候段申聞候、畢竟御郡方之者、稼人等見習、賊木等毎度有之、御縮方行届不申候、依テ今般百姓共之内厳重詮議仕置候儀モ御座候、元来山廻共等閑ニ相心得候故、右等之族モ出来候義ト此度厳重ニ申付候、依テ構場等ヘ山廻り共繁々為相廻、不埒之儀見受候ハ差懸り見咎、名前為承糺申筈ニ御座候、勿論先年ヨリ相願不申構場ニテモ、年久敷定構場之様ニ成来候分ハ、不筋之訳無御座候得ハ、先見過置候共、たとへ定構場たり共松木ニ障出来松ニ札ヲ揚、都テ新場之分ハ無構札批取指出候様申

1～2 加州御郡奉行（二人とも）

渡、尤山番人共ヘモ其段厳重申付置候、右等之趣御家中一統家来末々迄、厳重被
仰渡御座候様仕置奉存候、以上

子八月八日

杉山新平[1]
宮崎久兵衛[2]

横山山城様

△別紙弐通之趣、夫々可申談旨左京殿被仰聞候条、被成御承知、御同役御伝達御組・御支配御申談可被成候、且又御組等之内才許有之面々ハ、其支配ヘモ不相洩様御申談可被成候、以上

八月　御横目

御歩頭衆中

付札　御横目へ

裕次郎様御宮参之節、御通筋警固足軽辻ニ指置、参懸候者ハ、十五歳以下之者ハ勿論、十五歳以上之者ニテモ御道之障ニ不相成様、作法宜敷指置可申事

一、御道筋、町方外ヨリ参候者にてモ女之分、且又十五歳以下之子共之分ハ、見世之内ニ作法宜仕指置可申候事

一、裕次郎様御宮参之節、観音院近辺居宅有之人々、坂中ヨリ見通之家ハ、御社参之時分戸障子等建置可申候事

右之通、被得其意、組・支配家来末々迄可被申渡候、組等之内才許有之面々ハ、
夫々申渡候様是又可被申聞候事

八月

当九月十三日卯辰観音院へ**裕次郎**様御宮参之節、御城表年寄中初御歩並迄、服紗小袖・布上下着用之事

一、御広式へ罷出候面々、熨斗目・布上下着用、御歩並服紗小袖・布上下着用之事

以上

廿七日（ママ） 左之通、御城代**又兵衛**殿被仰聞候旨等、御横目ヨリ例文之廻状ヲ以到来之由、御用番**水越**氏ヨリ廻状之事

付札　御横目へ

土橋御門御普請就被仰付候、来月二日ヨリ右御門往来指留候条、二御丸御広式へ罷出候人々、河北御門通り可致往来候、右御広式へ罷出候女分ハ、七拾間御長屋御門、玉泉院様丸通り、御数寄屋屋敷・唐御門往来之筈ニ候条、此段一統不相洩様可被申談候事

八月廿六日

廿七日　左之通

改作奉行被仰付　**加藤新兵衛**

1 定番頭
2 今石動等支配（人持組）

御普請奉行加人ヨリ 神尾孫九郎
所口町奉行 但去廿一日被仰付候旨也
裕次郎様御用物頭並 佐藤弥次兵衛
今日病死 享年六十九実七十三

晦日 左之二通、例文廻状ヲ以武田喜左衛門[1]ヨリ到来之旨、水越氏ヨリ廻状之事

付札 定番頭へ

△ 御家中之人々今石動町蔵給人米為用米御当地へ引寄候儀、年之内三ノ一、翌年春ヨリ夏迄之内三ノ二引寄可申旨等、寛政五年一統申渡置候処、今般奥村源左衛門[2]申聞候趣有之ニ付、以来ハ往古之通引寄米勝手次第之段承届候条、被得其意、組・支配之人々へ可被申渡候、組等之内才許有之面々ハ、其支配へモ相達候様可被申聞候事、

右之趣一統可被申談候事

子八月

付札 定番頭へ

△ 近年諸頭ヲ初、組・支配等之儀ニ付、願方多く、中ニハ御当節ヲモ弁兼候哉、一既（概）ニ組・支配之事而已心付、後タル願モ有之躰ニ候、尤組・支配之儀ヲ一途ニ存候儀ハ当然之事ニ候得共、右等之風俗ハ夫トハ品モ違候条、右之意味能々致弁別、是以後一統其処へ存付、願方等急度心得モ可有之旨被仰出候事

右之趣被得其意、組・支配之人々へ可被申渡候、組等之内才許有之面々ハ、其支配へモ相達候様可被申聞候事

右之通一統可被申談候事
子八月
一、今晦日、左之人々御大小将ニ被仰付

八百石	廿一才	**青地要人**	**親久**
五百五拾石　内二百石与力知	廿六才	**奥野保兵衛**	**陳久**
五百石	廿九才	**今井求馬**	**矩方**
三百石	十八才	**葛巻佐六郎**	**昌値**
三百石	廿五才	**坂井庄太郎**	**克任**

今月廿日　御普請奉行**上木金左衛門**ヨリ、御用番**菊池**へ迄来状、近年御切米等被下候人々病死案内は有之候得共、跡屋敷上候儀無拠願之筋有之、暫延引断等相洩中分有之、数年来跡屋敷上不申、其上ニハ名跡之者幷他之者居住之族モ有之、御縮方立不申ニ付、今般御様子有之遂詮議候条、是以後跡屋敷之義時々遂詮議、延引願有之分ハ印章紙面ヲ以可申越旨等申来候事

同廿六日　当番御歩中俄ニ御使相勤候節、草履直シ指支候得ハ御近習頭ヘ可相達、左候得ハ割場ヨリ受取可相渡旨、**池田勝左衛門**[1]、**水越**[2]ヘ被申聞相極、但小将中ヨリ御近習頭中ヘ相達候筈之事

前記五月晶紙ニ有之、**脇坂義道**施薬布袋丸能書、如左

1 御表小将横目
2 御歩頭水越八郎左衛門カ

小児長生大人不老の良薬
完尓《ニコ》笑《ニコ》容《ハ》丹《ラ》田《タ》不《テ》乱《マイ》薩《ソ》婆《ワ》訶《カ》
ほてい丸

布袋之絵

小児虫気五疳（カ）驚風等都て小児万病によし
大人男女用て脾腎を調へ元気をよくし
留飲等一切せきニよろし

本家調合 脇坂義堂
京都二条高倉 心学書物所

甲戌九月小

御用番 村井又兵衛殿
御城代 御同人
組御用番 水越八郎左衛門

朔日 雨天、月次出仕一統御目見御意有之、御取合年寄中、且於御前左之通被仰付、尤永井
以下御月番被仰渡

御大小将横目 後藤杢左衛門代 御大小将ヨリ 寺西平六郎 改平左衛門

金谷御広式御用兼帯 二御丸御広式御用モ只今迄之通 永井貢一郎 定番御馬廻御番頭也生駒内膳弟 十一才 生駒態次郎

裕次郎様御側小将ニ被召出、衣類代金年中三十五両宛被

下之候、勤方并身当共当分渡辺久兵衛等支配ニ被仰付

村　杢右衛門五男
十一才　村　金五郎

右同断

定番御馬廻組　当時御知行三ノ一被下置候
十二才　井上九郎太郎

裕次郎様御側小将被仰付、本知被下候迄銀十枚宛
毎歳七月・十二月両度被下之、勤方支配共渡辺久兵衛[1]
等取捌候筈ニ候事　附　翌年七月廿二日互見

二日　雨、三日四日五日六日七日八日晴陰、九日雨昼ヨリ晴、十日晴 冷気、十一日十二日雨 夜雷鳴、十三日十四日十五日十六日晴陰、十七日夜前ヨリ雨之処今朝ヨリ霽、十八日折々雨、十九日如昨日、廿日如昨日、廿一日廿二日廿三日廿四日廿五日快天、廿六日雨晴不定、廿七日晴陰、廿八日雨、廿九日微陰

△裕次郎様御宮参ニ付、別紙之趣可申渡旨御主付左京殿被仰聞候条、御承知被成御供等之人々へ御申談可被成候、以上

九月五日　中村宗兵衛[2]
永原七郎右衛門[3]

水越八郎左衛門様

猶以本文くり[4]之内ニ有之候得共、くり之内手挾ニ有之候間、くり之内空地・露地等へ溜置申

1 裕次郎御附
2 御大小将御番頭
3 御大小将横目
4 くり（庫裏）

儀ニ候、是又為御承知申進候、且於観音院御供揃所等之義、絵図一両日中私共役処へ御出
御披見可被成候、以上
観音院へ御先詰罷越候人々、召連候家来残置所ハ町家後之方へ成共溜置可申事
一、観音院門内へハ若党一人・草履取一人召連可申筈、尤被為入候内右家来之分、同院くり之
内へ溜置申筈ニ候、且又御先女中乗物舁指添候足軽等モくりへ溜置申筈、其所ニ足軽指置、
作法宜可申渡候、都テ被為入候内高声等無之様可申付候事
一、御歩小頭以上熨斗目・布上下、御歩横目以下服紗小袖・布上下着用之事、但熨斗目・無地腰
明、上下小紋・無地勝手次第之事
以上

九日 重陽、出仕前々之通御目見無之、年寄中謁四時前相済候事
裕次郎様御宮参御道筋、御先例之通前月廿日記之通ニ候処、御様子有之ニ付橋場町ヨリ小鳥
屋町、夫より材木町通上材木町へ御懸り劔先辻へ御上、小将町**奥村左京**様新堂形前ヨリ紺
屋坂御門前御通、夫ヨリ修理谷坂へ御懸り**前田余三次郎**前ヨリ**義十郎**宅へ被為入候
筈、其外ハ先達テ之通
右、十日ニ**中村宗兵衛**等於役所**水越**氏披見、夫々申談旨廻状有之

十三日 快天、前記七月廿八日、八月三日四日廿日廿三日、今月五日之通、今朝五時御供揃ニ
テ**裕次郎**様御宮参、夫ヨリ**奥村義十郎**[1]宅へ御立寄御作法等、且御帰後御供人へ拝領物等都テ
教千代様安永八年御宮参御同趣ニ候事、但観音院ヨリ**義十郎**宅へ被為入候御道筋違候義ハ九

1 八家、のち伊予守、栄実

日記之通ニ候事

一、安永八年之記ニ御歩小頭等へ拝領物記無之ニ付、左ニ記之

金三百疋　御目録　　御歩小頭　**藤田新左衛門**

右、桧垣之御間於二之間、御宮参為御祝儀被下候段、**左京**殿御申演、御目録ハ於其席御用人渡之、指引ハ御横目、組頭誘引等無之、御呼出之義ハ前日頭迄**左京**殿ヨリ以御紙面被仰談候事

一、於御同間、御供之御歩横目・御歩中へ被下候御目録、御用番**水越**へ**左京**殿御渡、則於御城夫々申渡

銀一枚宛　御歩横目両人　金弐百疋宛　御歩九人

十五日　月次出仕、一統御目見御意有之、御取合年寄中四時相済、且役儀之御礼等被為請

喧嘩追懸者役　九月十七日ヨリ　仙石兵馬代ヨリ　**茨木源五左衛門**

茨木ヨリ例之通廻状有之　只今迄之通　**永原治九郎**

十六日　八時過ヨリ御近辺之人々へたいはい[1]被仰付候ニ付、各見物被仰付候条、金谷御殿へ可相揃旨、昨日同役連名之廻状**石野主殿助**ヨリ到来、然処**自分**儀、痢合悪敷難罷出段、**主殿助**へ以紙面申達候

両学校方御用兼帯御免除之段、今日

1（帯佩）弓術等の技芸の型や作法

1御先弓頭・御異風才許
2御先筒頭

於御席御用番又兵衛殿被仰渡　富永権蔵

一、七月十九日記之通ニ付、堀万兵衛[1]今朝発、仙石兵馬[2]指支之趣有之十八日発、江戸ヘ罷越

十七日　左之通被仰付於御前

物頭並帰役等両学校方御用　江戸御広式御用御免之頭列ヨリ　堀　兵馬

於御席御用番被仰渡

両学校方御用兼帯被仰付　組外御番頭　木村茂兵衛

御近習御用ハ御免除　定番御馬廻御番頭　太田数馬

両学校方御用御免除　前田杢等並　小塚八右衛門

御儒者　木下槌五郎

付札　中川清六郎へ

右槌五郎儀、御政事方之儀等彼是申触れ候躰、不届之儀ニ被思召候、仮令他ヨリ申懸候者有之候共教諭モ可致筈ニ候処、右之族ニハ先以儒者ニハ不似合事、沙汰之限りニ被思召候、依之助教被指除逼塞被仰付

同　寺田九之丞

右九之丞儀、不応思召儀有之ニ付、遠慮被仰付

右之通被仰出候条、夫々可被申渡候事

1 二條治孝

九月十七日

各組支配之内、享和三年正月ヨリ文化元年八月迄跡目等被仰付、未御印物頂戴不被仰付人々名書并致改名候儀等委細当廿五日迄ニ可被書出候、尤同役中伝達有之不相洩様可被相心得候、且又去年八月御印物被下候節、忌中等ニテ不被下人々有之候ハ其分モ可被書出候、以上

九月十七日　　村井又兵衛

水越八郎左衛門殿

本文之趣ニ付、廿一日御横目中ヨリモ廻状有之、前々同趣ニ付略留

右水越氏ヨリ廻状、尤御用番同氏被書出候事

今十七日御近習番ニ被仰付　御馬廻組　有沢数馬　改才右衛門

去十三日御異風才許　堀万兵衛
在江戸中当分加人被仰付　御先筒頭　青木多門

廿一日　左之通被仰付

御普請奉行加人　御馬廻組　中村永之助

廿八日　従二條様[1]去年御婚礼御祝儀并同年御頼之趣有之候、為御挨拶今般御使者御用人鈴木縫

殿被指下、今月廿二日京都発今日参着、御使者宿菅波屋三郎兵衛宅御馳走主付御馬廻頭青木与右衛門・御小将頭河内山久大夫・御大小将井口勇次郎・小泉権之助、但諸大夫ニハ無之ニ付、御使番ハ不携之候事

一、今夜、年寄衆御城御退出夜九ッ時ニ相成、御用番又兵衛殿指控御伺有之、依之代御用番甲斐守殿、御城代ハ伊勢守殿御勤也、其訳不知

廿九日　昨日記之通又兵衛殿指扣御伺ニ付、慎被在之候処、今日夕方御免、不及指控ニ段被仰出

二条様御使者鈴木縫殿近々御指下ニ付、於旅宿御馳走之事

一、御使者参着日、町端迄足軽両人町奉行ヨリ遣置、旅宿之案内可仕候、此外ニハ町肝煎不及罷出、亭主ハ宿前ヘ可罷出候、及暮候ハ提灯二張釣為灯可申候

到着以前ヨリ旅宿ヘ相詰、折々罷出挨拶可仕候町奉行両人

一、御使者旅宿ニ相詰取持可仕候

御横目　一人

付札　前々諸大夫之節ハ御使番モ加り相勤候得共、去年

御馳走方　御大小将　両人

御用人参向之節ハ本文之通ニ御座候

御医者　一人

付札　本文之御医者、去年モ見廻り之趣ニテ、用事有之節ハ申談次第罷出候筈ニ御座候間、今般モ去年之通相心得可申候

従是以下旅宿役懸

付札　此分去年町方ヨリ相弁為詰不申候間、今般モ去年之通相心得可申候

御歩小頭　壱人
給事御歩　三人
御茶堂方　坊主　一人
軽き用事為承相詰　坊主　一人

一、於旅宿、御料理着日・帰日ハ朝夕ハ一汁二菜指出可申候、夕飯以後御酒・御菓子等之内好次第何れニテモ軽く一種被出可申候

付札　前々諸大夫御使者之節、着日・帰日御料理二汁五菜・御茶受・御濃茶・後御菓子出、平日一汁五菜ニ御座候得共、今般ハ御用人ニ付、去年之振ニ相心得可申候

一、家来若党躰ハ一汁二菜外香物、小者ハ一汁一菜外香物之事

付札　去年之通、着日・帰日迄本文之通、平日ハ軽く旅宿ニテ取計指出可申候

一、町宿前不作法無之様、町足軽等相廻可申候

一、御使者逗留之内、御歩毎度給事仕候テハ窮屈ニモ可有之候間、心安被給候様挨拶仕、坊主通ひニテモ出し可申候

付札　前々着日・帰日ニハ御歩給事、平日ハ及挨拶坊主給事之趣ニ候得共、去年参向之節ハ平日給事於旅宿三時共相弁候間、今般モ去年之通相心得可申哉

付札　前々諸大夫御使者之節ハ、旅宿ヘ御年寄中被罷出候得共、去年御用人参向之節ハ不被罷出候間、今般モ去年之通相心得可申哉

1 御馬廻頭
2 御小将頭

一、御使者登城之節、御作法相しらへ次第相伺可申候
右前々諸大夫御使者、曁去年御使者御用人参向之節、御馳走方之振ヲ以奉伺候事
九月
[1]青木与右衛門
[2]河内山久大夫
右御使者給事御歩、着日・帰日ハ服紗・小袖上下、平日ハ常服之旨ニ候事
一、先年江戸詰之節覚書ヨリ写之、是天明元年三月下旬御使序ニ武州東海寺寺中巡見之刻、琳光院ニ宗易之石碑有、宗雪和尚建立也、心外奄参詣之刻、拝文左之通見し侭記之
武州東海寺寺中琳光院ニ宗易之石碑
宗雪和尚就建立致参詣砌拝文心外庵
嗚呼居士ノ徳音ハ遥ニ無常ノ風隔也実業相承
血脈而遺コト訓益盛アリ随テ今吾甚深ナル得タリ茶法ニ
逢ヲ是偏ニ所ニ以千家因也恩徳誠難謝唯全
茶道ニ志ヲ深留テ可覲(カ)者欤
茶の道を伝んために世に出て
過さる時のうきを思へは
片腹いたくも責てはケ様ニも有ぬへき事かはと
書記畢

明和四丁亥秋

石美門弟　心外庵

一、左之書、葛巻家之秘書也、有謁テ一覧写之

雪竹乃言葉[1]

袖打払ふ陰もなき雪の夕暮柴の屋に立帰り侍るとて流水に立つゝきたる篁の辺りを過行侍りしに日をふる雪に折ふしたる呉竹のあるは水にひたゝりあるはうつもれてさこそとはかりしるのみ也けれは扨もとて詠めやりたるに操つくりて打そよめき立いかなれは降暮したる雪の中にもれてかくは侍りけん又いかなれは同し汀に力なく折ふしたりけん細きにやといたわれはなを細きもよく立てりしかも細からぬも折ふしたりけり木陰なとのたつき有さまにてもなし降雪のかゝらさるにてもなし貞節は同く具したり、ひたふるに下折とならむはあやしからすかれは下折となり彼の操となりいかにそや思ひとき難し暫く案し置て知りぬ人にとふへし

心なくつもりし雪に明日もまた
折ふす竹のうきふしや見ん

右ハ元禄五壬申歳葛巻権佐昌興 領八百五十石 有所感テ此辞ヲ述、是竹田忠春（張）[2]ニ寄るト云々

翌年六月十一日、権佐義寺西石見ヘ御預、能州嶋ヘ流刑被仰付

乙亥十月大

御用番　長　甲斐守殿　　組御用番　富永権蔵
御城代　前田伊勢守殿

1 富田景周偏『葛巻昌興有禎伝』ニ有
2 竹田忠張（火消番・奏者番・寺社奉行・公事場奉行）

1 二條治孝

朔日 快天、月次出仕一統御目見、御意有之、御取合年寄中、且役儀復任之御礼等被為請、
四時相済候事
一、明二日、**二條様**[1]御使者登城ニ付、携候人々五半時不遅揃候旨、於御横目所申談有之、且御
作法書左之通、是又於御横目所披見
二條様御用人**鈴木縫殿**登城之節、御饗応之次第
一、御使者登城之節、取持之御大小将両人之内一人、従旅宿御城迄先乗、一人跡騎馬可仕候、
御使者下乗之処ヨリ御式台迄同道、河北御門・橋爪御門御番人へ不及会釈候、尤退出之節同
道可為前条之通候
付札　諸大夫御使者、先乗御使番相勤候得トモ、今般ハ本文之通可有御座候
一、御門方警固、例月出仕日之通、御門并物頭ハ罷出不申候
付札　元文二年**二條様**ヨリ御使者有之節并御一門様方ヨリ一通御使者有之節ハ本文之通ニ御座
候
一、石川・河北・橋爪御番人等布上下着用、足軽下座可仕候
一、御進物才許御歩 私ニ記、此方様御歩也、然処才許御歩御用無之事ニ相成 ヨリ御目録右同道之御大小将
受取之、御使者へ相渡、御使者御玄関へ上り候ハ、裏御式台へ相廻、於御間之内モ夫々見計
御大小将取持可仕候
但、御玄関ヨリ御進物揚足軽二三人羽織・袴着用、割場ヨリ指出可申候
一、御大式台詰人、御大小将御番頭壱人、御大小将横目一人、御大小将

一、御玄関階下ヘ御大小将両人罷出、同所ヨリ御大小将誘引仕、虎之御間ヘ相通可申候、追付御奏者番罷出、御口上承、御進物有之候ハ御目録請取之、御口上并御進物御次ヘ可指上候

付札　諸大夫御使者之節ハ御玄関敷付ヘ御大小将両人罷出、御式台階トヨリ御大小将御番頭誘引仕候得共、今般ハ本文之通可有御座候

一、相公様奉初御方々様ヘ之御口上并御進物有之候ハ、右同人承之、石野主殿助[1]等并御附之頭分ヲ以可申上候、畢テ年寄中・御家老役罷出及挨拶可申候

付札　昨年、御頼一件ニ付テ之御口上別段申述候ハ御用人罷出承之可申候

一、重テ御奏者挨拶之上、柳之御間三之間ヘ誘引仕、追付御料理之挨拶仕、二汁五菜之御料理、新番頭・御歩頭之内相伴ニテ指出

一、御料理之内、御家老役罷出及挨拶、其後組頭罷出、御意之趣可申述候、御茶請・御薄茶・後御菓子マテ新番給事ニテ差出可申候

付札迄　諸大夫御使者之節ハ組頭相伴仕、組頭之内罷出及挨拶、其後御家老罷出、御意之趣申述候得共、御一門様御家老御使者之節ハ、相伴新番頭・御歩頭之内、且挨拶罷出候義モ御家老役、御使ハ組頭罷出候趣延享四年相極候ニ付、本文之通ニ御座候

一、右相済、追付桧垣之御間ヘ御前御出被遊候上、御同間御杉戸際ヘ御奏者番誘引、夫ヨリ年寄中誘引ニテ御使者罷出、御直答被仰述相済、御使者ヘ御意有之、年寄中之内御取合申上、退出之節御同間之内少し御送り可有御座候哉

付札　諸大夫御使者之時ハ桧垣之御間御杉戸際迄御送被遊候得共、今般ハ本文之通可有御座

1 御近習御用

1斉広養嫡利命（治脩男）

哉
一、相公様へ之御答、御直答無御座候ハ、御家老役之内罷出申述ニテ可有御座候
一、桧垣之御間ヘ御出之内、柳之御間上之間御廊下之内、定番頭以下御歩頭迄伺公可仕候
一、裕次郎[1]様御答、御幼少ニ付御家老役之内罷出申述ニテ可有御座候
一、実検之御間御番人五人計相詰可申候、御使番・御大小将横目并御射手三四人相詰可申候
一、新御廊下先ニ手水桶・手拭差置可申候
一、頭分以上并御使者誘引之御小将熨斗目・布上下、其外携候人々服紗小袖・上下着用之事
付札　御祝儀御使者ニ付、御一門様方ヨリ御慶事之節御使者之振ヲ以相しらへ申候
　御作事奉行壱人　内作事奉行一人　割場奉行一人
　御医者壱人　坊主頭一人
右、為御用相詰可申候
一、御使者退去之節、年寄中・御家老役罷出挨拶有之、御奏者番・懸り之組頭・最前誘引之御大小将階下迄送可申候
付札　諸大夫御使者之節ハ年寄中・御家老役罷出挨拶有之、実検之御間あなた迄送り有之候得共、今般ハ本文之通ニテ可有御座候哉
一、御使者ヘ被下候御目録等、退出後御大小将ヲ以旅宿迄被下候ニテ可有御座候
一、二條様御使者御用人参上之節、旧例見当不申候ニ付、諸大夫御使者ニテ御内用向并御一門様方御使者之振ヲ以相しらへ奉伺候事

青木与右衛門
河内山久大夫

九月

二日　快天、今日拙者詰番ニ付、前記之通熨斗目着用、五時過登城之処、九時頃二條様御使者鈴木縫殿登城、御前御風気ニ付御直答無之、御家老役前田図書ヲ以御答被仰上、且御料理之節、拙者致相伴候、御料理之内挨拶前田図書殿、御使河内山久大夫・青木与右衛門、
御献立左之通、二汁五菜塗木具

御汁　つみ入　小かふ　しめち　鯛　くり　せうか　金かん　香物　粕漬　瓜　茄子

御めし

二

煎鳥　小鴨　細麩　くわゐ　わさひ

御汁　松笠鯛　うとめ　浸し物　のしはへん　つま白

小鯛一塩　御盃　御銚子　御肴　苞とうふ　もみふし

御吸物　結きす　巻にんしん　御茶請　葛やき　坪しいたけ　濃茶

後御菓子　墨形落雁　紅菊霜　青小みとり　薄茶

以上

右御使者、今月六日金沢発帰京
三日　快天、八時ヨリ学校出座、論語之内新井升平講釈聴聞、八半時頃相済
四日　快天、五日陰、六日七日雨、八日晴、九日雨天雷鳴、十日十一日十二日十三日晴、十四日雨、十五日陰次第ニ寒冷増、十六日昼ヨリ雨、十七日モ昼ヨリ霰雨、十八日初雪降、十九日陰、廿日快天、廿一日昼ヨリ雨、廿二日快天、廿三日雨、廿四日快天、廿五日雨霰、廿六日晴、廿七日雨、廿八日廿九日晴、晦日昼ヨリ微雨
△文化元年分請地地子銀、当十一月中前々之通、銀高無間違、町会所ヘ可被指出候、先々御順達、落着ヨリ可有御返候、以上

十月四日　　御普請会所

津田権平殿

五日　左之通被仰付

御勝手方主付　　奥村左京

十日　同断

裕次郎様御抱守
呉服料紙奉行

学校読師ヨリ
御馬廻組　小幡左門

内作事奉行ヨリ　村井猪三郎

十一日　同断

物頭並御作事御用

御作事奉行ヨリ　浅加作左衛門

十三日　同断

裕次郎様御用兼帯　　　　　　　　御近習御用兼帯ヨリ
　　　　　　　　　　　　　　　　御小将頭　辻　平之丞

三人共新番組御歩ニ被召出　　　　数馬二男　進士岩之助

御宛行並之通被下之　　　　　　　嘉左衛門二男　石黒堅三郎

御右筆見習被仰付　　　　　　　　源五郎弟　渡辺源十郎

十五日　月次出仕、一統御目見、御意有之、四時相済、且役儀之御礼等被為請

十八日　左之通於御前被仰付、中泉以下ハ御用番被仰渡

物頭並金谷御広式御用　　　　　　御細工奉行ヨリ　有賀清右衛門

御使番　御近習御用只今迄之通　　御表小将横目ヨリ　池田勝左衛門

学校方御用兼帯　　　　　　　　　御先筒頭　中泉七大夫

当分金谷御広式御用兼帯
　学校方御用ハ御免除　　　　　　同断　武田何市

金谷御広式御用兼帯御免除　　　　組外御番頭　伊藤権五郎

今月十六日

若年寄役御免除　　　　　　　　　前田大学

一、昨十七日夜、御用番甲斐守殿於御宅、頭武田喜左衛門相詰、左之通
御尋之趣有之　　定番御馬廻御番頭 太田数馬
但、自分指控伺之処、其通ト被仰渡

十九日　於御前被仰付
御表小将横目 池田勝左衛門代　　御表小将ヨリ 山森権八郎

△寿光院様御三回忌御法事、当月於江戸表御執行有之候、御作事・御普請、其外三御丸御射手・御異風稽古、諸組弓・鉄砲稽古之義相止候ニ不及候事
一、御家中普請ハ不及遠慮候、諸殺生・鳴物等之義ハ当廿七日ヨリ廿九日迄自分ニ遠慮可然事右之通、組・支配之人々へ可被申渡候、且又組等之内才許有之面々ハ其支配へモ相達候様被申聞、尤同役中可有伝達候事
右之趣可被得其意候、以上
十月十六日　　長 甲斐守
富永権蔵殿

馬場故孫三嫡子藤左衛門せかれ 馬場恒太郎
右今年十五歳ニ満候ニ付、能州嶋八ケ之内流刑被仰付、当廿一日就被遣候、指添御歩二人御用之旨御用番被仰渡、三橋宇左衛門・藤井庄大夫へ申渡

右、御用番富永氏ヨリ廻状有之

喧嘩追掛者役

十月廿日ヨリ

茨木源五左衛門代
高畠安右衛門

例之通、安右衛門ヨリ廻状有之

只今迄之通
永原治九郎

廿一日　於御前被仰付

御細工奉行

有賀清右衛門代

御馬廻組呉服料紙奉行ヨリ
村井猪三太

廿四日　前記十八日ニ有之通ニ候処、今日支配頭武田喜左衛門於宅、左之通

粗忽之趣ニ付急度御咎モ可被
仰付候得共、元来御為之存付ニ付
御用捨之上指控被仰付

定番御馬廻御番頭
太田数馬

一昨々廿一日

三十人頭　当分加人被仰付

御歩小頭
藤田新左衛門

廿六日　左之通被仰付

若年寄兼帯

御家老役
前田兵部

今月八日、御算用者近藤金七郎出奔、御算用者近藤次郎九郎養子、実ハ御歩横目原与三兵

衛ニ男也

一、高尾山之紅葉ヲ京都何社之神主ヘ紙ニ押て送けれハ
風の手にさら〳〵さつとおし紅葉赤木の珠数の
いらたか尾山

右、安永九年秋之事也

丙子十一月大
御用番　奥村左京殿
御城代　村井又兵衛殿
組御用番　自分

朔日　陰、月次出仕、一統御目見御意有之、御取合年寄中、役儀之御礼等被為請、四時済、
且左之通於御前被仰付
寺社奉行
魚津在住ヨリ
前田式部
魚津在住
小松御城番ヨリ
伊藤靫負
改内膳

二日　快天、今日左之通被仰付
就御省略、内作事所・外作事所当分被指止、依之右両奉行不残并木蔵方御用御歩等モ御用
無之段被仰出候旨、夫々被仰渡、右之趣ニ付左之通被仰付

江戸御作事奉行

内作事奉行ヨリ　金谷佐大夫

外作事奉行ヨリ　加須屋団蔵

付札
山口小左衛門
堀　左兵衛
へ

林浅右衛門せかれ　林　伊織

右伊織儀、常々心得不宜、其上不慎之趣有之段被聞召候、依テ急度相慎罷在候様、親浅右衛門へ可被申渡候

林　浅右衛門

右浅右衛門せかれ伊織儀、常々心得不宜、其上不慎之趣有之段被聞召候ニ付、急度相慎罷在候様申渡候、御家中之人々子弟成立之儀、前々被仰出之趣ニも有之候処、常々疎略之至相心得候故ト被思召候、依之相公様奥御納戸奉行加人被指除、遠慮被仰付、右之通被仰出候条可被申渡候事

子十一月二日

付札
安達弥兵衛へ

御歩横目　柳　源太

右源太儀、過酒等いたし役儀ニハ不似合儀ニも有之候段被聞召候、依之役儀被指除候、右之通被仰出候条、可被申渡候事

付札
安達弥兵衛へ

右今般御省略ニ付、木蔵才許等当分被指止候ニ付御用無之候条、此段可被申渡候事
木蔵才許鉄荒物方兼帯御歩
中嶋要助
子十一月

三日　雨天時々荒、左之通被仰付
金谷御広式御用兼帯御免
二之御丸御広式御用ハ只今迄之通可相勤旨被仰出
定番御馬廻御番頭
永井貢一郎
遠慮御免
享和三年二月十一日互見
伴　八矢
同年同月二日互見
佐藤治兵衛
指控御免
同断　互見
永原半左衛門
同年五月十九日互見
大村七郎左衛門
右之外、平士等之内御咎御免有之、交名未承之

四日　陰、今日左之通
役儀御免除　組外ヘ被指加
三十人頭
竹内十郎兵衛
右十郎兵衛儀、及老年病身ニ相成、駆廻等相勤兼候躰被聞召候、役儀御断ハ可申上候得共、久々相勤候ニ付旁役儀御免被成、組外ヘ被加之候、尤役料被指除候事

五日　雨、六日晴夕方雨、七日昼ヨリ晴、八日降晴不定、九日快天寒冷穏和、十日十一日十

二日十三日同断、十四日陰、十五日雨、十七日陰雨、十八日十九日快天、廿日雨、廿一日雪風、廿二日昼ヨリ晴、廿三日陰、廿四日快天、廿五日昼ヨリ雨、廿六日雨、廿七日晴、廿八日雨、廿九日晴、晦日雨

七日 左之通被仰付

三拾人頭　新知百石 役料三拾石被下之

奥附御歩横目ヨリ
篠田半大夫
武田何市
有賀清右衛門

各儀、金谷御広式御倹約等主付被仰付候、申談諸事綿密遂僉議候様可申渡旨被仰出候条可被得其意候

一、今七日、**富永権蔵**御用有之旨、切封以御紙面御呼出有之、御用番**左京**殿御覚書ヲ以於御別席御尋之趣有之、明日迄ニ御請書指上候様被仰渡

但、先達テ学校方御用兼帯在役中之事ニテ有之候由也

今七日九時御供揃ニテ粟ヶ崎口ヘ御放鷹、御拳ニテ小鴨二、御脇鷹ニテ雁壱被為獲、御拳之鳥ハ従御途中**相公**様ヘ被上之、御表小将**駒井清六郎**ヘ早乗御使被仰付

十日 左之通、御用番**左京**殿被仰聞候由、御横目中ヨリ例文之廻状到来之事

付札　御横目ヘ

来る十五日

△裕次郎[1]様御着袴御祝儀被為在候条、御城向御歩並以上布上下着用可仕候、右之通夫々可被申談候事、

十一日　左之通

△裕次郎様、当十五日御着袴之筈ニ付御両殿様へ為恐悦、翌十六日御用番宅へ可被相勤候、幼少・病気等之人々ハ以使者御祝詞可被申聞候事

右之趣可被得其意候、以上

十一月十一日　　奥村左京

津田権平殿　新番頭・御歩頭連名

菊池九右衛門組
奥附御歩横目
中村沖右衛門

右沖右衛門儀、大田数馬ト此節致文通候段被聞召候、数馬儀指控中之事ニ候得ハ沖右衛門勤向ニテハ文通等致候儀有之間敷儀ニ候、如何之趣ニ候哉承糺候様、頭九右衛門御呼出ニテ御家老前田兵部殿御覚書ヲ以被申聞ニ付、則今十一日九右衛門宅へ沖右衛門呼出、小頭藤江次郎兵衛指引、拙者立会承糺候処、大田数馬ヨリ以紙面、兼若[2]之脇指善悪目利篠田判大夫へ相頼度候得共、是迄通路モ不致、其上指控中ニ付難頼候間、沖右衛門分ニ致し頼呉候様申来、其儀ニ付両度致文通、一度数馬宅へ罷越取次ヲ以申入候段申聞候ニ付翌日夫々取捌有之、且沖右衛門役筋ニテハ心得モ可有之処、頼之趣不及断ニ文通等致候義心得違之段、今更心付迷惑仕候、依之先自分ニ指控可罷在哉ト申聞候ニ付、翌十二日御家老衆へ菊池ヨリ以紙

1 斉広養嫡利命（治脩男）

2 加州刀鍛冶

面相達候処、其通ト兵部殿御申聞ニ付、沖右衛門義菊池宅へ呼出、小頭那古屋恒佑指引ヲ以、先自分指控被申渡候、将又翌十三日菊池右御用ニ付御城ニ被在之候内御呼立、沖右衛門義当月九日夜、大田数馬宅へ咄ニ罷越候段被聞召候、承糺候様以御覚書兵部殿御申聞ニ付、水越八郎右衛門立会、右恒佑指引ニテ被承糺候処、九日夜ニテハ無之、八日夜右脇刺之事ニ付罷越、暫咄罷在候段申聞、昨日糺候節、此義可申聞処、相洩候段等申聞候ニ付、翌十三日菊池氏夫々取捌有之候事

御先筒頭ヨリ　広瀬武大夫
御大小将御番頭ヨリ　中村宗兵衛

此次十四日互見

十三日　左之通、於御前被仰付

御持筒頭　玉川七兵衛代
御異風才許兼帯只今迄之通
御先筒頭　吉田又右衛門代

諸頭諸役人へ可申聞趣

横浜善左衛門[1]等席勤方ハ都テ品重き内用等執次仕事ニテ政事ニ預り、或諸役人へ対し了簡ヲ演、又ハ申付モ無之品ヲ私トして僉議等仕儀ニテハ無之事ニ候処、近年勤方不心得之品々有之、且諸頭等之内ニモ心得違候者ハ善左衛門等へ用向懸合之節ハ役筋ニテ無之事モ申出候様成義有之、或役筋之義ニテモ先善左衛門等へ及内談之上達聴或達聴候儀ニテハ無之候得共、内分承置候様致度なとゝ雑談同様之義有之、当時ニテハ流例之様ニ相

1 御近習御用

成候体及承候、因茲今般善左衛門等心得之義段々申渡趣有之候条、向来諸頭等モ役筋用向窺事等之外、内談かましき儀などハ仕間敷事

己酉十二月

付札

定番頭へ

御近習御用本多勘解由等勤向心得之義ニ付同人等へ今般改テ被仰出候品有之候、寛政元年相公様御代、別紙御書立写之通諸頭等へ被仰渡候、弥以無違失可心得旨、頭分等へ可申渡旨就被仰出候、則御書立写壱通相渡候条、奉得其意諸頭・諸役人へ可被申談候事

甲子十一月

右御用番左京殿御渡之旨等、定番頭御用番武田喜左衛門ヨリ今月二日例文之廻状有之候事

十四日　菊池氏御呼出、前田図書殿・前田兵部殿御列座、左之御覚書ヲ以兵部殿御申渡ニ付、沖右衛門義菊池氏宅へ被呼立小頭那古屋恒佑指引ニテ被申渡候旨廻状有之候事

但、沖右衛門儀、自分不及指控ニ候段兵部殿御申聞、是又被申渡候由之事

奥附御歩横目
中村沖右衛門

付札　菊池九右衛門へ

右沖右衛門儀、役儀モ有之候処、不心得之趣共有之、勤向ニハ不似合義ニ候、急度モ可被仰付候得共、其儀ハ御用捨被成、役儀被指除候旨被仰出候条、此段可被申渡候事、附前記十一日互見

十五日　月次出仕、一統御目見御意有之、御取合年寄中、且役儀之御礼被為請、四時頃相済候事

裕次郎様御匕医
中村文安
只今迄廿人扶持

新知百五拾石

右於御席、御用番被仰渡、且左之通今日於御前被仰渡

奥村左京[1]
本多勘解由[2]

来春御参勤御供

廿一日　於柳之御間御目通、御判物・御印物、人持頭分・御表小将・御大小将・御馬廻四組ヘ被下之、四時御出、同半時頃相済

廿二日モ御印物、御馬廻組・定番御馬廻組、但組外等ヨリ諸小頭・新番御歩迄、夫々被下之、四時御出、同半時頃相済、且中村文安新知之御礼、子共初テ之御目見モ右以前於桧垣之御間被為請、将又左之通今日被仰付、自分組ニ付於拙宅申渡

金谷御次入口番御歩横目ヨリ
坪江円蔵

金谷奥附御歩横目
御次入口番兼帯
役料五人扶持被下之、只今迄之役料ハ被指除之

廿三日　例月之通、今日於実検之御間、経書講釈為聴聞登城、「論語子張第九林周輔講ス 御前俄ニ御出、講半ヨリ御聴聞、今日ハ五章ニテ相済候事

一、来春御参勤御供、順先早速書出候様、今日諸頭御用番御呼出ニ付、左京殿御覚書ヲ以被仰

1 年寄
2 家老

渡候事

廿五日　左之通、於御前被仰付

御大小将御番頭　中村宗兵衛代

御大小将組宮腰町奉行ヨリ
松原安左衛門
改伊織

同　日　左之通、御用番左京殿於御宅、横山山城殿御立合御大小将横目山本又九郎・笠間源太
左衛門指引ニテ被仰渡

富永権蔵

御手前儀、彼是不応思召儀有之候ニ付
指控被仰付候旨被仰出

同　日　支配頭寺社奉行［（空白）］於宅、左之趣御叱有之

小塚八右衛門

学校方之儀ニ付奥村左京迄可申達筈之処、
御横目へ申達候趣等心得違、依之急度御咎
可被仰付候得共、御用捨等被仰出有之

長　作兵衛

学校方之義ニ付小塚八右衛門申聞候趣ヲ長
甲斐守へ申達候義ニ付御叱

晦　日　左之通

寒気為御伺御機嫌、江戸表　　御馬廻組
へ之御使被仰付、｜二月六日発足　　沢田源左衛門

今月十五日
裕次郎様御着袴ニ付、従中将様御使御家老前田織江ヲ以、御大小被進之、右取捌御歩高橋
鉄之助ヘ申渡勤之

丁丑十二月大
　御月番　村井又兵衛殿
　御城代　前田伊勢守殿
　組御用番　菊池九右衛門

朔　日　雪降昏迄ニ積雪五寸計、月次出仕一統御目見、御意有之、御取合年寄中、且役儀御礼
等被為請、将又左之通於御前被仰付
　御先筒頭　広瀬武大夫代　御使番ヨリ　田辺判五兵衛
相公様御近習御用只今迄之通

二　日　終日雪、今日左之通被仰付
　裕次郎様御抱守　御大小将組学校読師ヨリ　松原牛之助

三　日　朝迄ニ積雪二尺計今日モ雪降、八時ヨリ学校ヘ出座
今日左之通被仰付

御道中奉行等　　御小将頭　中川平膳
　　　　　　　　御用人　平田三郎右衛門

来春御参勤御供　　会所奉行　半田惣左衛門
　　　　　　　　　割場奉行　河村茂三郎

四日　晴、五日雨、六日同、七日雨雪、八日雪、九日晴、十日十一日雨、十二日十三日十四日十五日晴陰、十六日十七日十八日十九日雨雪、廿日晴、廿一日雨、廿二日陰、廿三日快天如春、廿四日廿五日雨、廿六日晴昼ヨリ雪、廿七日廿八日廿九日晦日雨雪寒気強

十一日　左之通、跡目被仰付

三百石　亡父三郎大夫知行無相違　組外へ被加之　今村養次郎

三百石　亡父左平同断　組外へ被加之　窪田権佐

五百石　亡養父源左衛門同断　御馬廻へ被加之　岩田余所七

末期願之趣被聞召届候、依之同姓実兄岩田伝左衛門次男余所七儀嫡女へ聟養子被仰付

三百石　亡父弥次兵衛同断　組外へ被加之　佐藤八百助

亡父杢左衛門同断
二百三十石　組外へ被加之
後藤杢次郎

亡父武兵衛　同断
六百石　御馬廻へ被加之
小寺主計

要人知行無相違
千百石　私記　御使番自分知二百石
末期願置候通、母方おち同姓三浦重蔵へ相続被仰付
重蔵自分知ハ要人先祖之御配分ニ候処本家相続
ニ付都合千三百石ニ被仰付
三浦重蔵
改助左衛門

亡養父亥三郎知行無相違
五百石　御馬廻へ被加之
末期願置候通、神保縫殿右衛門次男鍋吉養子ニ被仰付
藤掛鍋吉

亡養父兵之助知行五百石ノ三ノ一
百六十石
末期願置候通、父方いとこ加須屋助右衛門三男他三郎養子ニ被仰付
太田他三郎

亡父儀左衛門知行無相違
三百石
谷　松九郎

亡父忠左衛門同断
百五十石
大嶋忠大夫

亡父喜八郎　同断
二百石
水上助三

亡父栄八郎　同断
二百石
津田亮之助

喜三郎　同断　　辻　万作
百石
臼井丹大夫二男万作へ相続被仰付

亡養父久大夫同断　　富永九十郎
百石
末期願置候通、養方おい御歩横目中村左平太せかれ九十郎儀
嫡女へ聟養子被仰付

亡父久之助　同断　　斎藤十之助
二百五十石　御馬方御用可相勤候

亡養父惣左衛門同断　　有沢与八郎
二百石
末期願置候通、同姓有沢平左衛門養妹養女ニ仕、
一木逸角弟与八郎儀聟養子ニ被仰付

亡祖父弥六　同断　　小畠弥五郎
百石

亡養父宗叔御扶持高之通　　堀　周庵
十人扶持

亡父彦大夫知行無相違　　鈴木小太郎
二百五十石

亡父源右衛門　同断　　中村源左衛門
百石

亡養父知右衛門同断　　舟木伝内
八十石

当病不罷出　森口故七兵衛末期願人　早川庸五郎

十二日　左之趣、今日承ニ付記之
前月廿五日記之通ニ候処口上間違之趣等
有之ニ付、去七日ヨリ自分指控　長　作兵衛
但、同月廿四日不及指控旨等被仰渡有之

十三日　縁組・養子等諸願被仰出、其内左之通
病気ニ付依願役儀御免除　大御前様附物頭並　高田昌大夫　年五十一
同断、数十年相勤候ニ付白銀五枚
生絹三疋拝領被仰付　定番御馬廻御番頭　篠嶋茂平　年七十
但、五十ヶ年余之勤仕
御表小将ニ被仰付　御馬廻組ヨリ　松尾縫殿
御大小将ヨリ　葛巻佐六郎

十四日　左之通
五拾俵　森口庸五郎
森口七兵衛末期願之通、能州所口小代官早川甚左衛門二男庸五郎御歩ニ被召出、御
切米並之通被下之

十五日　月次出仕、一統御目見御意有之、御取合年寄中、夫ヨリ役儀之御礼・跡目之御礼被為

1 重教室千間

請、四半時頃相済

今朝於御帳前、左之通披見申談有之

付札　御横目へ

歳末御祝詞、今月ハ大ニ付廿九日登城可致処、寿光院[1]様御忌日ニ付、廿八日為御祝詞登城候様夫々被申談、尤是以後モ右之通ニ可被相心得候事、右之通御同席・御同役へ御演述可被成候事

十二月

一、今日左之通、被仰付

宮腰町奉行　松原安左衛門代

御馬廻組新川御郡奉行ヨリ　脇田源左衛門 改善左衛門

二御丸御広式御用達　久田権佐

御上下一具・白銀五枚　御大小将　帰山長大夫

及老年候迄数十年実躰ニ相勤候段被聞召候、役之(カ)御内々御目録之通被下之

十七日　左之通被仰付、来春御参勤御供

定番頭並　御近習　関屋中務

御道中御筒支配―
翌年正月廿八日互見―

御持筒頭　同　神田十郎左衛門
御先弓頭　同　津田権五郎
物頭並　同　戸田伝太郎
御表小将御番頭　山崎右左衛門
御近習御使番　池田勝左衛門
同断　今村藤九郎
御表小将横目　改田主馬

痛役引ニ付出勤之上
頭ヨリ被仰渡

詰番御歩頭　菊池九右衛門

来春御参勤御供番**富永権蔵**ニ候得共指控被仰付置候ニ付、御手前御供被仰付候条、**権蔵**組召連可被申候、詰番御手前代助先**津田権平**ニ候得共、御人数御減少ニ付、相詰候ニ不及旨被仰出候、御手前組之義ハ尤相詰候様可被申渡候事

御道中御弓支配

聞番物頭並　恒川七兵衛
御馬廻頭　青木与右衛門

来春御在府詰被仰付

御蔵所奉行　湯原友之助
「翌年正月廿三日互見

十八日　左之通、御横目ヨリ例文之以廻状到来

付札　御横目へ

△相公様来年頭、御家中之人々御礼ハ被為請間敷旨被仰出候、依之献上之御太刀等目録・青銅目録共当年中ニ取立、元日不残指上候筈ニ候条、正月朔日之日附ニテ、自分并組・支配之人々目録、当月廿一日ヨリ廿七日迄之内御奏者所ヘ指出可申候、且又御太刀馬代并御礼銭代モ右目録指出候日限之内、諸方御土蔵ヘ可致上納候、右之趣都テ近例之通相心得候様、夫々可被申談候事

十二月

廿日　寒気御尋之宿次御奉書到来、依之御請使御馬廻頭富永右近右衛門ヘ被仰渡、廿三日発足

廿三日　左之通、於御席御用番又兵衛殿被仰渡、於御前可被仰付候処、依御風気ト是又被仰聞候由之事

定番御馬廻御番頭　御大小将ヨリ 真田佐次兵衛

篠嶋茂平代

一、来春御参勤御供、御膳奉行・奥御納戸奉行・御近習番ヘ夫々被仰渡

聞番見習、今日被仰付　御大小将 篠原与四郎

廿四日　於御前被仰付

叙爵
　　　　　　　　　　　　　　　　　　主殿事　本多安房守
御用人当分加人
御用番被仰渡
　　　　　　　　　　　　　　　　　　御歩頭　水越八郎右衛門
但、安達弥兵衛子息・妻疱瘡遠慮
引ニ付テ也

一、左之一書、任一覧写之、但来年之分モ後ニ附記す

○魯西亜《ヲロシア》船来記

都テ従異国日本ヘ渡海貨物交易之商船、阿蘭陀弐艘・唐船拾弐艘長崎ヘ着岸之儀ハ例年相極り有之、然処今年九月六日昼過長崎沖ヘ異国船壱艘漂泊之処、夥敷人船ゆへ不審く、若や異国の軍船ニテモ可有哉と、早速兼テ御手当之通夫々御陣営も有之、其内段々近寄候ニ付、紅毛船之振を以旗間之御手当出来、七時頃御検使及加比丹并紅毛人大小通辞出船初夜頃、威王嶋ヘ湊入仕、一通り御紀之処、ヲロシヤ国舟ニ違無之、其夜神嶋沖ニ繋置て船之躰如紅毛船ニテ、長サ六十間・幅三十間、内ハ二階三階ニ仕立、宮殿・楼閣・中門・役所ニ覚敷所数多有之、不残極彩色・金銀彫物・青貝入青漆・黒漆・朱塗等結構、言語ニも難述、外ハ矢間・石火矢・鉄砲等悉く備有之、牛馬数疋其外羊・豕・鶏・犬之類有之

一、乗組都合八十五人、内四人ハ日本仙台之漂民、是寛政五年十二月奥州浜辺石間郡之船、若宮丸廿四反帆ニ仙台米ヲ積、江戸廻之出船之処、難風ニ逢、被吹流漂流、翌年五月廿八日

ヲロシヤ国ニ漂着、乗組十六人之内三人病死、十三人ヲロシヤ国ニ在之候処、此度**左兵衛**四十二才・**儀兵衛**四十三才・**伴大夫**六十才・**定十郎**三十四才帰朝、残りハヲロシヤ国ニ止留之由

一、右御役人方参向様子御尋有之処、商船ニテも無之漂流ニテも無之、此度ヲロシヤ国王ヨリ日本ヘ之聘使之由ニ付、其子細御紏有之候処、則将軍家ヘ国王ヨリ之書翰を呈候得共、是ハ江府ヘ参候御目見之上呈上候様、国王ヨリ申付候故開封難仕赴、使節人レサノット申ニ付、然らハ書翰之大意逐一ニ可申聞旨演述、大通詞三人并加比丹二人委曲ニ承之、御奉行所ヘ和解を以上之候書付等写左之通

一、今般ヲロシヤ船渡来之義ハ、兼々此御国を慕敷奉存、此度使節ヲ以江府ヘ捧献貢、拝礼相勤向後信義を結度念願ニ御座候

一、交易之儀モ願度御免ニ候ハ、如何様之商法ヲ以、商売筋被仰付候哉奉伺候

一、日本船向後万一リユス国ヘ漂流仕候節ハ、右乗組之者共日本何方ヘ連れ渡候テ可然哉奉伺候

一、先年リユス国ヘ漂流之日本人、蝦夷地ヘ連渡候砌、格別御手厚御取扱之段、ラツクスマン帰国之上申聞御国恵難有奉存候

一、日本ヘ御用之品々不依何、調進仕度心願ニ候間、御用之品々被仰下度、猶又為商売持渡候品々も、不依何ニ御注文被下度奉存候

一、此度日本人四人連渡り申候

右ハ国王ヨリ捧候書翰之主意、当来朝仕候ヲロシヤ船使節之役人レサノット申口上之趣承り、

和解仕差上申候、以上

子九月十日

阿蘭陀通詞人

中山

名村

本木

一、ヲロシヤ国王書翰

恭敬而

大日本国王之殿下ヘ、ヲロシヤ国王ョリ呈進する書ニ載る所、貴国御代々幾久敷、御代御繁栄を謹テ祝賀仕、次ニ我祖、国土を治しより、国王ヘウトルを第一として、女王カタリイサシを第二とす、此二代ニ至り我国張業して其末阿蘭陀・フラス国・アレケンス国・イタリヤ国・イスニン国・トイツ国、其外国々戦争指発るといへ共、我国之計ひを以て国々を静謐ニ鎮め、諸邦ニ義を顕しヨウロッハ之諸州大平ニ及ひぬ、貴国之儀ハ本邦ョリ懸隔なりといへ共属国之地方不遠ニ、是迄信義を通し候義無之候得ハ向後之儀ハ格別信義を結ひ度所望ニ御座候、往昔ョリ貴国御仁徳之儀ハ、女王カタリイナシ儀兼テ承知罷在候処、不斗先年帰国之船難風ニ逢ひ、我国ヘ漂流仕候ニ付、異人ハ貴国ヘ令帰朝候ため、十二ヶ年以前自国ョリ船を仕出し、ラアスレサノットト申者令渡海候、素り貴国之御作法不知案内ニ付、何卒御国法御示ニ預り申度奉存候

一、先年難風ニ逢ひ我国ヘ漂流せし貴国之人々撫育仕置此節連渡り候

一、積年御当国を慕ひ信義を結度、兼テ念願ニ奉存此一書を呈し候、向後御用筋承度奉存候、前件之次第宜被召聴、心願之通於交易候ニハ、我属国之内カテヤツタ北アメリカ之内ニ有」アレウテキユス「カムシカテカ北アメリカ之間ニ有之　シユンレチ「カムシカテカ辺ニ有之是等之嶋々ヨリ乗渡らせ、船数之義ハ壱艘ニ不限、其数御指図ニ任せ長崎之津其外之地ヘモ、御指揮次第渡来為仕可申候、若又向後貴国之船我国内何国之浦ニ雖為漂流、聊無差支令入津致扶助候様、兼テ津々浦々ニ至迄命を下し置候、其人々御当国何方ヘ連渡可申哉、猶亦商等ニ付心願之趣、則使節之者コウアスサノトヘも含置候間、貴国高官ニ御尋之次第も候ハ、右使節之者ヘ御沙汰被成下度奉存候

礼　貢

一、時計仕込象作り物　　一、猟虎皮

一、大鏡　　一、象牙細工物

一、鉄炮大小色々

右ハ微義ニ候得共、自国任産物貢上仕候、於御受納被下候ハ欣幸至極ニ奉存候、其外国産之奇品類可備上覧奉存候

王府ヘトルヘルタニ於て即位してヨリ三年六月晦日

ヲロシヤ国王
アレキサムトル　判

国老
ヲロムウフ

右使節レサノツト申候、承候趣和解仕差上申候、以上

阿蘭陀　大小通詞三人如前

ヲロシヤ人　雑話聞書

先年日本人ヲロシヤ国領ヘ漂流ニ付、十二ケ年以前 寛政五年也 国王ヨリ之命ニ依て日本ヘ連渡り、蝦夷地ヘ着岸仕候節、日本之取扱宜候故仁徳ニ感し、亦々此度前記ニ有之奥州之左兵衛等四人を連渡り、ヲロシヤヨリ信義を結ひ、以来通船仕度由申聞候事

一、寛政五年着岸之節以来、長崎ヘ渡海仕候様被仰渡、則信牌御朱印被下候テ帰国仕候ニ付、此度右御朱印持参仕候写左之通

信牌

おろしや国之船壱艘、長崎ニ至る為のしるしの事

爾《なんじ》等に諭す旨を承諾して、長崎に至んとす、抑切支丹の教ハ我国の大禁也、其像及器物・書冊等をも持来る事なかれ、必害せらるゝ事あらん、此旨能悟遵して長崎に至り此子細ヲ告訴へし、猶研窮して上陸ヲモゆるすへし、それか為に此一帖ヲ能ふる事しかり

石川将監　書判
村上大学　同

此度

政府の指揮ヲ奉して　あたんらうすなん
給ふ　にあれハらうろう

寛政五丑年六月廿七日

御朱印

御朱印　割印也

右持参候哉ト御検使等被尋候処、持参候由ニテ則御検使之入見覧候処、至テ大切ニ仕箱ニ入、金襴之覆ひを懸て忝く指出之

一、ヲロシア国いつ頃出帆何方ニ寄候哉ト尋問之処、暦数一千八百三年八月十一日（去年六月廿四日之事也、一本子マルタ）ヲロシア出船仕テノツナマルエ之内ユッヘンハカガホリヤ嶋（一本エッヘンハカカナアリヤ嶋）并南アメリカ州之内ヲラシリヤ国を廻り、夫ヨリ南海ヲ廻り一千八百余里を経て、当子七月廿九日カムシカットカ国ニ至り、八月十一日同所出帆、三十一日経て日本此処ヘ着津仕候由答之

一、寛政五年信牌持帰候翌年ヨリ渡海可仕処、都テ外国ハ諸蛮共、近年戦国ニテ往来・通路難致、漸一昨年頃ヨリ何国モ静謐ニ治り候ニ付此度渡海仕候、其子細ハクナシリ国カンシカットト申国主甚悪逆無道ニテ、其上勇猛ニ有之国々を掠メ取、戦争無絶間候処、ヲロシア国王ハ仁勇ニてカンシカツの悪逆を悪み、クナシリ国を攻討、カンシカツを亡し、夫ヨリ国々ヲ切鎮候処、皆々仁徳ニ懐きヲロシア国ヘ付属仕候テ、今程ハ治り申候、然処日本トハいまた合戦に不及候得共、日本ハ神国ニて威儀尊く、殊ニ武勇烈敷中々難為敵討事唐天竺迄も聞伝へ、悉く恐れ居申候ニ付、何卒日本ヘ相従ひ末永く信義を通じ候ハ、外ニ恐るゝ国も無之、可為

安穏ト此度来朝致候由申聞候事
一、此度献上之時計ハ象之形ニテ金無垢金具仕立、内ニ時計を仕懸、象の歩みにて一時々々ニ時を打候得て音楽聞へ候仕懸
一、大鏡ハ高サ五尺程之姿鏡、前後弐枚箱台共珊瑚珠ヲ塗込彫物堆朱
一、目録之外ニ器物・薬種・織物等十二品
一、ヲロシヤ船之大将レサノットハ国王の弟、年頃三十四五歳ニテ、於日本ハ国王・城主ニも当り候身分、余程身重き躰ニテ甚有威義人柄、衣装ハ金モウル延織之錦金の牡丹付、頭上に高サ壱尺四五寸の織物帽子ニ四方ニ鳳凰の羽二寸計織出し、上ニ白毛の羽態を飾り、額ハ兜の真庇の如く両方耳蔵し悉く金之物也、釼ヲ帯し毛沓ヲはき曲禄ニ座し有之、両脇ニ少し低き曲縁ニ衣装ハ羅紗猩々緋等ヲ着候者四人釼ヲ帯し有之、其外近習ト覚敷者四五人、種ケ嶋鉄砲ニ鎗をも仕込候物火縄ヲ添持之、或ハ抜身の釼ヲ持有之、一時代りニ昼夜共常々如斯守護す
一、右レサノットハ紅毛詞并日本文字詞等モ寛政五年ニ帰朝せし伊勢**大黒屋幸大夫**等ニ習ひ覚へ候由ニテ通詞等ト通弁モ相分り候事
一、此度持参之書翰一通ハ彼国之横文字、一通ハ漢文の如き物、一通ハ和文の躰、都合三通也、皆金泥ニテ認之箱ニ入上覆ハ奇珍之錦ヲ懸有之、都テ奇妙成物共也、三通共御検使へ差上候様再往申入有之候得共、兎角江戸表へ自身持参差上度旨申候処、再三之上漸会得仕候テ御奉行所へ暨御検使へ九月八日夜指出之

一、武器・玉薬御規定之通、預可申旨、是又再三之上承引仕
左之通指出之
一、玉薬三十三棒　一、鈒大小十七腰　一、鉄砲品々ニテ七十七挺
一、鎗之穂廿四本　一、長鈒四十一腰　同小道具品々
一、塩硝六箱　一、大鉄砲三挺　以上品々御船蔵ニ入之
一、神嶋沖ニ繋置候元船、風難ヲ怖れ相頼候ニ付、神之崎ヘ引入被仰付
一、ヲロシヤ船最初ハ威王嶋ニ有之ニ付、大羽戸ヨリ一里計東西南北諸大名衆之船ニテ取巻、海上遥ニ櫓船・館船且軍船・兵船ヲ浮へ、船粧驚耳目美麗、両御番所之飾モ一統ニ幕打・旗・馬験・指物等夫々相建、夜中ハ大高提灯等一間ニ壱本宛、海辺ニハ篝ヲ焚厳重至極、肥前侯・筑前侯之蔵屋敷前ニモ数艘之用意船ヲ備へ、従神崎切手之供ハ皆従筑前勤之、赤白之旗共神崎深堀迄之海辺ハ勿論所々ニ陳取武器等厳整之為躰古戦八嶋之絵之結構たり、ヲロシヤ船之前後ニハ番船中黒之幕ヲ張り相守之、其外湊内一躰之御縮相整候上、前記の如くヲロシヤ船ヲ御番所際迄引入之、山之手陸地ハ諸大名方御陣屋家々之紋所染幕・幔幕ヲ張り、鎗・長刀・弓・鉄砲・簱指物・幟・吹貫纏等立連附　前記之船粧美麗ト有之モ是ニ同し　夜中ハ大高提灯・松明・篝等、是前記同断　夥敷事共也、尤御役人方等各陣羽織小具足、雑兵ハ陣笠鎧等着用也
一、松平筑前守殿・松平肥前守殿ハ長崎御番ト唱へ、非常之節御手当御預り、依之御在江戸御両家隔年代りニテ御参勤、此度肥前守殿ハ就御所労御息左衛門佐殿出馬ニテ軍船大小三百七十艘壱万七千人被出之、筑前守殿ハ御在江戸ニ付、為御代番黒田甲斐守殿出馬、軍船四

百余艘幕千三百張、鉄砲廿石形舟等壱万三千人被出之、大村信濃守殿よりハ椎浦迄物頭一人、大筒役一組出張有之、其外松浦肥前守殿・土井大炊頭殿・五嶋淡路守殿・鍋嶋紀伊守殿・戸田能登守殿・鍋嶋備前守殿・立花左近将監殿・中川修理大夫殿よりモ人数被出之、惣〆五万余ト云々

一、三尺角位之材木数十本並へ弐間四方柱ニして、鋏ヲ打以代の如く拵へ其上ニ土ヲ敷、海上廿四ケ所ニ浮め有之、是ハ焼討之時燃草柴薪ヲ積上火ヲ付、敵船へ押寄候用意、従公義御備被仰付

一、ヲロシヤ船へ四方鉄之大鎖りヲ海中ニ引並へ有之候

兵船之図、帆先ニ梯子の如く成物有、常ハ船中へ押倒し置、合戦之節此梯子ヲ敵船へ倒し懸候得ハ鉄の熊手の如き物ニテ引懸候、其上ヲ歩み渡り、敵船ニ飛込具也

一、ヲロシヤ人翌年二月九日長崎御役所へ出候テ、真綿拝領可仕旨相願則被渡下、外ニ米百俵・塩千俵并長崎ニ逗留中調物等不残被下之、翌十日日本人四人共御請取済同十五日出帆、則

ヲロシヤ人ヘ被仰渡書左之通

長崎奉行申渡書

先年松前ヘ来候節、都テ通信・通商共難成事ヲモ一通り申諭し、国書ト唱ふるもの我国の假名ニ似たる書モ解しかたき間持来る事ヲ許さす、第一松前の地ハ異国の事ヲ官府ヘ申処にあらす、若此上其国ニ残りし漂流人ヲ連来る欤、又願申旨等有とも、松前ニテハ決テ事通さる間右之旨、長崎ハ異国の事ニ預る地なるゆへに議する事モ有へしとて長崎ニ至るための信牌ヲあたへしなり、然るヲ今又国王の書ヲ持来ることハ松前におゐて申諭したる旨弁かたきにやあらむ、是ひとへに誠ヲ実にし、風土の等しからぬ故に通しかたき事しかり、此度改て政府の旨ヲ請可申諭す事如件、将ニ船中薪水の料ヲあたふ、然る上ハ我国ニ近き嶋々なとにも決テ船繋くへからす、早々地方ヲはなれ、すみやかに帰帆すへし

御奉書

我国昔より海外ニ通問する諸国少からすといへとも、事使宜ニあらさるか故ニ厳禁ヲ致テ異国の賈舶モまたたやすく我国ニ来ることを許さす、しいて来る海船有といへとも堅く退ていれす、たゝ唐山・朝鮮・琉球紅毛の往来する事ハ五市の利ヲ必とするに来る事の久しき素たり、其いわれヲ以テなり、其国の如きハ昔よりいまたかつて信ヲ通せし事なし、はからさるに前年我国漂船の人ヲいさなひて、松前ニ来テ通商ヲこひ、今又長崎ニ至り、よしみヲ通し交易ヲ開かんよしヲ計る、既に其事再におよんて深く我国ニ望所在もまた切なるをしれり、然りといへ共望乞所の通信通商の事ハ重くこゝに移すへからさるものや、我国海外

ヲロシヤ国使節レサノツト之図

レサノツト之手下役人クルラセンステル之図

の諸国と通問せさる事既に久し、隣誼ヲ外国ニ修る事ヲ知らさるにあらす、其風土異にして事情ニおけるも、また懽心ヲ結ふにたらす、いたつらに行李ヲ煩わさん故ヲ以て絶テ通せす、是我国歴世封疆ヲ守るの常法なり、いかてか其国一済の政ヲ以テ朝帝歴世の法を変すへけんや、礼ハ往来ヲ尚ふ、今其国の礼物ヲ請テ答へすんハ礼ヲしらさらん国とならん、答とすれハ海外万里何国か然るへからさらん、容さゝるのすくれるにしかす、五市の如きハ其国の在処ヲ以テ我なき処ニかふ、おの〳〵其利有ニ似たるといへとも、通して是ヲ論すれハ海外無価の物ヲ得テ我国有用の貨をうしなわむ、要するに国計の善なる物にあらす、いはんやまた軽漂の民奸猾の商物ヲ競ひ価ヲ争ひ利ありといへとも是課て、やゝもすれは風壊り俗ヲみたる我民ヲ養ふニ害ありて、ふかく取らさる所也、五市交易の事なくて、たゝ信ヲ通しあらたに好みヲむすふ、元よりまた我国の禁ゆるかせに成しかたし、是におゐて通する事ヲせす、朝帝の意如斯再来ることを費すことなかれ

△かけの諸勝負等之儀ニ付、寛政元年以来被仰渡之写ヲ以猶更違失無之様被仰出候旨等、御用番又兵衛殿ヨリ昨廿三日御触有之

来年頭御礼揃刻限

元日

△壱番御礼人、六半時揃
弐番御礼人、五半時揃

右之通夫々可申談旨、御用番又兵衛殿被仰聞候間御承知被成、御同役御伝達可被成

候、以上

十二月廿四日

御歩頭衆中

御横目

廿五日　左之通被仰付

江戸居住御歩利倉彦七郎せかれ
利倉恒吉

父彦七郎儀、御奉公数十年全相勤候ニ付、為御褒美せかれ恒吉六組御歩ニ被召抱、並之通五十俵被下候段彦七郎頭菊池九右衛門ヘ被仰渡

只今迄御鷹方取次支配ヨリ
川嶋忠兵衛

御引足米廿俵　先御切米都合五拾俵

亡養父伴七儀、御鷹方御用数十年全相勤、忠兵衛義モ鷹方心懸御用相立候ニ付、如此御引足六組御歩ヘ被指加

御鷹方御歩横目鹿野故貞右衛門養子内談仕置候、同御歩小塚伝大夫二男
鹿野忠蔵

御切米四拾俵

故貞右衛門義、数十年御奉公実躰ニ相勤候者ニ付、願之通忠蔵御鷹方御歩ニ被召抱、右之通被下之、鷹方稽古無油断相励可申候

一、昨廿四日　左之通被仰付

定番御馬廻組百石
駒井武助

蟄居　彼是不都合之趣共有之段被聞召、如此ト被仰出候由

右風説ハ前月上旬頃、武助留守之内ニ出入之座頭波之都ト申者罷越、勝手之火燵ニ武助内室ト同くあたり有之候処ヘ武助酒ニ酔帰、右座頭ヲ鞘がちニ致候処、少々疵付逃帰、波之都ヨリ検使ヲ乞候故之一件ト云々

但、波之都ハ公事場ヘ召出、尋之上叱ニテ済候由也

定番御馬廻御番頭
神保縫殿右衛門

金谷御広式御用当分加人

今廿五日被仰付

但、三宅平左衛門江戸御使ニ付テ也

定番御馬廻御番頭兼金谷御広式
三宅平左衛門

今般諸大夫御願之通就被仰出、為御礼江戸表ヘ之御使今日被仰渡

廿六日　左之通被仰付

御歩横目
神田半蔵

病身ニ相成、役向心懸モ薄、心得方不宜躰ニ付御横目被指除、定番御徒ニ被仰付

廿八日　歳末為御祝詞、今日出仕以上之人々登城去十五日互見御在国如御例、於御式台御帳ニ付可罷帰処、御弘之趣有之候間、各居残候様甲斐守殿被仰聞候旨於御帳前申談ニ付居残候処、九半時頃柳之御間列居、年寄中・御家老中列居、左之通甲斐守殿御演述、畢テ同所於横廊下左之通披見、退出之事

諸大夫之儀、兼テ御願置被成候処、今般御願之通被仰出候ニ付テ、本多主殿叙爵被仰付、名モ安房守ト為御改被成候、此段何モヘ可申聞旨御意ニ候

付札　御横目へ

諸大夫代安房守御願之通被仰出候、為御祝詞、甲斐守宅へ今日可罷越候、幼少・病気等ニテ今日登城無之人々ハ、向寄ヨリ伝達、為御祝詞甲斐守宅へ以使者申越候様可被申談候事

一、甲斐守外、年寄中・御家老中へモ来正月へ懸可罷越候事

一、左之覚書モ今朝於御帳前披見候事

来正月八日、例年之通経書講釈相止候事

十二月廿八日

来正月四日、息方御礼揃刻限六半時之事

但、御同席・御同役御伝達之事

子十二月

一、今日於御前被仰付

物頭並
裕次郎様御用

江戸御広式御用人被仰付

金谷御表小将御番頭ヨリ
横山引馬

組外ヨリ
萩原八兵衛

1『応響雑記上』（田中屋権右衛門著 玉川図書館近世史料館蔵）に同様の記載あり
（注）節・拍子記号あるも略

2河合見風

一、昨廿七日、左之通被仰付
役儀御指除
堂形奉行 湯原十左衛門
宮腰御詰米奉行 湯浅友右衛門

○沢庵和尚法悟諷[1]
きのふの暮のおとし文。もしあらわれてこと問ハヽ。此方ハ数ならぬ御身の名こそおしけれ
たとへ高間の山なりともうき人に逢ふならハ。雲霧をわけて通ハんかよへハ人やしる
又通わねは中絶る。琴のいときらさしと夜な〱物や思ふらん

右ハ沢庵和尚の作也、天明元年五月、宝円寺和尚之応需テ波吉・宮門章附之、同年原宗兵衛所持本ヲ借受、雑書中ニ写置ヲ今又爰ニ写之、且、左之狂歌、是モ右雑書ヨリ写之

○津幡駅住俳諧人見風[2]、ひをト言婦人ニ同席して
ひをどしの君が草摺畳ミあげ
かのさねもりと一ト軍サせん

又、よしトいふ女子参会之折

よし一ト夜難波のことに逢ずとも
せめてハあしを折そへてねぬ

又、崎トいふ女の名頭[1]の手本習ふをミて

むらさきか清少納言かハしらす此行末ハ
人の名かしら

又、せんトいふ女に会て

ちよとせんといふてさせんハせんかなし
恋せんよりハせんがましなり

○長大隅守殿家来給人横田久大夫、衆好[2]数年之内、或方ニテ松之梢ニ天女天下り候所ヲ指竿ニテ人々指むト欲する、依之讃ヲ乞しニ和歌ハ難詠ニ付、左之通り狂歌ヲ書遣之候也

松高き天津乙女を指てくりよ
してくりよところおもひあかりつ

1（ながしら）寺小屋などで頻用の人名の頭の漢字を列挙した教材

2衆道、男色好み

文化二年

●文化二乙丑歳　正月小戊寅　御月番　横山山城殿
御城代　村井又兵衛殿
組御用番　自分

元日丙戌　雪降寒穏也、今朝六半時揃ニテ於桧垣之御間、諸大夫衆等ヨリ若年寄中迄年頭御礼被為請、夫ヨリ鶴包丁御覧、畢テ於柳之御間、人持・頭分独礼被為請、一先被為入、重テ御出、御小将中・御射手・御異風・新番・御医師・御儒者、座付之一統御礼被為請、惣様九時頃相済候事

一、在江戸同役吉田八郎大夫年頭御祝儀献上目録、旧臘御用番へ懸御目置、今日拙者就御用番、今朝御奏者番へ相達上之候事、但、尤十二月朔日之日付也

二日　快天長閑也、今晩御例之通就御松囃子、七時過ヨリ登城之処、六時前御出、御規式始り五時頃相済候事

但、年寄衆土佐守殿・内匠助殿煩断、其外不残被出候処、御家老横山又五郎殿煩断、其外不残被出、御例之通御盃被下之、夫ヨリ人持・頭分之内例々頂戴被仰付候人々へ御流れ被下之、御肴役年寄中被勤之、御囃子・御番組御例之通

三日　快天、御礼人前々之通、但、在江戸御歩小頭安達弥兵衛組ニ候得共、在江戸吉田八郎大夫ヨリ十二月朔日之日付ニテ献上目録、旧臘到来之処、今日小頭中就御礼日ニ、御用番拙者ヨリ今朝御奏者番へ相達上之候事

四日　雨天、今日息方於柳之御間、一統御礼被為請、且於御同間御射初、吉田彦兵衛・吉田権平迄御覧、被為入、但、吉田才二郎ハ罷出居候得共、痛所ニ付不相勤、其外御打初・御乗

馬初、如御例有之、惣テ四半時過相済候事

五　日　快天之処昼ヨリ風雪寒気強、六日快天之処昼ヨリ如昨日、七日快天、八日陰、九日快天之処昼ヨリ雷風雨余寒立帰、十日快天、十一日陰昼ヨリ雨、十二日十三日十四日十五日十六日快天長閑也、十七日風雪、十八日天気宜、十九日風雪余寒甚、廿日朝迄ニ積雪五六寸、晴昼ヨリ又雪降、廿一日廿二日快天、廿三日雨、廿四日快天之処夕ヨリ雪、廿五日廿六日快、廿七日廿八日廿九日雨天

六　日　寺社方御礼如御例

七　日　人日御祝儀五時登城、如前々年寄中謁ニテ四時頃相済、且御式台於御帳前、左之通披見物有之

正月十五日　二月朔日

右月並之出仕無之候事

八　日　月次経書講釈之儀、旧臘廿八日記之通相止

十五日　前記之通、月次出仕相止

十七日　左之通、於御前被仰付

金谷御表小将御番頭　**横山引馬**代

金谷御奥小将横目ヨリ
杉江助四郎

十八日　同役寄合、宿**菊池九右衛門**

廿　日　左之通被仰付

御大小将組へ被仰付、金谷奥御納戸奉行
金谷御居間方組外ヨリ　西村与平

廿一日　左之通被仰付

新川御郡奉行
御馬廻組　千秋次郎吉

堂形奉行
同断　広瀬孫助

一、当御参勤御発駕御日限三月十一日ト今日被仰出

廿二日　月次経書講釈為聴聞登城、論語之内林周輔講ス

一、今日、左之通奥村左京殿被仰渡

当御参勤御道中御近習騎馬
御歩頭　菊池九右衛門
御大小将御番頭　富田九郎右衛門

各儀当御在府於江戸表、御省略方御用主付仰被付候間、万端綿密被遂詮議旨被仰出候、且又、青木与右衛門・中川平膳儀、右御用兼帯被仰付、見廻り可申談旨被仰出、申渡候条可被得其意候事
御歩頭　菊池九右衛門
御用人御先手　平田三郎右衛門
御馬廻組　青木与右衛門

被仰渡、右同趣
御小将頭　中川平膳

御参勤御供被仰付、御発駕翌日発足、御供人末々猥之儀無之哉、於御泊宿等可遂詮議旨被仰出候段被仰渡
御台所奉行　湯原友之助

当御道中御長柄支配被仰付候段頭へ被仰渡、則申渡
御大小将　井口勇次郎

廿五日　左之通被仰付
御近習番　定番御馬廻組　山崎助大夫

廿六日　左之通御廻状出、一役御用番一人宛也

△各組支配之内、文化元年九月ヨリ当月迄跡目等被仰付、未御印物頂戴不被仰付人々、名書并致改名候儀等委細来月五日迄可被書出候、尤同役中伝達有之、不相洩様可被相心得候、且又、去年十一月御印物被下候節、忌中等ニテ不被下人々有之候ハ其分モ可被書出候、以上

正月廿六日　横山山城

津田権平殿

廿八日　本多安房守口宣請取御使、御大小将前田牽治郎、今日発足、京都へ罷越、二月廿日帰着

付札　御横目へ

△中将様御疱瘡未為済候得共、表向之人々家内疱瘡病人有之節、一御丸ヘ罷出候儀ハ不及遠慮候、乍然年寄中等ハ三番湯懸り候迄ハ指控候表向之面々モ御目通ヘ罷出候儀ハ了簡モ可有之候旨、享和二年申渡置候得共、是以後其儀ニモ不及旨被仰出候、尤裕次郎様御疱瘡未為済候ニ付、金谷御殿并二御丸ヘ罷出候儀遠慮可仕義ハ去秋一統相触置候通ニ候条、右之趣頭々ヘ可被申談候事

正月

付札

御横目ヘ

中将様御疱瘡未被為済候ニ付、御近辺相勤候人々ハ家内疱瘡病人有之候ハ、三番湯懸り候迄ハ罷出候儀指控可申候、且疱瘡病人ハ相見ヘ候日ヨリ三十五日過候ハ、肥立次第罷出相勤可申候旨享和二年申渡置候得共、是以後不及其儀候旨被仰出候、右之趣被得其意、組・支配之内御近辺相勤候人々ヘ可被申渡候、組等之内才許有之面々ハ其支配ヘモ相達候様被申聞、尤同役中可有伝達候事、右之通頭・支配人ヘ可被申談候事

正月

右御横目所ヨリ双方役名之以廻状、前々之通申来候事

一、今般御省略被仰出候趣共、左之通

御馬五疋御減少　　御鷹不残御減止

但、不残鷹屋新左衛門等ヘ被下之、越前等ヘ売遣候筈之由、併、去年御拝領之大鷹二据ハ被指残

御広式女中同断

当御参勤御供人同断
但、御近習頭津田権五郎、其外都合五六人御減少
一、京都何某トいふ神主、狂歌をよくす、或時、弁慶トいふ題ニテ
弁慶ハ腰に二さし背に四さし
合せてむさし棒は手に持つ
右、天明元年閏五月之事也、其年聞番雑書之中ヨリ写之

己卯二月大
御月番　長　甲斐守殿
御城代　前田伊勢守殿
組御用番　水越八郎左衛門

朔日　雨天、前月七日記之通月次出仕相止、二日三日四日天気宜、五日雨天、六日快天、七日八日雪降二三寸積余寒大ニ強し、九日属晴、十日雨、十一日晴、十二日雨、十三日十四日晴、十五日雨、十六日十七日晴、十八日風雨強、十九日廿日廿一日晴、廿二日雨、廿三日雨昼ヨリ晴、廿四日晴、廿五日強風雨朝ヨリ晴、廿六日晴、廿七日雨、廿八日晴、廿九日、晦日晴

二日　左之通被仰付
定番御馬廻御番頭　神保縫殿右衛門
同断　山崎十三郎
指控
但、組之人々御番方之儀ニ付得御内聴候趣御聞届之由ヲ

御城代ヘ申達候事ニ付テ也、附同月日御免許

諸方御土蔵奉行
高柳宇左衛門

指控

同断
疋田半平

但、旧臘十八日諸方御土蔵之御銀二拾貫目紛失、上箱封印ハ無別条、右賊相知れ不申ニ付テ也、右賊疑人かね見河原町尾張屋勘右衛門、於改方吟味之上公事場ヘ引渡禁牢、度々拷問有之候得共、不致白状内牢死

右ニ付諸方御土蔵奉行

御馬廻組
芝山織人

加人

定番御馬廻組
山辺左盛

△当年為御用江戸并遠所ヘ罷越候人々、一季居下々奉公人居成ニ可召置候、但、暇遣候儀ハ主人勝手次第ニ候条、如前々組・支配中可被申触候、以上

丑二月二日

高畠五郎兵衛印　原　九左衛門煩

本多主水　印　中川清六郎　印

御歩頭在江戸之外五人連名殿

三日　八時前ヨリ学校出座、論語之内新井升平講釈聴聞

四日　左之通

金谷御表小将横目　山崎小右衛門代

金谷御表小将ヨリ　長瀬善次郎

八日　月次経書講釈為聴聞登城、論語之内石黒源五郎講ス

△御家中一統春出銀如御定三月朔日ヨリ晦日迄之内御支配并御自分共可被上之候、且又当秋出銀之義モ例年之通十月朔日ヨリ晦日迄之内可被指出候、御披見後御判形候テ可被相越候、以上

己丑二月十日　富田権佐判

御歩頭六人連名殿

追テ春出銀之分、帳面ハ三月之月付ニテ四月十日迄之内可被指出候、以上

十一日　左之通

御歩小頭被仰付、新知百石被下之　奥附御歩横目ヨリ　服部又助

但、水越八郎左衛門組中村清左衛門代也

一、定番御歩中村甚左衛門せかれ甚太郎妻、昨十日自殺ニ付為検使御大小将横目笠間源太左衛門・寺西平左衛門、且定番頭三人等昨夕ヨリ罷越、御横目両人ハ右宅ヨリ直ニ、今暁御用番御宅へ参出、重テ甚左衛門宅へ罷越、今日昼頃相済候事

但、甚太郎妻腹ニモ疵有之候由、且甚左衛門等心得違ニテ着類為着替置、依之甚左衛門先自分指控、頭ヨリ申談候

十四日　暁、御大小将組御用番支配御右筆中西順左衛門せかれ新番組御右筆中西順作妻、自殺仕損存命、依之御小将頭御用番堀平馬・新番頭両人共、彼宅へ罷越、両頭ヨリ双方共検使乞

書付、御月番ヘ指出候処、為検使御大小将横目山本又九郎・加藤三四郎罷越、同日暮六時過相済、但、疵浅く療治黒川元恒ヘ申談候処、追日平癒

十五日　月次出仕、一統御目見御意有之、御取合年寄中、四時済

一、今日本多安房守叙爵之御礼被仰付、御例之通御料理被下、相伴定番頭九里幸左衛門、御盃頂戴、且御腰物拝領等都テ如御先規

十八日　役儀之御礼被為請、且御印物頂戴被仰付、附前月廿六日互見　御馬廻頭・御小将頭ヘ被仰出之趣、二月三日於御次本多勘解由・横浜善左衛門ヨリ右組頭中ヘ演述之覚

各存之通、連年御勝手向御逼迫至極ニ付御入国以後格別御省略被仰付、少々減方モ付候哉ニ被思召候得共、中々容易ニ御符合之所ヘハ至り不申事ニ候、去々年於江戸表御借金方御仕法モ被仰付、且又去年御帰国之上段々御詮議有之、大坂表御借金方モ御仕法被仰付候趣ニ付、林弥四郎被遣候、右ニ付御地盤方段々御しらへ被仰付候処、年中御入用方過分之御不足ニ相成、以之外御運方御指支候儀ニ候、連年右之趣ニテハ容易御勝手御取直し、御借知等被返下候場ヘハ不被為至、左候得ハ弥増御家中之人々及難儀申義御粗食不安被思召候、依之色々打返御思慮モ被為成候得共、此上如何共思召当りモ無之候、併来年ヨリ尚又格外之御省略可被仰付思召ニ候、夫ニ付御身分ヲ初御次廻格別之御省略被仰付度思召ニ付、御膳所并奥御納戸等御入用悉く御減少被仰付置候得共、幾重ニ御艱難ニ被成御座候テモ、何モ御国家之御為め、其儀ハ聊ニ御貪着不被遊儀ニ付、此上御省略之義、段々奉行等ヘ御直ニ被及御指図、二之御丸御広式御入用金モ御減少被仰付、曁御鷹

等モ被減、御武用之儀格別トハ申なから、御馬数モ被減候趣、夫々被及御下知候、いつ迄モ御省略ト申ニテモ有之間敷、不遠内ニハ是非御勝手向御運モ宜敷被為成、仮令不全トモ御借知モ被返下、御家中之人々モ相応勝手取直し、又ハ年柄ニ寄、窮民等ヘ御発賑被仰付、御指支無之程之場ヘ不被為至テハ甚以御手薄之儀御心痛被成候、殊ニ御前ニハ申さハ不時成御家督、万一モ四民風俗モ悪敷次第ニ困窮ニ相成、曁御勝手モ最早御潰之場ヘ至候テハ被対御老君様方ヘ候テモ別テ被仰訳モ無之御事ニ候、然る上ハ、各初一統深く此御時節存付、一途ニ風俗モ宜敷所ヘ相移、万端御省略方等相整候様有之度思召候条、弥無油断可相心得候、毎々右準候義等被仰出候節、乍奉畏彼是後言仕候人々モ有之哉ニ被聞召候、尤各ニハ無之事ニ候得共、右等之義ハ有之間敷義ニ被思召候、向後ハ被仰出有之共難弁人々ハ幾重ニテモ奉伺、得ト御趣意之程可奉畏候、右之通申上候ハヽ、一端被仰出候テモ道理ニ相当不申儀モ自然有之候ハ、速ニ御改可被遊候、又ハ申上方道理ニ相当り不申儀ハ相分能く会得仕候迄、幾度モ可被仰出候、若如此被仰出候上、以来被仰出候儀等会得仕兼なから不奉伺、追候テ自然評議仕候人々モ有之段被聞召候ハ御咎可被遊思召候、右等之趣、各奉承知、組・支配有之面々ヘモ能々会得仕候様可申談候、尤於御前逐一可被仰聞候得共、入組申儀却テ御前ニテ被仰聞候テハ会得モ如何ト先於御次被仰出候、猶近く被為召候テ可被仰聞、此段可申聞旨御意ニ候事

丑二月

寺社奉行　御算用場奉行　定番頭　町奉行　新番頭

御歩頭　　御射手才許　　御異風才許　　組外御番頭
定番御馬廻御番頭　　御台所奉行　　御細工奉行
御馬奉行　　魚津町奉行
御覚書写相済候ハ、御封印ヲ以早速右之通御廻達、落着ヨリ御返可被成候事
　　二月十日
　　　　　　　　　　　岡田助右衛門　　堀　平馬
右、今月十日於虎之御間、助右衛門・平馬ヨリ御歩頭御用番水越八郎左衛門ヘ演述、御請ハ夫々ヨリ指上ニ不及旨申聞、右写等ハ寺社奉行ヘ被相渡、則中川清六郎ヨリ順達有之到来ニ付、水越ヨリ写被相廻候事

廿三日　月次経書講釈為聴聞、例刻五時打登城、伊藤雅樂助講ス、今日ハ実検之御間ヘ俄ニ御前御出、御聴聞被遊候事

廿五日　内寄宿水越八郎左衛門

廿六日　左之通、於御前被仰付
　　学校惣御奉行　　　　　　　　横山山城
　　御馬廻頭帰役　　九里幸左衛門代　　御役御免頭列ヨリ　宮井典膳
　　同断　　小寺武兵衛代　　同断ヨリ　前田甚八郎
　　御持弓頭　　窪田左平代　　御先手物頭ヨリ　津田権五郎
　　御近習頭ハ御免除、御省略方御用兼帯被仰付

大御前様附物頭並　高田昌大夫代
組外御番頭ヨリ
山岸七郎兵衛

一、本多安房守叙爵為御礼明廿七日発足江戸表ヘ就被参候、今廿六日御馬廻頭団多大夫御使ニテ御懇之御意ヲ以、御羽織一・白銀二十枚被下之、依テ多大夫ヘ一汁三菜之料理等、御先手茨木源五左衛門相伴ニテ被出之、御使ヘ之引菜ハ類中之内本多主水持参有之、右多大夫退出後、従相公様モ御近習大組頭玉川七兵衛御使ニテ御懇之御意ヲ以紗綾五巻拝領被仰付、料理等右同断

但、安房守殿ヨリ依御頼自分為取持罷越候事

同　日　左之通御用番被仰渡、水越八郎左衛門宅ニテ申渡

思召就有之候、役儀被指除候段被仰出
御歩横目富永権蔵組
田中市蔵

廿七日　左之通御月番被仰渡

御近習御用兼役被仰付
御歩頭
水越八郎左衛門

同　日　左之通

諸方御土蔵奉行加人
組外
神保金十郎

名替
金十郎事
神保鉦五左衛門

晦　日　御大小将御番頭岡田伊右衛門今年詰番ニ付、御発駕御前後之内発足、江戸表ヘ罷越候

筈ニ候処、今度嶺姫（西御丸御簾中）[1]様御結納御祝儀之御使被仰付、去ル廿五日被仰渡、明朔日発出被仰渡
候日ヨリ七ケ日之内発出ニ付、御例之通、今日御羽織一・白銀拾枚拝領被仰付

一、盃之中ヘ蚤飛込けれハ或人狂歌

盃へ飛込のみも能之仲間　押へもならず潰されもせず

庚辰三月小

御月番　村井又兵衛殿
御城代　御同人
組御用番　自分

朔日　快天、月次出仕一統御目見、何モ無事ト御意有之、御取合年寄中、畢テ役儀之御礼被為請、四時頃相済

二日三日四日五日六日晴、七日八日雨、九日晴、十日雨、十一日十二日晴、十三日十四日十五日雨、但十五日夜微雪、十六日十七日十八日十九日廿日廿一日晴、廿二日昼ヨリ雨、廿三日廿四日陰、廿五日モ陰、廿六日廿七日雨、廿八日晴、廿九日陰

三日　上巳出仕例年之通、年寄中謁ニテ四時頃相済

四日　朝六時過御供揃ニテ同刻御出、御鷹野之御振ニテ御両殿[2]様御同道、鶴来辺御行歩、白山宮ヘモ御参詣、同所続古城跡八幡村御藪等御巡見、暮六時頃御帰城之事
但、額谷村肝煎方御小休、鶴来村米屋等御昼休、御両殿様御一所ニテハ無御座候事

八日　月次経書講釈、為聴聞登城
猶以難罷出がたく人々ハ其段名之下ニ可被書記候、以上

1 母は徳川家斉の側室（おとせ）、水戸徳川治紀の嫡子鶴千代との縁組
2 治脩と斉広

△当十一日御発駕之筈ニ候条、十日九時ヨリ八時迄之内被登城、可被相伺御機嫌候、
病気等之面々ハ御用番宅迄以使者可被申越候、以上

三月七日　村井又兵衛

津田権平殿

十日　前記之通ニ付今日九時ヨリ八時迄之内、頭分以上布上下着用登城、御帳ニ付候事

△火之元之儀、随分厳重相心得候様、御家中ヲ初末々暨町家ニ至迄、不相洩様一統可
申渡旨、被仰出候条、被得其意、組・支配之人々へ可被申渡候、組等之内才許有之
面々ハ其支配ヘモ相達候様御申聞、尤同役中可有伝達候事、右之趣可被得其意候、
以上

三月九日　村井又兵衛

津田権平殿

付札　御横目へ

△御城中所々御番所等火之元之儀、前々之通厳重相心得候様諸頭并諸役人中へ可被申
談候事

三月九日

別紙之通、夫々可申談旨御城代又兵衛殿被仰聞候条御承知被成、御同役御伝達、御
組・御支配之内御城中等所々へ罷出候人々へ御申談可被成候、且又御組等之内才許
有之面々ハ其支配ヘモ不相洩相達候様御申談可被成候、以上

三月十日
御歩頭衆中
御横目

十一日　御見立揃刻限六半時過ニ付、同刻ヨリ登城、御供揃ハ五半時也、且五時御供揃ニテ金谷御殿ヘ被為入四時過御帰殿、九時頃益御機嫌能御発駕、御作法前々之通、三之御丸ヘ罷出（草履捕一人召連）候処御例之通御意有之、夫ヨリ御席ヘ出、御用番**又兵衛**殿ヘ恐悦申述退出、但今日式日ハ無之旨御横目中ヨリ申談有之

一、御供人**奥村左京**殿・**本多勘解由**殿等夫々無異義発出、今夜今石動御泊、去々年秋之通御泊附ニテ廿三日江戸御着之御日図りニ候事

十二日　**大音南郊**老病気就指重、**長甲斐守**殿招請、末期御礼被申上、依テ取持頼ニ付罷越、但御月番**又兵衛**殿御越之筈ニ候処、就御不快ニ付、**甲斐守**殿御越之由也、且従**相公**様今日**南郊**ヘ御内々**石野主殿助**奉書ヲ以、葛粉一箱・串海鼠一籠拝領被仰付、是御家老役之隠居ゆへ也

十三日　同役寄合、宿**安達**氏

十五日　月次出仕、年寄中等謁、四時前相済、且左之趣今日於二御丸、**中村九兵衛**・**堀平馬**演述有之

三月九日御馬廻頭**中村九兵衛**（筆頭也）・御小将頭**堀平馬**（筆頭也）一集ニ御前ヘ被為召、御意之趣左之通

先達テ於次、**勘解由**ヲ以、申渡候趣意致会得、無油断可相心得候、且又其方共ヘ先達テ申

聞候趣ニ付存寄モ有之候ハヽ無泥江戸表へ可申越候、尤諸士風俗等之儀モ前々申渡候通無油断可相心得候、何モ同役共へモ可申聞候得共、発足前取紛中ゆへ其方共へ申聞候間、同役共へ可申談候、組・支配有之人々へモ寄々可申談候

今月自分就御用番、同役中夫々申談、且御請ハ不及指上候旨等、今日中村等ヨリ演述ニ付夫々申談候事

十六日　弐日登城、但御留守例之通、毎月四日・十一日・十六日・廿三日・廿八日、弐日ニ付御用番一人宛登城之事、是以後時々不記之

十八日　朝、去十六日夜、越中境ヨリ之飛脚到着、左之通申来

御日図之通御通行、十四日夜、泊駅御泊之処、同夜強雨、姫川洪水并青海川モ舟橋切れ候ニ付、十五日モ泊駅ニ御逗留、十六日ハ姫川等減水、御支無之候得共、親不知并駒返り高波之段注進、併境迄押テ被為入、段々御僉議被仰付候得共、御通行難被為成由ニ付、十六日夜境ニ御逗留、廿一日糸魚川ヨリ之飛脚着、十七日不親知・姫川御通行、同夜糸魚川御泊之旨申来、廿八日板ケ鼻駅ヨリ之飛脚着、松平豊後守殿ト御出合之図りニテ指支候ニ付、廿三日ハ深谷駅不時御泊、廿四日熊谷駅御泊、廿五日浦和駅御泊、廿六日江戸御着之図りニ相成候旨申来

十九日　御歩中へ当春被下御切米払代割符、拙者組且就御用番御用番支配吉田氏・菊池氏・富永氏組々之分モ於拙宅就有之、小頭中等十一人参出、賄一汁一菜之事

付札　御横目へ

石川御門続御櫓下等石垣御普請就被仰付候、当廿六日ヨリ右御門往来指留候条、御城中御番人且又就御用罷出候人々、河北御門ヨリ往来之筈ニ候、若火事等之節ハ石川御門往来不指支候、尤御普請所之儀ニ候間、往来人不込合様可相心得候、此段夫々一統不相洩様可被申談候事

丑三月十六日

右、御城代又兵衛殿被仰聞候旨等、例之通御横目廻状有之

廿三日　月次経書講釈為聴聞登城、新井升平講ス、今日ニテ論語相済、此次孟子講釈来月八日ヨリ始り候筈也

当月廿六日　益御機嫌克江戸御着、追付之御供揃ニテ御出、御老中御廻勤有之候段等、同日江戸発之飛脚四月六日来着告来候事

当御在府中若御近火ニテ大御前様御立退之時分、御跡乗之義御手前可被相勤旨被仰出候

菊池九右衛門
御歩頭也

条、可被得其意候事、右今月廿七日奥村左京殿被仰渡

当月廿八日　上使御老中青山下野守殿ヲ以、今般就御参府被為蒙上意、御作法都テ前々之通ニテ御都合能被為済、上使御退出後、追付之御供揃ニテ御老中方御廻勤

同　日　左之通被仰渡

江戸詰中御省略方御用主付
被仰付置候得共御免　　御先手 仙石兵馬

四月朔日　前日御老中方御連名之依御奉書御登城、御参府之御礼被仰上、随駕之臣**奥村左京**・
本多勘解由御目見、惣テ御先例之通被為済
右今月廿九日出飛脚指留ニテ四月朔日江戸発同九日金沢立之飛脚ニ申来候事

一、寛延三寅年中山寺十三歳之小将扇子之肆作
有ㇾ親有ㇾ親生二八子一ヲ其ノ身又相同シ出二離父母一其レ並ヒ遊フ入ㇾ順ニ父母ノ抱二ル懐中一ニ
右任承記之

乙丑**四月**大　　御月番 **横山山城殿**
御城代 **前田伊勢守殿**　　但御用番 **安達弥兵衛**
十六日ヨリ**水越八郎左衛門**

朔　日　雨天昼ヨリ快天、月次出仕四時前年寄衆等謁相済、今明日長谷観音祭礼能有之、如例
年町奉行両人・御先手両人宛・御横目一人宛相詰、番附左之通

翁　　高砂 五郎兵衛 義助　　田村 勘蔵 太助
松風 権進 久左衛門　　大仏供養 陸丞 金之助　　張良 宮門 甚助

祝言 右近 善五郎 長十郎

夷毘沙門 金助　金岡 次郎吉　祢宜山伏 昌太郎

二日

翁 竹生嶋 宗蔵 平右衛門　朝長 権進 文次

陀羅尼落葉 五郎兵衛 善左衛門　角田川 宮門 金作

黒縁 忠蔵 蘭作　祝言 弓八幡 次吉 栄次郎

塗附 九郎兵衛　似懺法 幸助　鎌腹 三次

二日　雨、三日四日五日六日七日八日晴、九日昼ヨリ雨、十日陰雨、十一日十二日十三日晴、十四日十五日十六日雨、十七日陰風起、十八日晴、十九日雨、廿日晴、廿一日廿二日雨、廿三日廿四日晴、廿五日雨、廿六日廿七日廿八日廿九日晦日晴

七日　朝六時過出宅、白山社参、帰路同山続**高畠石見守**住之古城跡巡見、鶴来ニテ昼飯認、夫ヨリ鞍ケ嶽富樫介古城跡并大池小池等巡見、嶽村ヘ下り額谷村ヘ出、暮前帰宅、馬為牽馬上ハ尤平地迄之事

八日　月次経書講釈為聴聞登城、今日ヨリ孟子始り**石黒源五郎**講ス、但今年中例月八日・廿三日同断ニ付、此末記略、相止候節迄ヲ記ス

九日　御留守詰之人々此間追々帰着、同役吉田八郎大夫今日帰着

△去々年ヨリ相改候百石ニ付三拾目宛諸方御土蔵へ上納銀毎歳七月上納ニ被仰渡置候処、七月之儀ハ会所銀上納、其外御買上物代銀請取方等切手会所印請ニ相伺候分夥敷御座候ニ付甚混雑仕、しらへ方何分行届不申候間、当年ヨリ諸方上納八月ニ被仰渡候様仕度奉存候、此段御聞届之上、夫々被仰渡可被下候、以上

三月十四日　伴　七兵衛　岡田又左衛門
野口左平次　野村忠兵衛
西村甚大夫　堀田次兵衛
煩

村井又兵衛様

付札　定番頭へ
別紙之趣被得其意、組・支配之人々へ被申渡、組等之内才許有之面々ハ、其支配へモ相達候様可被申談候事
四月

右御用番山城殿御渡之旨等、今月十日如例定番頭御用番九里幸左衛門ヨリ廻状有之候事

十三日　同役寄合宿水越氏、但例月今日定日内寄合廿五日定日今年中同断ニ付、此末記略

△文化元年御帰国之節、御供御道中被相雇候通日用賃銀、当丑年ヨリ弐拾ヶ年賦就被仰渡候、壱ヶ年当り
元高

一、六百六拾四匁弐厘九毛　　津田権平

壱ヶ年当り三拾三匁三分　厘毛分詰

文化元年御帰国之節、御供御道中被相雇候通、日用賃銀、今年ヨリ弐拾ヶ年賦就被仰渡候、別紙割合之通毎歳七月中偶日四時ヨリ九時迄之内、割場ヘ上納可有之候、以上

丑四月　割場

津田権平殿

右十四日到来

十五日　月次出仕、四時前年寄衆等被謁、其節御用番**山城**殿左之通御演述、当座之恐悦ニテ相済前月廿六日御機嫌克御着府、同廿八日上使**青山下野守**殿ヲ以被為蒙上意、当朔日御登城於御黒書院御礼被仰上、殊ニ御懇之上意、**奥村左京・本多勘解由**御目見、重畳難有御仕合ニ被思召候段、以御書被仰ト候事

一、今日、寺中祭礼能番附左之通、御先手両人詰前々之通

翁　寝覚　権蔵　金作　知章　権太郎　栄二郎

住吉詣　権進　甚助　禅師曽我　権丞　勇二郎

是界　徳蔵　晏平　祝言呉服　文三郎　蘭作

福乃神　二郎吉　不腹立　兵左衛門　瓜盗人　永蔵

一、本多安房守殿当月四日江戸発今朝帰着、依之従相公様御使、金谷御表小将御番頭杉江助四郎ヲ以御意有之、料理盃事モ断ニ付相止、餅菓子・吸物等被出之、相伴御先手山路忠左衛門、但自分儀取持就御頼罷越候事

付札　定番頭へ

御郡之者御家中役小者ニ罷出候義ハ、都テ一季居奉公人同様ニ為稼罷出候訳ニ候、依之作方用事ニ付、村方へ呼戻候節ハ勿論、公事出入等ニ付無拠御郡奉行等ヨリ呼出候節モ、彼是不申立罷出候様送状ニ相調、十村致奥書相渡可申候条、主人方ニテハ右送状ヲ証拠ニ召抱候事ニ候得ハ、請合状文段之内ヘモ村送り状有之段為書入、請人壱人ハ居村之者、壱人ハ町方之者相立候様、御郡奉行等へ申渡候事、

右之趣御算用場奉行申聞承届候条被得其意、組・支配之人々へ可被申渡候、組等之内才許有之面々ハ、其支配ヘモ相達候様可被申聞候事

右之通一統可被申談候事

丑四月

右御用番山城殿御渡之旨等、今月十六日如例定番頭九里幸左衛門ヨリ廻状有之

私ニ記、本文役小者ト申儀ハ、則役小者之事ニテ、都テ自分家来之事ニテハ無之旨、左候得ハ一統ト申義不当欤

今月十二日夜酉上刻、西之方ヨリ図之如く成白気起、是福雲ト申物ニテ、是ヲ見る人福寿延長

幸ありト五行之書ニ在、川絵図ヲ見テモ甚幸有之由ニテ金沢中流布、任一覧左ニ写之

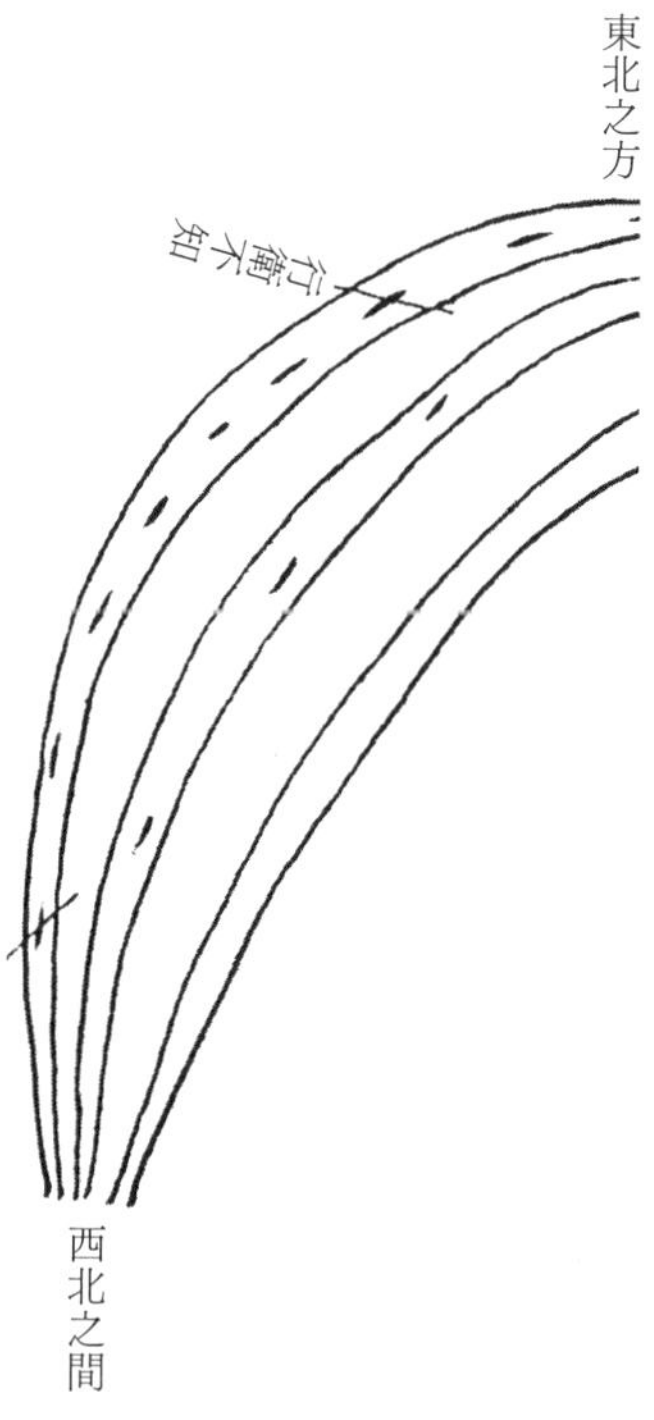

今月於江戸表被仰渡等之趣、追々告来條々左之通

詰中本役方御用薄き時分物頭相勤候
御使可相勤旨今月三日被仰渡

御台所奉行
湯原友之助

付札　**青木与右衛門**等へ

此表御倹約所被指止候ニ付、是迄御倹約奉行取捌候御用向、御用人当分ハ取捌候様、
先達テ被仰渡置候処、右御用向各々取捌有之候様被仰出候条可被得其意候事

丑四月

右御省略方御用四人へ**奥村左京**殿被仰渡

付札　青木与右衛門・中川平膳へ

此表御公界向御用相勤候頭分等詰中被下金、去々年八月申渡候分、詰之長短ニ不依全相詰候者へハ無指引被下候、病気等ニテ御暇相願罷帰候者へハ六ヶ月以下相詰候者ハ半金被下、七ヶ月以上相詰候者ハ全被下筈ニ候条被得其意、一統可被申談候事

丑四月　　御歩頭　菊池九右衛門

右青木等ヨリ以廻状写到来　附此次七月被仰渡有之互見

当御在府中御用人故障等之節御用人可相勤旨、今月十二日奥村左京殿被仰渡

山村善左衛門ト為交代、今月六日金沢発之処、同十五日江戸参着　　大御前様附物頭並　山岸七郎兵衛

一、当御参勤御道中、越後姫川出水等ニテ三日之御逗留ニ相成、失墜多懸り一統難渋之躰ニ付、格別之趣ヲ以御逗留中旅籠代御取替之分被下切ニ可申渡旨被仰出候段、奥村左京殿被仰渡、但一宿御先御跡ヨリ被罷越候人々ヘモ、三日分旅籠代被下之

一、当十七日御疝邪気ニ被為在、紅葉山御予参御断

一、雨中問答[1]といふ書に

もしほやく　海士ならね共煙り草　なみよる人の　しをことそなれ

1 西村遠里著（寛政八年）

右古歌ヨリ思ひ付て、或人煙草の銘ヲ書り、其銘に曰
閑居のつれ〳〵何にかいかこつへき、これ藤煙草あつて吾幽情ヲ慰ス、一吹燃て大極円かなり、火ヲ点して一隅根さし、座右ニ煙りヲ起して富士ヲ移し、静座に煙立こめて霞の谷ヲ引灰尽冷て一陰生す客あれは、茶ヲ召ずして先たばこトもてなす、もし目印ならねと人の立居の塩となれるものか

　酒に非す　よく酔す　茶に非す　よく爽す
　食に非す　よく厭す　人に非す　よく伽す

一、**有徳院**[1]様御他界、上野へ御葬送済、其節小雨降けれは
鳴嶋道筑[2]一首

　露霜のかかる所に衣ヲ置て
　　袖しほりゆく木々のむら雨

壬午**五月**小

　御月番　**長　甲斐守殿**　組御用番　**自分**
　御城代　**前田伊勢守殿**

朔日　快天、月次出仕、御年寄衆等謁四時前相済

一、弐拾人扶持　**高桑善五郎**
善五郎儀馬術致入情専御用立候ニ付、御宛行如斯御改、組外ニ被仰付、只今迄被下置候御切米御扶持方ハ被指除之

1 徳川吉宗
2 元同朋、奥儒者

右御用番甲斐守殿被仰渡、但善五郎只今迄ハ新番組御歩也

二　日　快天、三日雨、四日五日六日七日快天、八日雨、九日十日十一日十二日十三日快天、十四日雨昼ヨリ晴、十五日晴、十六日昼ヨリ風雨、十七日陰、十八日雨、十九日廿日快天、廿一日廿二日雨、廿三日陰、廿四日廿五日雨、廿六日晴、廿七日廿八日廿九日晴

五　日　端午御祝詞登城、年寄衆等謁四時前退出

△桐陽院[1]様前月晦日御卒去之段申来候、依之普請ハ今日一日、諸殺生・鳴物等ハ明後九日迄三日遠慮之筈候条被得其意、組・支配之人々へ可被申渡候、且又組等之内才許有之面々ハ、其支配へモ相達候様可被申聞候事

右之趣可被得其意候、以上

五月七日　長　甲斐守

津田権平殿

八　日　遠慮中ニ付月次経書講釈止

十五日　月次出仕、年寄衆等謁、四時前相済

十六日　十ヶ年以上皆勤之平士へ、今日於御次、一段之儀ニ被思召候段御意有之、頭々誘引、覚書ヲ以不破五郎兵衛大組頭・御近習頭兼帯之処、当時横浜善左衛門役引ニ付、善左衛門等席へ加り勤之演述之、御礼ハ身当り頭々へ勤

廿一日　裕次郎[2]様当月上旬以来御腫気有之、御勝れ不被遊候処、当十七日夕ヨリ御指引有之不

1 前田利幸（富山藩五代）女豊は前田利物（大聖寺藩七代）室

2 斉広養嫡利命（治脩男）

軽御様子、御匕医中村文安等ハ御脚気御衝心ト奉診察、町医師津田休寛ハ御脾胃虚ト奉診候得共、御医師中ハ同意無之、種々御詮儀之上一昨十九日ヨリ休寛ヘ御療治被仰付、御薬指上候処少御宜、御小水八勺計被為通しうきふ三粒被召上候処、昨廿日ニ至り段々御指重り、申下刻御指詰り、今廿一日未中刻江戸表ヘ御大病御指重之為御案内、御大小将組御抱守松原牛之助早打ニテ発出、酉上刻頃御大切御逝去之為御案内、御使番金谷御近習頭大橋作左衛門早打ニテ江戸表ヘ被遣、御歳八、御実ハ御六也

裕次郎様御気色御滞被成候処、段々御指重不被為叶御療養、今廿一日御逝去被成候、依之諸殺生・普請・鳴物等可有遠慮候、日数之儀ハ追テ可申渡候

一、御家中さかやき可為遠慮候、又者ハ及其儀不申候事

一、御先祖様方御忌日御寺ヘ参詣之儀モ、当分指控可申事

一、右ニ付頭分以上之面々ハ、明廿二日御両殿様為伺御機嫌御用番宅迄可有参出候、幼少・病気等之人々ハ以使者可申越候、右之通被得其意、組・支配之人々ヘ可被申渡候、組等之内才許有之面々ハ、其支配ヘモ相達候様可被申聞候事

右之趣可被得其意候、以上

五月廿一日

長　甲斐守

津田権平殿

廿二日　昨日御触之趣ニ付、今日御用番甲斐守殿御宅ヘ参出

裕次郎様御逝去ニ付、普請・鳴物等遠慮日数之儀、追テ可申渡旨、先達テ相触候通ニ候、

一、依之不押立普請ハ昨廿一日ヨリ廿七日迄七日、諸殺生・鳴物等ハ来月廿一日迄、御忌中日数遠慮可仕候事
一、御家中之人々御目見以上月代剃申儀、昨廿一日ヨリ廿七日迄七日、御歩以下ハ三日遠慮可有之候、又者ハ不及其儀候事
一、御附之面々頭分ハ五十日、平士等御目見以上三十五日、御歩並并御居問方等坊主ハ廿一日、足軽小頭以下二七日月代剃申間敷候事
但、本文日数相済候共、御葬式相済候迄ハ相控可申候、此但書難分りニ付御尋申候処、御附之面々ト申ケ條而已之事ニテ、外ケ條ニハ不抱旨被仰聞候事
一、頭分以上之面々、当廿七日御両殿様為伺御機嫌御用番宅ヘ可有参出候、幼少・病気等之人々ハ使者ヲ以可申越候、右之通被得其意、組・支配之面々ヘ可申渡候、且又組等之内才許有之人々ハ其支配ヘモ相達候様可被聞候事
右之趣可被得其意候、以上

五月廿二日　長　甲斐守

津田権平殿

裕次郎様御葬式等主附御用今廿二日相公様ヨリ被仰付　長　甲斐守

廿三日　昨日依御紙面今日致登城候処、左之御覚書甲斐守殿御渡
但、諸頭等御用番ヘ夫々一通宛御渡之事
付札　御歩頭ヘ

裕次郎様御葬式并御法事御用観樹院[1]様ニ被准候条、其趣ヲ以夫々逐詮議可被申聞
候事
五月
一、御百ケ日御法事相済候迄ハ、例月同役寄合先例之通り相止候事
一、裕次郎様御法号左之通
香隆院殿梅胤聴賢大居士

別紙四通之趣、夫々可申談旨、御葬式等御奉行甲斐守殿被仰聞候条被成御承知、
御組・御支配御申談可被成候、且又御組等之内、才許有之面々ハ其支配ヘモ不相洩
相達候様御申談可被成候、以上
五月廿六日
御歩頭衆中

一、御葬式六月九日ニ候事、但卯上刻御出棺之事
一、御中陰御法事　六月十二日ヨリ二夜三日ニ候事
一、御三十五日御法事　六月廿六日ニ候事
一、御四十九日御法事　七月四日ニ候事
一、御百ケ日御法事　七月十一日ニ候事
付札　御横目ヘ

1 重教嫡子、治脩養嫡となるも早世

御葬式之刻、金谷御広式ヨリ宝円寺、夫ヨリ野田迄御供之人々、且又右之節曁御中陰御法事之節、御寺ヘ罷越候役人・御番人等御歩並以上、其外都テ上下着用之人々ハ白帷子・石餅無地浅黄上下着用之事
但、御寺ヘ相詰候頭分以上之面々ハ長袴可致着用候
一、御法事之内、拝礼ニ罷出候頭分以上白帷子・長袴之事
但、長袴ハ何色ニテモ可為勝手次第候事
一、**裕次郎**様御附之人々ハ御側小将ヲ初、御中陰満散日拝礼罷出候人々白帷子・半上下之事
但、上下ハ何色ニテモ可為勝手次第候事
一、御三十五日・御四十九日・御百ケ日御法事之刻ハ、御寺詰拝礼共頭分以上染帷子・長袴、平士ハ染帷子・布上下之事
但、何色ニテモ勝手次第之事
右之通夫々可被申談候事
付札　御横目へ
裕次郎様御中陰御法事、二夜三日於宝円寺御執行就被仰付候、頭分以上之面々勝手次第拝礼被仰付候条、右御法事満散日罷出拝礼可仕候、役儀幷当病等ニテ難罷出人々ハ御三十五日・御四十九日・御百ケ日之内罷出可申候事
一、**裕次郎**様御附之人々ハ御側小将ヲ初御抱守迄、御中陰満散日拝礼罷出可申候事

但、当病等ニテ難罷出人々ハ、御三十五日等御法事之砌罷出可申事

一、人持・頭分其外裕次郎様御用相勤候者等ハ願次第拝礼被仰付候条、御三十五日・御四十九日・御百ケ日御法事之節罷出可申候事

一、御中陰御法事之節、組等之人々拝礼為指引、其頭・支配人罷出候面々ハ御寺詰人同事御縁類列居之儀ニ候間、白帷子・無地浅黄長袴着用有之筈ニ候事

但、御寺ニ相詰罷在候内、拝礼仕人々ハ御寺詰服之侭ニテ拝礼可有之候、其外万端前々之振ニ相心得可申候

右之趣被得其意、夫々一統不相洩様可被申談候事

五月

付札

御横目へ

此節火之元之儀別テ入念可申事

右之趣夫々一統可被申談候事

五月

今般御葬式并御中陰之節、御供暨御寺詰人服之儀先達テ相触候通ニ候、依之観樹院様御凶事之節之通、御歩以下喪服代銀ニテ被下候間、其心得ニテ諸手合ヨリ人数書出候様可被申談候事、右之趣夫々可申談旨、御葬式等御奉行甲斐守殿被仰聞候条被成御承知、御同役御伝達、且又御組等之内才許有之人々ハ其支配ヘモ不相洩相達候様御申談可被成候、以上

五月廿八日
御歩頭衆中　御横目

今月　日　左之通被仰渡候由、江戸ョリ申来
津軽越中守[1]
其方儀蝦夷地之儀ニ付骨折候、依テ七万石之高ニ被仰付

今月廿二日　於江戸左之通被仰付
江戸御広式御用人ョリ
伊藤主馬
御近習番被仰付、只今迄被下置候御役料五拾石其侭被下之、元組へ被指加、且御国へ之御暇被下候

今月廿六日　於江戸左之通被仰付
清泰院[2]様当九月廿三日百五十回御忌就御相当ニ
御小将頭
中川平膳
御用人
平田三郎右衛門
御法事御用主付被仰渡
但、会所奉行・割場奉行・御作事奉行
右夫々御法事御用被仰渡

同月廿七日朝
裕次郎様御気色御指重ニ付テ之早打御使松原牛之助、御逝去ニ付テ之早打御使大橋作左衛門追々江戸表へ着
右ニ付、従江戸早打御使御近習御使番今村藤九郎 六月三日金沢着翌四日発帰府 并御医師丸

1 津軽寧親（津軽藩八代）
2 光高（四代）室 水戸徳川頼房女

山了悦モ早打ニテ同日発出、六月三日着翌四日発帰府、就御逝去ニテハ御近習物頭並戸田与一郎、六月六日金沢着翌七日発帰府、大村・浅野モ同断へ指急御使被仰付、従両御広式大村武次郎・浅野三郎左衛門指急御使被仰付、三人共同日江戸発

一、右ニ付、御客等多、御表向一統平詰、且普請・鳴物等遠慮日数ハ追テ可被仰渡旨、小屋触有之

一、右ニ付、於竹之間頭分以上為伺御機嫌御帳ニ付

一、左之御覚書奥村左京殿御渡被成候条、組・支配之人々へ可申談旨等之以添書、御大小将横目山本又九郎ヨリ頭々ヘ廻状有之

付札　御横目へ

御家中之人々御目見以上、月代来月四日迄七日、御歩并御歩並ハ同二日迄五日、足軽小者ハ当廿九日迄三日遠慮可致事

一、御表向御忌中、佳節朔望ニテモ平日之通ニ候事

右之趣被得其意、組・文配之人々へ可被申聞候、組等之内才許有之人々ハ是又夫々申聞候様可被申談候事

五月廿七日

今月廿九日　今般就御不幸相公様御朦中御尋之御奉書相渡、同夜宿継ヲ以江戸発六月八日暁金沢へ到来、右御礼之御使者御馬廻頭人見吉左衛門へ被仰付、同月十一日金沢発足

同日　今般就御不幸、上使御奏者番堀内蔵頭殿ヲ以従公方様・大納言様被為蒙上意、御前少々
就御不例、御名代織田出雲守[1]殿ニテ御例之通夫々御都合克被為済候事

同日　六月朔日ヨリ不及平詰ニ、且普請ハ六月四日迄日数七日、鳴物等ハ十一日迄、御忌中遠慮
可仕旨等在江戸御横目中ヨリ廻状有之

一、著聞集[2]之内堀河院[3]御宇大江為武五月五日ニ菖蒲ヲ上る
副書　進上水辺菖蒲子年五月五日大江為武
右人々解す事不叶、于時師頼公是ヲ御覧暫く案し給ひ
　進　上　水辺　菖蒲　千年　五月
たてまつる[4]　あくる　みきわの　あやめ草　ちとせの　さつき
　五日　大江為武
　いつか　たへせむ　如此解しかは
帝二人之才ヲ御感不斜ト云々

一、太閤秀吉公朝鮮征伐之砌発句[5]
　からたちのそのみハやかてきこくかな

一、八月十五夜　非人之詠歌
　難有や心に移る月影の我身ひとりハ曇りやハせぬ

1 織田信憑（丹波柏原藩四代）
2 正式には古今著聞集（橘成季著）
3 堀川天皇
4 古今著聞集十九　草木・菖蒲
5 細川藤孝（幽斎）作

癸未六月小

御月番　村井又兵衛殿
御城代　御同人
組御用番　吉田八郎大夫

朔日　晴天、例月出仕之人々、当日之服布上下着用登城之処、於御帳前、左之通披見申談有之

付札　御横目へ

今般御忌中ニ候得共、例月之出仕不相止候ニ付、如例物頭以上布上下着用可致出仕候間、其節相伺御機嫌候様可被申談候事

五月

一、重テ於御横目所左之通披見申談有之

今般御凶事ニ付、今日出仕之人々登城之上、此節之儀ニ付相伺御機嫌候筈ニ候得共、前田内匠助儀昨廿九日夜致死去候ニ付、町方鳴物等之儀、昨日ヨリ三日遠慮候様申渡候、右ニ付御両殿様相伺御機嫌候趣ニ候条、夫々被申談、前々之通可被相心得候、依テ前段伺御機嫌ニハ不及候、且又出仕無之頭分為伺御機嫌、今明日中御用番宅迄罷出可申候、幼少・病気等之人々ハ御用番宅迄以使者申越候筈ニ候事、別紙之趣可申談旨御用番山城殿被仰聞候条、御同役・御同席御伝達可被成候事

一、今月御月番ハ如前記又兵衛殿ニ候処、内匠助殿就死去又兵衛殿忌中ニ被相成、依之右忌之内山城殿御用番ニ候事

一、今日四半時頃、於柳之御間年寄衆等謁相済

╱　前田内匠助儀、昨廿九日夜死去ニ付、町方鳴物等之儀昨日ヨリ三日遠慮候様申渡

候間、可有其心得候事

一、右死去ニ付、今日出仕之面々登城之上御両殿様相伺御機嫌候、幼少・病気等之人々ハ今明日中御用番宅迄以使者可被申越候、且又出仕無之頭分之面々モ為伺御機嫌、今明日中御用番宅迄可被罷出候、病気等之面々ハ、以使者可被申越候、右之趣可被得其意候、以上

六月朔日

横山山城

津田権平殿　但新番頭・御歩頭連名

二日　晴、三日四日晴、五日雨、六日晴夕方大雨一頻降

左之通、御横目中ヨリ例文之添書ヲ以到来

今般御葬式并御中陰等御法事中相詰候刻召連候従者之覚

一、宿所ヨリ小将弐人・若党弐人・草履取弐人・鎗持・挟箱之外無用之事、但夜中ハ提灯持壱人

一、下馬下乗ヨリ内、小将弐人・草履取壱人、雨天之刻ハ傘持壱人、夜中ハ提灯持壱人

但年寄中ヲ初御寺ヨリ野田ヘ相越候面々ハ宿所ヨリ従者減少ニ不及召連、何れニテモ町屋ヘ残し置、下馬下乗ヨリ右之通召連候、野田ヘ罷越宜時分町屋ニ残し置候家来呼寄、於野田下馬下乗迄召連可申候

右之通年寄中召連候間、御寺詰人等モ右之人数ヲ以、応分限減少仕召連可申候

一、御葬式且又御法事中、御寺ヘ相詰候役懸り・御番人等表門ヨリ可罷通候事

一、右之面々従者之儀、裏門ヨリ内若党一人・草履取一人、雨降候ハ傘持一人、夜中ハ提灯持一人召連可申候
　但挟箱之儀ハ及断可申候
一、御葬送之道、小立野百々女鬼橋際番所前ニテ鎗留松尾治部辺ニテ下馬下乗之事
一、野田ニテハ桃雲寺前御歩番所ニテ鎗留、下馬下乗之事右之通、夫々可被申談候、以上
　六月　　　　　　　　　　長　甲斐守
　御横目中
△香隆院[1]様御中陰御法事、当月十二日ヨリ二夜三日於宝円寺御執行之節拝礼刻限
一、十四日辰之刻ヨリ巳之刻迄　　名
右刻限無相違様可被相心得候、服等之儀ハ先達テ御横目ヨリ申談候通ニ候、役儀等有之右刻限難被罷出人々ハ御三十五日・御四十九日・御百ケ日之内、右刻限可被罷出候、病気等ニテ難被罷出人々ハ、其段拙者迄可被及断候、其外万端前々之振ニ可被相心得候、以上
　　六月六日　　　　　　　長　甲斐守
　　津田権平殿　但同役連名四人

七日　昼ヨリ微雨、八日雨、九日陰、十日十一日雨、十二日十三日陰、十四日晴、十五日、陰、十六日朝微雨昼ヨリ晴、十七日陰、十八日折々雨、十九日同、廿日陰晴不定、廿一日雷鳴数声風雨烈辰刻ヨリ静謐終日雨、廿二日廿三日廿四日廿五日廿六日廿七日廿九日晴強

1 前田利命、裕次郎、斉広養嫡（治脩男）

1袴の裾を高くくくりあげ股立をとること
2草履のこと

暑
一、明八日朝六半時出宅ニテ甲斐守殿野田山香隆院様御廟所為見分被罷越、同日五半時揃ニテ御葬式為惣見分甲斐守殿等布上下着用、宝円寺ヘ被罷越候旨、寺社奉行御用番中川清六郎ヨリ就申来候、小頭中ヘ被申談候由、同役御用番吉田氏ヨリ廻状有之候事

覚

△
一、御葬送御供揃、当九日暁八時過揃ニ候事
一、御葬送之節、御歩以上くくり股立[1]、わらんし[2]ニテ御供之事
一、金谷御広式ヨリ御寺并野田迄御供之人々新番以上自分手傘并家来之合羽笠籠等為持不申人々割場ヘ取集、御行列跡ヨリ為持罷越申筈ニ候条、交名付札ニテ当八日夕方割場迄御指出可有之候、御寺ヨリ野田迄相増之御供之人々ハ御供揃之節、百々女木橋ヨリ手前足軽町之内ニテ右之通受取、是又御行列外ニ野田迄為持罷越筈ニ候間、右之所ニテ割場受取方役人ヘ為御渡可有之候、右之趣割場ヘ申談置候
但金谷御広式ヨリ野田迄直ニ御供之面々ハ其分ケ被申達、右受取方役人ヘ為御渡可有之候、御寺ヨリ罷帰候面々ハ右之所ニテ請取候品相返申筈ニ候事
一、金谷御広式ヨリ御寺迄罷越候人々、御棺山門之内ヘ被為入候ハ蹲踞之所ヨリ直ニ御供為被引可有之候
一、野田迄御供之面々ハ御棺御火屋ヘ被為入、宝円寺和尚諷経被罷出候筈ニ候、右和尚退去次第、下々迄作法宜御供引可申候

一、御医師・外料等桃雲寺ヘ相詰罷在候間、是又御承知可有之候
一、惣テ御供之人々従者等残所之儀、御歩横目・御横目足軽等指図之通相心得可申事
一、河北御門・七十間御長屋御門・金谷御門御供揃之節、指支不申候間、左様御心得可有之候事
一、御寺ヨリ野田ヘ之御供人、雨降候ハ手傘用ひ候人々手傘用可申候
一、笠・合羽着用之分ハ都テ着笠迄着用、合羽ハ相成不申候事
右之趣、夫々可申談旨御葬式御奉行甲斐守殿被仰聞候条御承知被成、御組・御支配御申談可被成候、且又御組等之内才許有之面々ハ其支配ヘモ不相洩相達候様御申談可被成候、以上

六月六日

永原七郎右衛門
笠間源太左衛門

吉田八郎大夫様

香隆院様御葬式御当日、於宝円寺御供之御歩並以上御湯漬飯、且足軽・小者つくね飯、於集福寺被下之、右人数書分ケ印形之指紙面、前方御台所ヘ指出候様可被仰渡候
一、於野田桃雲寺、御供并同所詰人右同断
一、御葬式并御中陰御法事之節、御寺詰人平士ヨリ御歩並迄夕御賄被下之、足軽・小者ハ御葬式御当日ヨリ御百ケ日御法事迄、朝夕御賄被下之、都テ其手〱ヨリ前廉人高相調、印形之紙面御台所ヘ指出可申候、足軽・小者之分ハ御賄札相渡可申候、但御葬式御供人之分モ

指紙面相向次第
右同断、札相渡可申候
一、於御寺御賄所、夕七時限相仕廻候間、其心得ヲ以、給人罷出候様被仰渡可被下候、以上
六月五日
神保又太郎
長甲斐守様
付札　御横目へ
御葬式等之節、御賄方之儀ニ付、御台所奉行別紙之通申聞候条、被得其意、夫々可被申談候事
付札　御横目へ
御葬式御当日、御寺ヨリ野田へ御供人、暁七半時揃之事
一、右同日御寺へ相詰候面々并奉行人・諸役懸り等、都テ暁八時過揃之事
一、御中陰御法事ニ付、右之人々三日共都テ六時揃之事
一、右刻限ヨリ早く罷出不申テハ難成人々ハ其心得可有之事
右之趣、夫々不相洩様可被申談候、以上
六月
付札　御横目へ
香隆院様御葬式御当日并御中陰御法事之節、御寺へ相詰候平士ヨリ御歩並迄、夕御賄被下、御三十五日ヨリ御百ケ日迄ハ御省略ニ付、御賄不被下候、足軽・小者ニハ御葬式御当

日ヨリ御百ケ日御法事迄都テ朝夕被下候事
右之趣、夫々可被申談候、以上
六月
別紙四通之趣、夫々可申談旨、御葬式等御奉行甲斐守殿被仰聞候条被成御承知、御同役
御伝達、御組・御支配御申談可被成候、且又御組等之内才許有之面々ハ其支配ヘモ不相洩
相達候様、御申談可被成候、以上
六月六日
御横目
吉田八郎大夫様
覚
一、六月十二日ヨリ御中陰御法事十四日迄
一、同廿六日　御三十五日御法事
一、七月四日　御四十九日御法事
一、同十一日　御百ケ日御法事
右之通
香隆院様御中陰等御法事中、御射手・御異風稽古并諸組弓・鉄砲稽古相止、御三十五日・御
四十九日・御百ケ日ハ御法事前日ヨリ相止可申事
一、鷹野其外諸殺生、且又鳴物之儀モ右同様可有遠慮事
一、普請・作事之儀モ右同様相止可申事

但指急候普請等之儀ハ不及遠慮候

右之通、被得其意、組・支配之人々へ可被申渡候、但組等之内才許有之面々ハ其支配ヘモ相達候様被申聞、尤同役中可有伝達候事、右之趣、可被得其意候、以上

六月七日　　　長　甲斐守

吉田八郎大夫殿

右、御用番**吉田**氏ヨリ廻状ヲ以、写到来之事

八　日　野田且宝円寺惣見分、昨七日記之通

付札　御横目へ

御先祖様方御忌日、御寺へ拝参之儀、当分指控可申旨先達テ相触候通ニ候、御忌明之上ハ勝手次第御寺へ可致拝参候事

右之趣、夫々可被申談候事

六月

右、御横目ヨリ例文之廻状ヲ以到来之事

九　日　**香隆院**様御葬送、今朝六時頃金谷御広式御出棺、於宝円寺御葬式、夫々被為済、四時過同寺御発棺、野田山御廟所へ被為移、御納り方相済、御供之人々**山城**殿等、夕七時前帰宅、但宝円寺詰同役御用番**吉田**、依テ昨八日惣見分ニモ**吉田**被出

一、御葬式御行列寛政七年八月廿五日**観樹院**様御葬式相済、山門外ヨリ天徳院寺内通裏門御出、惣門ヨリ御入、御廟所へ被為入候御行列ト同断、可為互見、其外都テ右之節ニ被准、仍

テ茲ニ不記之互見之事
但此度ハ御廟野田山ニ付、御棺舁相増、御先供御歩壱人相増ス、其外少々増人有之、大概如本文、将又今日如左

御先乗横山山城　御跡騎馬津田玄蕃　御跡乗前田伊勢守

十一日　明日ヨリ御法事ニ付宝円寺惣見分、四ツ時揃、自分出八時相済候事
十二日　宝円寺詰吉田　十三日宝円寺詰自分　十四日宝円寺詰朝吉田、巳刻ヨリ自分
十五日　月次出仕、四時前年寄衆等謁相済
△今月十六日御用番又兵衛殿ヨリ才川・浅野川々除ヘ塵芥等捨間敷条之御触有之、去年五月十五日ト同断ニ付留略、互見

△

覚

一、閉門
一、逼塞・蟄居之者
一、遠慮并自分ニ指控罷在候者
一、流刑并在郷ヘ被遣置候者
一、追込置候者并乱心者之外一門ヘ預之者
一、陪臣ニテモ上ヘ掛り候儀ニ付遠慮等申付置候者右之通被仰付置候者、組・支配之内有之候ハ如何様之子細ニテ何年何月ヨリ如斯ト其罪之様子モ委細ニ相調当廿九日迄之内、有無之儀紙面可被指出候、是又組等之内才許有之面々ヘモ被中渡、是又有無之儀、

右日限迄夫々紙面直ニ指出候様被申渡、尤同役中伝達可有之事
右之趣可被得其意候、以上
六月十七日　村井又兵衛
吉田八郎大夫殿

毎月廿一日
香隆院様
右御忌日、御家中諸殺生指控可申旨被仰出候事、右之通被得其意、組・支配之人々へ可被申渡候、組等之内才許有之面々ハ其支配へモ相達候様被申聞、尤同役中可有伝達候事、右之趣可被得其意候、以上
六月十八日　村井又兵衛
吉田八郎大夫殿

付札　御横目へ
香隆院[1]様御三十五日・御四十九日・御百ヶ日御法事御執行之節、御寺詰人等御法事之節之通、相心得可申候
一、右三ヶ日御法事之刻、服之義、染帷子・布上下、頭分以上ハ長袴着用之事、但色ハ何色ニテモ勝手次第
一、右三ヶ日御法事之節、御寺へ相詰候面々并奉行人・諸役掛り曁御番人都テ六時過相集り御法事相済候迄相詰可申候事

1 前田利命、裕次郎、斉広養嫡（治脩男）

一、右刻限ヨリ早く罷出不申テハ難成人々ハ其心得可有之事
右之趣夫々不相洩様可被申談候事
六月
右十八日御横目ヨリ例文之廻状ヲ以到来之旨、吉田氏ヨリ申来候事
廿六日　前記之通於宝円寺、御三十五日御法事有之、自分六時過ヨリ相詰候処、九時前相済、且小頭中依願午之刻ヨリ未之刻迄之内拝礼就被仰付候、詰延在之候処、午五刻頃迄ニ相済退出之事
一、中将様御名代御代香　横山山城　附当十四日ニモ如上ニ記
相公様同断　前田伊勢守
前記洩ニ付爰ニ補書ス
今月六日　於江戸、左之通被仰付
香隆院様御茶湯於広徳寺
御執行之節主付御用
御馬廻頭　青木与右衛門
御用人　平田三郎右衛門

文化元年
石川・河北山々御家中鳥構場仕法之覚

上山・下山・中通り共、是迄願等ヲ以数年定構場ニ致し、年々真揚構来り候本場之分、今般不残相改、委く帳面ニ記置候
但、伏場モ同断、併近く所々伏場之様ニ致来り是迄無之伏場ニテ、外之構場指障りニモ至

り候分ハ不及貪着札批取候事

一、是迄構場ニテモ無之所之松木ニ名札ニテ揚置、構ハ不致共都テ其分ハ一円不及貪着札取揚候事

一、只今迄伏場ニ致置候処ニ、改テ真揚候趣ニ候ハ其段御郡所ヘ可申出候、尤借用場之分ハ只今迄之通、夫々名札揚置可申候事

一、相対ヲ以、外ヘ構場送遣候ハ其段本主暨貰請候者ヨリ御郡所ヘ申出、其上ニテ名札相揚改置可申事

一、本場・伏場共、四五年モ打捨置候分ハ無構古札有之共取揚不及貪着候、尤捨置之場たり共、外之面々ヨリ其所ヘ札入候儀一円不相成候

但、追テ頭相願候義ハ格別之事

一、本場・伏場共、当時松木茂り構難相成躰之処ハ、其段御郡処ヘ夫々及届候上、山廻り等指遣し得ト見分之上、無拠族ニ候得ハ格別承届、枝下し可申付事

一、新ニ相願構場ニ致度所有之、外之場等ニ障不申所ニ候ハ、其段何村領等小名相調願紙面指出候上、是又見分申渡候上、承届松木弐拾本枝下し可申付候事

但、伏場ニ致度所ハ是又願紙面別段可指出候

願紙面案文御郡所承合可申候

一、与力并御歩並之分ハ尤前々之通り構場願等承届不申候事

但、借用場之分ハ格別之事

右之通詮議相極、尤新ニ相願候構場所ニ寄り指支等之山々モ有之候間、容易ニハ承届申間敷、願人ヨリ御郡所承合可申候、近年松山薄く相成候間、是迄多く構場致所持候ものハ心得モ可有之事ニ候、其上新場願数多ニ相成一同ニハ難承届、見計ひ追々切立可申候

子十一月

石川・河北郡山々、御家中鳥構場仕法之趣、別紙帳面之通、先達テ御用番ヨリ被仰渡候ニ付、写指進申候、御同役等御伝達落着ヨリ可被返下候、以上

六月廿九日　　**宮崎久兵衛**

吉田八郎大夫様

追テ別紙帳面早速指進可申筈之処、少し間違之趣有之、延引ニ相成申候、以上

一、宝暦十四甲申歳二月十六日朝鮮人来朝、小童《コショウ》品川駅ニテ十五歳ニ成候美目よき娘ヲ見テ詩ヲ作り送之

走レ筆贈ニ美人一　　小華少年

顔色如ニ桃李一春[1]充十五年君無ニ王上ノ点一我作ンニ出頭ノ天一ト

右ハ字謡[2]之詩也、字ニテナゾ也、王上ノ無レ点トハ王之字之上ニ点あれハ主之字、主なけれハ無レ夫ト女トいふ心也、我出頭之天トならんトいふハ天之字ニ頭ヲ出せハ夫トいふ字になる、此娘無レ主女なれハ我れ夫ト可レ成トいふ心也、又朝鮮ヲ小華ト書しハ唐土ハ文華ノ国ニテ天地之真中万国之中ニテ文華ノ国ニテ有トいふ心ニテ中華トいふ、朝鮮ハ小なれ共中華ニ続き文華国ト云心ニテ小華ト言也

1 春秋で一年をいうか
2『通航一覧巻百十』では金雲龍

1 前田利考（大聖寺藩八代）

甲申 七月小

御月番 横山山城殿
御城代 前田伊勢守殿
組御用番 自分

朔日 快天烈暑、月次出仕、年寄衆等謁四時前相済
半納米価左之通、其外准テ、尤有差
地米 五拾二匁　羽咋米 四拾四匁　井波米 四拾目

二日 快天烈暑、三日四日五日六日七日八日九日十日同、十一日快天ノ処夕方雷雨、微涼、十二日十三日「夕立一頻アリ十四日十五日十六日「夕立一頻十七日十八日十九日廿日快天但朝夕微涼、廿一日雨、廿二日快天「夕ヨリ雨、廿三日雨、廿四日晴朝夕涼、廿五日廿六日晴、廿七日陰蒸暑、廿八日同「暑強、廿九日雨昼ヨリ快天

四日 香隆院様御四十九日御法事、宝円寺詰吉田、今御寺詰人一統ヘ従中将様御内々御生菓子被下之、御礼身当并組・支配之分共引受御台所奉行迄申述

六日 飛騨守[1]様就御参府、今日御当地御止宿、金谷御殿ヘ御出之筈ニ候処、御痛有之、御正座難被成、御断以御使者被仰上

七日 七夕出仕、年寄衆等謁、四時前相済

十一日 香隆院様御百ヶ日御法事ニ付、宝円寺ヘ相詰、九時前済、頭分以上ハ御法事御奉行席ヘ出、御法事夫々無御滞相済、此上之御儀ヲ申述退出、且御寺詰人一統ヘ従相公様御内々御生菓子被下之、御礼申上方四日之通り

一、今日自分就御寺詰ニ、二之御丸式日詰ハ吉田氏被罷出候事

△稲ニ花附実入ニ相成候間、石川・河北両御郡来ル七月廿日ヨリ閏八月廿日迄御家中鷹
野遠慮有之候様仕度旨、改作奉行申聞候、夫々被仰渡候様仕度奉存候、以上

七月二日　水野次郎大夫

横山山城様

別紙、御算用場奉行紙面之写相越之候条、被得其意、組・支配へモ被申渡、鷹預置
候家来等へモ急度申渡候様可被相触候、尤同役中可有伝達候事、右之趣被得其意
候、以上

七月十七日　横山山城

津田権平殿

廿二日　左之通被仰付

組外御番頭　山岸七郎兵衛代　定番御馬廻御番頭ヨリ　三宅平太左衛門
金谷御広式御用兼帯只今迄之通り

残知　亡父十右衛門知行無相違　井上九郎太郎
一、七拾石　先知都合百石
九郎太郎儀、未十五歳罷成不申候得共、当時御奉公相勤
候ニ付、残知被仰付、附去年九月朔日・今年十月十一日互見

一、跡目且残知左之通

無相違千二百石　次郎兵衛養子　野村仁之助

無相違四百石　孫兵衛養子　津田善四郎

同　千石　鉦助末期養子　赤井猪散太二男　山崎久米之助

同　五百石　長大夫嫡子　成田貞吉

同　三百石　折之助末期養子　同姓中村五兵衛弟　中村文三郎

同　千七百五十石　吉兵衛嫡子　斎藤亥（伊）太郎

同　四百石　織人嫡子　芝山源左衛門

同　三百五十石　彦右衛門末期養子　御異風岡野判兵衛二男　富田信次郎

同　三百石　直九郎せかれ　今村探作

同　二百三十石　左門末期養子　橋爪金左衛門

同姓御異風橋爪金左衛門儀娘へ聟養子被仰付、金左衛門へ被下置候自分知ハ被指除之、組外へ被加之

同　二百石　長大夫養子　大塚平五郎

同　百石　嘉大夫嫡子　金岩大次郎

同　百石
実方兄辻三郎左衛門娘養女ニ仕、宮井伝兵衛二男銀之助儀聟養子
勇五郎末期養子　辻　銀之助

同　百四十石
友助自分知ハ被指除之、組外へ被加之
伊大夫養子　笠間友助

同　百五十石
致厄介置候父方実おち松平吉十郎せかれ安之助儀娘へ聟養子
三郎大夫末期養子　行山安之助

同　五人扶持
養見せかれ　河合養春

御切米五拾俵
本組与力小原貞次郎三番目弟万之助養子ニ被仰付、
御歩ニ被召出、御切米並之通被下之
治左衛門末期養子　中村万之助

無相違
二百五十石
実方いとこ本組与力吉田平兵衛二男
知右衛門末期養子　鈴木岩五郎

残知　二百四十石本知都合三百五十石
亡養父友五郎知行無相違　伊藤駒之助

同　百二十石本知都合百七十石
亡養父九大夫知行無相違　寺西安五郎

同　九十石本知都合百三十石
亡父源三郎知行無相違　渡部余所太郎

同　百十石　亡父平八知行無相違　長谷川平太郎
只今迄被下置候御扶持方ハ被指除之

廿三日　縁組養子等諸願被仰出

廿五日　左之通
老衰等ニ付願之通役儀御免　小松御馬廻御番頭年七十九　田辺丈平

廿八日
定番御馬廻御番頭　三宅平太左衛門代　御馬廻組小杉御郡奉行ヨリ　長屋平馬

今月七日夜、於江戸御先手物頭堀万兵衛家来若党中谷与大夫ト申者、於御小屋万兵衛家来小者久内ト申者之肩先ヘ脇刺ヲ以切付、其夜主人万兵衛ハ泊御番之処、右与大夫御殿物頭溜縁際迄罷越、右等之趣万兵衛ヘ直ニ及届候ニ付、万兵衛儀様子承受之内、与大夫儀脇刺ヲ抜、其身之喉ヘ当之、少々疵付候ニ付、其侭万兵衛押留取締、御小屋ヘ為引取候、右与大夫之疵ハ至テ少々之儀、久内疵モ死申程之事ニテ無之、翌八日夕為検使御歩横目両人罷越、無異議相済候事
但、右外ニ何等之趣意モ無之、全酒狂之躰ト云々

同十八日　左之御覚書奥村左京殿御渡、諸頭可致伝達旨被仰聞候由ニテ、青木等ヨリ在江戸諸頭ヘ廻状有之

付札　**青木与左衛門・中川平膳**へ

於此表、御公界向御用相勤候頭分等、詰中被下金之儀、先達テ申渡候通ニ候、仮令壱ヶ月相詰罷帰候テモ半金被下候、乍併参着懸ヨリ病気等ニテ引籠罷在、其後御暇相願御用不相勤罷帰候者ヘハ被下金之御沙汰無之候条、可被得其意候事

丑七月　附前記四月末互見すへし

一、**水戸黄門**公医師**玄衡**送レ之二鎌倉一

鎌倉川山甲二夷洛一　風揚二馬鞭一慰二行楽一

暫時蝉脱世華譁　君早当レ二帰勿レ違レ約

一、今世嫁ヲ悪む譬ニ秋茄子ヲ嫁ニ喰すなト言ハ取違ト云々、秋茄子ハ別テ子宮ヲ傷ふ故、憐みて棚ニ置共、嫁ニ喰すなト言諺ヲ心得違テ、秋ハ茄子味能ゆへニ喰すなトいふ事ト思ひ違へり、古歌万葉集ニ

山上おくら　秋茄子をいさゝ粕に漬おいて

よめにくわすなたなにおくとも

右夫木集[1]ニ有ともいへり、又曰、秋茄子之傷子宮事ハ本草綱目ニモ有之

乙酉**八月**大

御用番　**長　甲斐守**殿　　組御用番　**吉田八郎大夫**

御城代　**村井又兵衛**殿

朔　日　晴陰、月次出仕、年寄衆謁四時前相済、二日陰、三日雨昼過霽、四日雨昼ヨリ霽、五

1『夫木和歌抄』（藤原長清撰集）

1松平容頌（会津藩五代）
2松平容住（会津藩六代）

日六日七日陰、八日雨、九日雨、但両日共昼ヨリ霽、十日晴陰、十一日十二日十三日晴、十四日十五日雨、十六日十七日晴、十八日雨、十九日廿日廿一日晴、此間秋暑立帰、廿二日雨昼ヨリ霽、廿三日廿四日晴、廿五日雨、廿六日廿七日廿八日快天秋暑退、廿九日陰昏ヨリ雨、晦日快天

四日 左之通、中村宗兵衛ヨリ例文之廻状ヲ以申来

八月十一日ヨリ喧嘩追掛者役　永原治九郎代　中村宗兵衛

△只今迄之通　高畠安右衛門

十一日 去四日江戸発之飛脚、今日来着、左之通申来

今月三日九時頃、従肥後守[1]様御使者ヲ以於御在所御滞之処、御指重ニ及御大切候由、為御知有之、即刻為御使者御歩頭菊池九右衛門和田倉御上邸ヘ被遣被附置、夕方御先手仙石兵馬ト交代帰、右ニ付、御嫡孫若狭守[2]様為御看病御在所奥州会津ヘ之御暇御願、同夕御発途之筈ニ候処、御卒去之段申来ニ付相止候事

一、御前右ニ付急御供揃被仰出、九時過和田倉御邸ヘ被為入、無程御帰館、会津ヘ為御見廻、早打御使御大小将ヨリ奥村鉄七郎被遣、同日夕方江戸発出

右ニ付、従相公様為御見廻早打御使御大小将春日斧人被遣候筈之処、前月廿九日御卒去之旨、重テ飛脚着相知れ、右御使相止候事

一、肥後守様御卒去ニ付、普請ハ一日、鳴物ハ二日遠慮ト小屋触有之、且若狭守様等ヘ御悔使菊

池九右衛門勤候段申来候事
一、去ル四日四谷新宿火災過半燃失、八時頃出火暮前鎮候由申来候事
△下伝馬町油屋長右衛門ト申者、当年ヨリ七ケ年之内、才川魚殺生請負申付置候、然処前々御家中之人々初都テ自分ニ致川殺生候人々ハ川師方ヘ相達見合札ヲ請可致殺生筈ニ候処、当二月迄暫く請負人無之、明川ニ相成居候故、諸人勝手次第致殺生、今以不苦事之様ニ相心得候者モ有之、川役銀不指出、川師致難儀候間、投網・小目網・流網・鮎飛網・ねり網并片瀬簗等ニテ致殺生候人々ハ、川役銀等定之通指出、札ヲ請候様致度旨、町奉行申聞候条、以来右致殺生候人々都テ札ヲ請候様相心得可申候、右之通被得其意、組・支配之人々ヘ可被申渡候、組等之内才許有之面々ハ其支配ヘモ相達候様被申聞、尤同役中可有伝達候事
右之趣、可被得其意候、以上
八月十二日　長　甲斐守
吉田八郎大夫殿
十三日　今日於公事場、非常之大赦有之
一、今日同役寄合、宿安達氏ニテ有之、但例月今日定日也、内寄合ハ廿五日也、此末今年中同断ニ付留略ス
十五日　月次出仕、如例四時前済、今日左之通被仰渡
当九月就御法事、江戸表ヘ罷越右御用相済候ハ

同役堀万兵衛ト交代、直ニ順番之通江戸詰被仰付

御先筒頭并当分金谷御広式御用兼同所御倹約方主付
武田何市

廿二日　左之通江戸ヨリ申来

当月十五日上使御使番荒川常次郎[1]殿ヲ以、御鷹之雲雀五十御拝領、御作法前々之通中将様少々御勝れ不被遊、同朝御登城モ御断ニ付、御名代織田主計頭[2]殿ヘ御頼、万端御都合能被為済候事

廿五日　左之通富永氏ヨリ廻状有之

御用有之候条、追付御用番甲斐守殿御宅ヘ罷出候様依御紙面、則罷出候処、村井又兵衛殿御立会、御大小将横目寺西平左衛門指引ニテ、御手前儀指控被仰付置候得共、此節之儀故、御免被成候段、被仰出候旨被仰渡

富永権蔵

右之外、多分閉門遠慮等被仰付置候人々御免許、尤閉門之分ハ閉門御免如御格遠慮被仰付置

一、此度御免不被仰付人々ハ左之通

閉門　但享和三年七月晦日互見

御大小将
福嶋梅之助

指控　但今年二月二日互見

諸方御土蔵奉行
疋田半平
高柳宇左衛門

1 御目付衆
2 織田信由（高家旗本）

廿八日　左之通、御家老兼若年寄前田兵部殿御歩頭ヘ御申渡ニ付、則申渡

御鷹方御歩棚橋故平六養女ヘ聟養子致内談置候寺西九左衛門家来給人

原丈左衛門四男

御切米四拾俵　直之丞

右故平六儀、久々実躰相勤候者ニ付、願之通直之丞儀御鷹方御歩ニ被召抱御宛行右之通被下之、鷹方稽古相励可申旨可被申渡候事

一、左之人々、御用番御宅并頭之於宅被仰出之趣申渡等有之

附記、御馬廻頭也　団　多大夫

御手前儀、円満院宮様御溜銀之内、壱貫七百目借用有之、返納方相滞候ニ付、急速可被及返済旨、委曲当三月申渡候通ニ候処、今以訳立不申候、此上遅滞相成候テハ当二月堀田豊前守[1]殿ヘ及御届候趣、甚御不都合相成候ニ付、元銀之分借用人ヨリ取立候趣ヲ以、御取替御渡被成候、利足銀之分并山本済川ヨリ重テ申越候元銀四百目之分ハ急速口入人ヘ直ニ懸合返済方之訳可被相立候、御取替ニ相成候分ハ来年ヨリ三ヶ年賦ヲ以可有返上候、右借用銀之儀、約諾之通返納方指支候ハ、先達テヨリ年賦等之儀品能申込被及示談候得ハ、加様之御難題ニモ相成申間敷、且豊前守殿ヨリ被仰渡之趣ニ付、段々申渡候上ハ急速返納方訳立可被申処、等閑之義、重き役儀モ被仰付置候処、不心得之至思召候、依之指控被仰付旨被仰出候事

1 堀田正穀（寺社奉行）

御大小将御番頭
松原伊織
御大小将組大かね奉行
不破直記
御馬廻組
杉江長八郎
同断
栂　豹九郎

此四人御書立、団
同趣少々之差ニ付
略之

右五人共十月廿三日此節之儀ニ付、御赦免被仰出、是清泰院様就御法事依非常之御大赦
也

付札　御横目へ

△
石川御門続御櫓下石垣御普請被仰付、当春ヨリ右御門往来指留置候処、右石垣御普請今三四年モ相懸り候ニ付、右御門往来モ急ニ難相弁由ニ候、左候テハ右御門向寄之諸役人等短日之砌等相廻り候テハ、指急候御用有之節、おのつから指支モ可有之儀ニ付、格別御普請奉行遂詮議、来月四日ヨリ石川御門先往来不差支候、乍去、右之辺御普請所ヘ囲取り道橋モ無之候間、往来之人々其心得ニテ罷通、猶更徒者等末々迄込合不申相通候様可申渡候、且又下馬下乗モ右ニ准し仮囲外ニテ可致候、併嘉節・朔望并御弘等ニテ出仕之面々ハ、人多ニ召連致混雑候条、是迄之通河北御門ヨリ登城可有之候

右之趣一統不相洩様可被申談候事

八月廿八日

右御城代又兵衛殿被仰聞候旨等、例之通添紙面ヲ以御横目中ヨリ廻状有之

今月病死左之通

人持組 永原大学

大野木隼人

閏八月小

御月番 村井又兵衛殿

御城代 御同人

組御用番 富永権蔵

朔日雨 月次出仕、年寄衆等謁、四時頃相済、二日雨、三日四日五日快天、六日七日雨、八日九日十日十一日快天、十二日雨、十三日晴、十四日十五日同、十六日十七日十八日雨、十九日晴、廿日同昼ヨリ雨、廿一日廿二日陰、廿三日晴秋冷、廿四日雨、廿五日廿六日廿七日廿八日晴、廿九日雨

四日 左之通被仰付

改作奉行 定番御馬廻組 荻原源太左衛門

二之御丸御広式御用達 同断 中村弥五兵衛

江戸御広式御用人 同断 木梨左兵衛

十五日 月次出仕、年寄衆等謁四時相済

廿三日 左之通被仰付

小松定番御馬廻御番頭　田辺丈平代　御大小将ヨリ　久田儀兵衛　附最前之御役御大小将前録ニ有之

町同心　組外ヨリ　加藤左次馬

新知六拾石被下之、御算用者小頭並
年寄中執筆役只今迄之通　年寄中執筆御算用者ヨリ　高桑弘三郎　改祥右衛門

学校読師帰役　香澄院様御抱守御大小将組　松原牛之助

香隆院様御抱守御免　村田三郎兵衛

御料理頭　［（空白）　］

一、香隆院様御供役等之分夫々御免

一、江戸表去十四日発之飛脚今日到来、左之通申来
今月十一日御前様五時御供揃、常御行列ニテ市谷御邸へ被為入、同日御戻可被遊筈之処、就御不例御逗留、依テ御供之人々一先罷帰、御戻之御様子相知れ次第御迎ニ罷越候筈、且御逗留中彼辺火事有之候節、御供之御人数於市谷夫々御手当有之ニ付、従此方様御供御人数不被遣筈之段、奥村左京殿夫々へ被仰渡、附、御医師大高東栄被指遣候得共御診不被仰付、且年寄女中罷越候得共御目見不被仰付之由　此次翌年八月廿二日互見

一、同日左之通藤九郎御小屋へ、御横目両人罷越申渡

不応思召趣有之ニ付、
御国へ罷帰候様被仰出

御近習御使番 **今村藤九郎**

右ニ付翌十二日朝発足罷帰、附此次十月十六日互見

一、寛延元辰年春、東海道原駅之辺、乞食金子三百両を拾ひ封印之名を見て其侭落し主へ返し候処、主ヨリ為礼銭五十貫文送けれハ、右乞食左之通詩歌を添て銭を返す

橋上海辺一二銭　往来終日幾万人
生死富貴任天命　昨日錦今日草筵

宝そと思はゝ袖に包むへし　拾ハゝおもきさわりとどめん

壒囊抄[1]ニ曰、清貧ハ常楽ミ濁富ハ常ニ憂フ智者ノ貧ハ如レ玉ノ落レ泥ニ
愚者ノ富ハ厠ノ虫ノ如飽レ食ニ

撰集抄[2]ニ大納言経信卿[3]八条之家にて九月計、月明かゝりけるに砧之音、仄ニ聞へけれハ公任の歌を思ひ出て、則古歌

かり《(ら)》衣うつ声きけハ清見潟　まだ寝ぬ人ヲ空にしる哉と

吟し給ふに、北斗星前横ニ旅雁一南楼月下擣ニ寒衣一ト面白キ声ニて高吟す、見給へハ長一丈計、髪逆ニ出したる者也しか、忽失ト云々

丙戌**九月**大

御月番 **横山山城殿**
御城代 **前田伊勢守殿**

組御用番 **自分**

1 行誉著、僧俗の故事来歴を著したもの
2 著者未詳、鎌倉時代の仏教説話集
3 源経信（民部卿権中将道方男）

朔　日　晴、月次出仕、四時過年寄衆等謁相済、二日雨、三日「夜雨」四日五日六日七日八日九日十日「夜雨」十一日十二日十三日晴、十四日陰雨洒、十五日十六日晴、十七日十八日十九日廿日廿一日廿二日廿三日晴、廿四日風雨、廿五日廿六日廿七日晴、廿八日廿九日晦日雨天

四　日　御馬廻組弐百石**和田長助**養子**武兵衛**、今日公事場ヘ走込願之筋有之旨門番人ヘ申達候ニ付指留置、奉行中願之通尋有之候処、養父**長助**ト不和之一件段々申達、不届之趣共ニ付御用番**山城殿**ヘ相達候処、先牢揚屋ヘ可入置旨御指図有之其通申渡有之、但**長助**頭**中村九兵衛**・相頭**富永右近右衛門**両人共公事場ヘ出座、附一人宛交代也

一、**和田長助**儀養子**武兵衛**、依不届之趣牢揚屋ヘ被入置候ニ付、自分ニ指控可罷在哉之旨、翌五日頭**中村九兵衛**ヘ迄紙面指出、**九兵衛**ヨリ御用番ヘ相達候処、指控可申渡旨仍御指図則申渡、但十二月十一日ヨリ不縮無之様ニト被仰渡、**九兵衛**ヨリ一類ヘ夫々申談候

一、**長助**儀、**武兵衛**ヲ致養子ニ候後、出生之二男六組御歩**和田磯五郎**儀モ養兄**武兵衛**不届之趣ニ付牢揚屋ヘ被入置候間、自分ニ指控可申哉之旨紙面指出、頭**水越八郎左衛門**ヨリ御用番相達候処、指控可申渡旨依御指図則申渡

付札　**水越八郎左衛門**ヘ

御歩
和田磯五郎

右**磯五郎**父**和田長助**嫡子**武兵衛**儀、前月四日公事場ヘ駆込身分ニ急成義出来ニ付、御吟味相願候段申断候故於公事場相糺候処、養父**長助**ヘ対段々憤之趣申出、父子間柄常々不和之躰相聞、且六ヶ年以前女之事ニ付、**磯五郎**共不和之義有之旨相聞

候間、右等之様子磯五郎手前委敷被相尋、口上書取立可被指出候事

丑十月四日

右御用番山城殿御渡、然処磯五郎指控中故、水越八郎左衛門并為立合御用番富永権蔵、右磯五郎宅へ罷越、小頭藤田新左衛門・服部又助指引ヲ以被仰渡之趣、磯五郎呼出相尋候処、常々父長助ト武兵衛不和之躰見聞不仕、併当閏八月廿七日勝手仕送願置候町人鍋屋助七方へ罷越、鳥目三貫文調達之義長助ヨリ武兵衛へ申入候処、前方ヨリ取替銀等重り候間難願之段申候ニ付、翌日長助義助七宅へ罷越、鳥目借受罷帰候テ長助憤之趣武兵衛へ申入、目通ハ不罷出様申付置候、然処同廿九日武兵衛義他行仕候ニ付、重々不心得ト之趣長助ヨリ取次磯五郎妻ヲ以申入候、且又武兵衛姉尼正妙院為介抱召仕候下女ヲ、武兵衛義内分ニテ妾仕候躰之処、其儀私一向承知不仕、右女へ私モ妾ニ仕度段申入候事ヲ武兵衛承り憤候哉、私ヨリ朝夕尋候節返答不仕事モ有之候、其後正妙院ヨリ右女ハ武兵衛妾之趣申聞候得共、其後私折々戯れに詞ヲ懸候事モ有之ニ付、武兵衛疑ひ候儀モ有之哉ト奉存候、将又右女ハ武兵衛之妾等之訳合無之段私へ申聞候ニ付、左候ハ私之妾ニ仕度等申入候事モ御座候、是等之趣ヲ武兵衛心中ニ憤り候哉、私ハ不和共不奉存、尤彼是申分等仕候事無御座候、右下女五ヶ年以前暇遣し申候、其後武兵衛心中ニハ如何相心得候哉難計候得共、私ハ随分相従ひ罷在候事故、不和共不奉存候段相答候ニ付、委曲口上書ニ為認判形取立候テ、水越・富永判形之以添紙面御用番甲斐守殿へ相達、猶委細ハ御用方留帳ニ記之

一、同年十二月十九日和田長助儀、於公事場御吟味之上人持組山崎伊織へ御預、依之和田磯五

郎儀一類へ御預被成候段、同廿日御用番甲斐守殿御覚書ヲ以、頭水越八郎左衛門へ被仰渡候ニ付、磯五郎指控中ニ付同人宅へ八郎左衛門并為立合富永権蔵罷越、為御縮御歩横目両人為相詰小頭中指引ニテ磯五郎呼出申渡、一類病人等（御用番甲斐守殿へ相達候処、則御横目へ被仰渡、御横目ヨリ申渡有之相詰）ニテ不罷越、定番御馬廻組佐藤清蔵せかれ伝三郎壱人罷越有之ニ付、伝三郎呼立被仰渡之趣申渡、夫之御請判形取立

但、磯五郎呼出候節、大小・懐中等如例御歩横目山辺森右衛門・八十嶋伊内取捌ニテ無刀ニテ呼出、且申渡候節森右衛門等同間ニ相詰有之

一、磯五郎縮之間へ入置候得共、一類右伝三郎壱人ニテ縮方不行届候ニ付、同組御歩二三人宛磯五郎宅へ相詰候様申談置候事

一、一類小西平大夫・佐藤清蔵病気ニテ不罷越候ニ付、判形之以紙面水越・富永ヨリ被仰渡之趣申渡

一、同廿一日御用番甲斐守殿へ磯五郎御請書水越引請之御請ニ調之指出之、小西等之御請ハ奥書ヲ以指出之、且御家老中御横目所へモ夫々及届、諸場届并小将中へハ御用番富永ヨリ夫々申達

一、前記之通ニテ勤番人指支、遠類之名前等急ニ不相分、且同組御歩中モ指支之趣有之ニ付、割場足軽十人計へ、勤番被仰渡候様仕度段御用番へ相達候処、即刻御聞届則被仰渡、同廿二日夜足軽向々ニ付、御歩中引取候事

但、足軽へハ一類伝太郎ヨリ引渡、其後遠類之人々へモ被仰渡候得共、人少ニ付見廻り

右水越氏ョリ廻状之趣大綱ヮ記之、委細ハ御用番留帳ニ有之、且遠類之人々追々勤番之儀、水越ョリ御用番ヘ御達申御聞届之上夫々被仰渡

一、翌年三月十八日佐藤清蔵、於公事場御尋之上指控被仰付

一、同年同月廿二日和田磯五郎、於公事場御尋有之、是迄之通一類御預、同年四月七日清蔵・長助・磯五郎・武兵衛、於同所御尋有之

此次翌年五月晶紙互見

九日　重陽出仕、四時前年寄中等謁相済

十一日　左之通被仰付

御異風
不破久大夫　「私ニ記七十四歳四十九ヶ年皆勤
隠居料拾五人扶持

久大夫嫡子
不破伝吉郎　「新番御歩
家督無相違弐百八拾石

久大夫儀及極老候迄御奉公入情ニ相勤数十年皆勤モ仕候ニ付、隠居家督被仰付、久大夫異風料并伝吉郎ヘ被下置候御切米御扶持方ハ被指除之御異風組ニ被仰付

火矢方御細工者
小川久大夫
隠居料拾人扶持

久大夫せかれ
小川兵左衛門
家督無相違七拾石

久大夫儀、及極老候迄数十年御奉公、実躰ニ相勤候ニ付、隠居家督被仰付

十三日　同役寄合、宿吉田八郎大夫宅へ貝方御歩呼出、貝吹方聴之候事

十五日　月次出仕、年寄衆等謁四時前相済候事

相公様ヨリ御内用江戸御使
去十四日被仰付、十七日暁
金沢発、同廿七日江戸着
金谷御近習御用人持組
石野主殿助

御内為御用今十八日金沢表
発、同廿九日江戸着、十月廿三日江戸発
十一月　日金沢帰着、但江戸発前日御使
御近習大組頭不破五郎兵衛ヲ以御羽織二・御肴被下之、同日於
御館二汁五菜之御料理被下之
村井又兵衛

△

清泰院[1]様百五十回御忌御法事、当月廿三日於江戸表御執行ニ付、此表ニテモ於如来寺一朝御
茶湯御執行有之候、依之廿二日廿三日諸殺生可有遠慮候、普請・鳴物ハ不及遠慮候事、右
之趣被得其意、組・支配之人々へ可被申渡候、組等之内才許有之候面々ハ、其支配ヘモ相達
候様被申聞、尤同役中可有伝達候事
右之趣可被得其意候、以上
九月十一日　横山山城
津田権平殿

今月於江戸左之通之旨追々申来

1光高（四代）室大（水戸頼房女）

付札　御横目へ
廿一日廿二日伝通院へ為御用罷越候人々両夜共、御作事方御門往来切手無之相通候様申渡候事
一、御参詣之刻仮玄関ヨリ被為入、其節御法事奉行并中川平膳・平田三郎右衛門、且又関屋中務・山崎小右衛門之内一人御先立兼帯、此四人迄敷附へ罷出、其外ハ仮屋之内ニ並居申筈ニ候事
一、階下番御歩、御名代御出之時分勝手へ通可申事
九月
付札　御横目へ
一、此度御法事ニ付、御屋敷中御作事方押立不申儀ハ相止申ニ不及候事
一、鳴物不及遠慮候事
一、御寺詰人揃刻限廿二日暁七時、廿三日暁八時相揃可申事
一、御法事之刻相詰候面々車門往来、尤従者車門内へ召連、庫裏門ヨリ内へ侍壱人、草履取一人、雨天ニ候ハ傘持壱人、夜中ハ提灯持召連可被申候、火消役其外役儀ニ付テ、従者減少難成面々ハ格別之事
一、従者車門内へ溜置可申事
一、挟箱并服紗包等迄モ御寺へ上置候儀不相成候事
一、廿二日廿三日於伝通院御法事之時分、御寺へ相詰候面々不作法之義、并異論等無之様堅相

慎可申候、尤家来末々迄猥成義、又ハ口論等不仕様急度可被申付候事
一、家来末々迄町家等ヘ入込、酒・たはこ等給、猥成義無之様、主人々々ヨリ急度可申付候、且又門内ヘ召連候家来モ、猥ニ寮々ヘ立入不作法無之様可被申付候事
九月
右御横目廻状有之
廿三日　昨今於伝通院
清泰院様百五十回御忌御法事無御滞相済、昨廿二日ハ五時前之御供揃ニテ御参詣、今廿三日ハ暁八半時過之御供揃ニテ御参詣、同寺ヘ御先規之通、御名代**水野出羽守**[1]殿御出、御代香御香奠御備、依之為御礼四時御供揃ニテ両御丸御登城、御老中方御廻勤之事
但、昨日ハ御寺詰人暮頃帰、今日ハ四時前一統帰
右之通ニテ廿一日ヨリ今日迄指支候ニ付、御客方且御用人モ御歩頭**菊池九右衛門**勤之候事
同　日　於金沢如来寺モ右御法会御執行今朝有之　前記互見
附、此次十一月末畾互見
今月廿四日　左之通於江戸**奥村左京**殿被仰渡
付札　御先手物頭ヘ
聖堂火消御人数押出方之儀ニ付、別紙之通被仰出候条可被得其意候事
丑九月
聖堂火消方之儀、御老中ヨリ御指図之趣有之候間、御僉議中当分彼筋出火之節ハ聞役

1水野忠成（寺社奉行）

ト申趣ニテ聞番聖堂ヘ被遣候テ、出火之様子案内次第御人数可被遣候条、是迄聖堂ヘ可押出火事之節ハ、新火消役当番ヨリ使役ヲ以時々聞番ヘ致案内、聞番聖堂ヘ罷越相詰罷在、新火消等押出之義ハ聞番乗返し申談候歟、又ハ使役ヲ以可申越候、夫次第新火消并物頭手合共聖堂ヘ押出可申候、尤右聞番ヨリ不申談内ハ仮令聖堂御構内ト見受候共、新火消等堅押出不申様被仰出候事

右聖堂ニモ不限、惣テ火消方之儀ニ付、従御老中方御指図之趣有之ニ付被仰出有之、且十月四日左之通**左京**殿被仰渡

付札　御先手物頭へ

聖堂火消方之儀ニ付今般**戸田采女正**殿ヨリ被仰渡之趣等有之、元来向寄火防之趣ヲ以火消被仰渡置候義ニ付、釼格子手合以後可被指止旨被仰出候条、可被得其意候、且又御台所奉行**湯原友之助**儀釼格子手合等各ニ打込、繰々相勤候様申渡置候ニ付、不及其儀段申渡候事

丑十月

一、**半井卜養**[1]狂歌左之通任聞記ス、品川駅太子堂の荒しをみて

荒果て何と聖徳太子堂雨のふる夜ハもりや来るらん

胡麻餅　黒こまのかけて出したる餅なれハ喰ふ人毎にあらむまといふ

富士　おふじ様霞の帯を解さんせ雪の肌へを一目見たさに
是ハ柏莚也と云

儒者之腎虚

1 江戸前期の狂歌作者・俳人・医師

尽してはひたる君子と成にけりすくない物やじんといふ物

行燈腎虚

あんとんの火の高ぶりし煩ひハ油咯（ママ）きにしみ付しゆへ

蠟燭下疳

煩ひの油煙のすみハ蠟燭の流れの君に横寝せしゆへ

或座敷之床ニ焼物の布袋香炉ニ沈香を炷

心肝と五臓ハいかに布袋殿　沈　灰　火

腹にハ腎と肺と脾と有

或所ニテ飯を被乞しに初茄子を煮て出しければ

夢の間にどふしてにたかさん茄子

ふじの客にハ一の御馳走

明星の茶屋にて

明星の茶屋の出女よひもあり又襟元にあかつきも有

借金　兼てより仮の世なれハかりてよし夢の世なれハ又寝たもよし

雑巾を拾ひ木村庄左衛門ニ見せけれハ

ぞうきんをあて字によめバ蔵の金

何れにしても福ハふく也

丁亥十月大

御用番 長 甲斐守殿
御城代 前田伊勢守殿　組御用番 富永権蔵

朔日　雨天、月次出仕、四時頃年寄衆等謁相済、二日晴、三日雨、四日陰、五日時雨、六日晴、七日時雨、八日九日快大、十日十一日雨、昼ヨリ初雪 十二日雪微少溜、十四日雨、十五日快天、十六日雨、十七日陰、十八日快天夜雷雨、十九日晴、廿日雨、廿一日晴、廿二日雨、廿三日快天、廿四日雨、廿五日快天、廿六日昼ヨリ雨、廿七日廿八日廿九日晦日雨天

今日米価今月末畾ニ記之

喧嘩追掛者役 十月七日ヨリ 只今迄之通 高畠安右衛門代 音地清左衛門　中村宗兵衛

右之通相勤候段、例之通音地ヨリ今朔日廻状到来

三日　左之通

今日病死　享年五十一歳　定番御馬廻御番頭 坂井甚右衛門

八日　前月廿三日

清泰院[1]様御法事相済候ニ付、武田何市ト交代、同廿五日江戸発今日金沢ヘ帰着　御先弓頭兼御異風才許 堀　万兵衛

1 光高室

御異風才許堀万兵衛罷帰候ニ付、
御異風才許加人御用無之段被仰渡　　御先筒頭　青木多門

十一日　左之通被仰渡

香隆院[2]様御用、就御逝去御用
無之、表向本役可相勤旨被仰出　　御小将頭　辻　平之丞
　　御先弓頭　渡辺久兵衛

同断被仰出、且如最前
相公様御近習御用可相勤旨被仰出　　物頭並　横山引馬

新知百五拾石被下之
香隆院様御側小将御用無之ニ付、
御大小将頭支配ニ被仰付　　生駒熊之助

新知百石被下之
右同断ニ付組外へ被加之　　村　金五郎

香隆院様御側小将御用無之　　井上九郎太郎

十五日　月次出仕、年寄衆等謁四時過相済

十六日　左之通被仰付候段、御用番甲斐守殿被仰渡

異風料三拾石宛　　大脇浅之丞

2 前田利命、裕次郎、斉広養嫡（治脩男）

付札　寺社奉行へ
其方中家芸心懸、中《あた》りも宣段被聞召候、依之異風料被下之　**分部喜平太**

今村藤九郎
右**藤九郎**儀、江戸表ニ相詰罷在候処、**御上**御為ト申趣ニテ一書指上、別ニ一封モ指上置御披見被遊候処、其内彼是不一通文躰**御上**ヲ不奉憚儀ニ被思召候、依之役儀被指除逼塞被仰付候旨被仰出候条、此段可被申渡候事

右、今日御用番被仰渡候ニ付、**中川清六郎**於宅申渡、尤寺社奉行支配被指除、御用番支配へ被加之
附　前記閏八月廿三日互見

廿二日　左之通被仰付　但**神田・今村**ハ**今村藤九郎**兄弟也
御表小将御免除、元組御大小将へ被指加　**神田才次郎**
同断　元組御馬廻組へ被指加　**多羅尾才一郎**
御近習番　御免除　御異風　**今村源助**

廿三日　非常之御大赦被仰付、是依**清泰院**[1]様百五十回御忌也、附前記八月廿八日互見
付札　定番頭へ
御家中諸給人ヨリ不依何事百姓へ直ニ申付間敷、又百姓ヨリモ給人へ相断間敷旨等、寛文年中御定之趣モ有之候処、知行所百姓へ飯米之内相払候旨指紙面相渡、米持

1 光高室

運候儀有之候躰ニ付、右様之義ハ不相成御定ニ候得ハ、一円有之間敷儀ニ付猶更心得違無之様、寛政十二年相触候通ニ候、然処御家中之人々ヲ初、収納米之由ニテ知行所百姓ヲ相頼批屋等ヘ米売渡候人々モ有之、しらへ方紛敷米締方指障候旨御算用場奉行申聞候条以来右躰之儀無之様厳重可相心得旨、組・支配之人々ヘ可被申渡候、組等之内才許有之面々ハ其支配ヘモ相達候様可被申聞候事

右之趣一統可被申談候事

丑十月

右御用番御渡之旨等、如例定番頭御用番武田喜左衛門ヨリ廻状有之

付札　御横目ヘ

△土橋御門御造営就出来、来月朔日巳ノ刻ヨリ如最前右御門往来不指支候条、夫々一統不相洩様可被申談候事

十月廿八日

右御城代伊勢守殿被仰聞候旨等、以添紙面如例廻文御横目所ヨリ到来

廿六日

下口於桃ケ坂、女両人磔被仰付、拷札之写左之通

はりつけ　越中高岡町酒屋与三右衛門妻そよ此者意恨を以夫与三衛門継母之家ヘ火をつけ其外盗いたすへきため老女をころすへき仕形有之所、仕損候故逃去候ヲ召捕畢、重罪露顕之上如此申付者也

十月廿六日

はりつけ　安田町裏地借罷(カ)在候越中屋

七兵衛後家　　　　　　**むめ**

此者停止ヲ背、男女出合之宿いたし剰其身誰彼となぢみ合身持不埒ニ付、存命難成義有之とて、幼少之子とも三人押殺其身可相果ト井戸ヘ入候ヲ引上畢、重科顕然之上如斯申付者也

十月廿六日

右ニ付、為検使、御先手物頭**茨木源五左衛門・渡辺久兵衛**公事場附御横目**宮井傳兵衛**、右場所ヘ参出候事

今月朔日　本納米価左之通、尤左之外ケ所准テ前々之通有差等

地米　四拾弐匁　　羽咋米　三拾四匁　　井波米　三拾目

右前記朔日洩ニ付爰ニ記之、且今年気候応時節、五穀類豊熟満作諸国一般故、右之通米価等甚賤也

一、左之書状、或方ニ懸物ニ仕立有之旨承ニ付写之

御手前万事御才覚肝要ニ候、先書に何事も天道次第との御事、尤其分ニ候得共只居て天道より金銀米銭与へらる丶義なく候縦へハ壱石の米を天道次第ニて片端喰候ハ跡が続申間敷候、何事も人間の業と御心得可有之候、天道ハ此方次第の物ニても天道次第と申事も有之候得共夫ハ常の人間の知る事ニテハなく候、世上ニ申天道次第とハ遥《はるかに》違ひ申候、古

1『日本随筆大成四巻の一話一言3』(吉川弘文館)では花麗としている

今蓮の葉丸く、松の葉細く、如其我身に応する天道を能我前に請身の程を少引下け治[1]礼をせす、大名ハ其程々ニ身を持所、則天道ニ任すと申物ニ候、百石取身にて二百石取躰の身ハ天道ニ背と申候、目前之境界ニて候、天道ニ背き身ニ似合ぬ振廻をする人ハ一生涯貧乏神ニ被貢物ニて候、鵜の真似する鴉、水ニ溺て死する天道の罪ニて候、鵜ハ鵜、鴉ハ鴉の働、天道の本理ニ候、ケ様成縦《たと》へを不知して、只天道〳〵と計人毎ニ言て寝て居て、天道から餌食宛かわるゝ様ニ思ふ事ハ大なる誤り、人ハ其品〳〵ニ苦を渡か天道ニ候、然に楽する事のミ願ふ、是天道ニ背く、始ハいか成細工人も定木なくてハ成らぬ物ニて候、人を定木ニするかよく候、併我心の様成人を定木ニせハ三五の十八たるへく候、分限ハ我と服して身持分別よくすりきらぬ人と申事ハ杪子定木ニして直ニハいかゝ、貴殿御分限より御振廻し手広く見へ候、是天道ニ御背の間、つもり悪く候半と笑止ニ存候、我ら申事ハ違申間敷候、冬ハ寒き物ニ候、若暖かなれハ明る年、草木潤しからす、夏暑からされハ秋万事あしく候、物毎に位の正き所か天道ニて候、大小共ニ身の分限ニ相応して、十人抱へ可然人ハ七八人御持、後悔少く候、月を御覧可有之候、十五夜円満ニ成候得ハ、一分宛欠キ候、是人間のミせしめニ候、何事も如斯思召候へく候

　思へ只満れハやかてかく月の十六宵の空や人の世の中

此歌至極の理り、長文躰むつかしく候得共、兄弟に生れ合、御為宜敷候へかしと如此候、何卒振を御替無借銀様に御分別専一ニ候、親類ニ疎く知音に銀を給ふも多分貧類ニて候

心たに誠の道に叶ひなハ祈すとても神や守らん

極晩日　紫野　沢庵　判

秋葉半兵衛殿

御返事

戊子十一月大

御月番　横山山城殿

御城代　前田伊勢守殿

組御用番　自分

朔　日　雪降、月次出仕、年寄衆等謁、四時過相済、二日三日快天、四日昼ヨリ雨、五日雨、六日陰、七日晴、八日九日十日十一日十二日雨、十三日晴、十四日十五日雪、十六日十七日十八日十九日雪、廿日晴、廿一日廿二日廿三日雨寒気柔、廿四日廿五日晴、此頃如春気候也、廿六日風雨荒、廿七日晴、廿八日昼ヨリ雨、廿九日晦日雪三寸計積

（雪二尺計積）

十五日　月次出仕、四時過年寄衆等謁相済、但自分風気ニ付及御断不致出仕、今日左之通被仰付

定番御馬廻御番頭　坂井甚右衛門代

御近習御用ハ御免除

御表小将横目ヨリ　山森権八郎

十六日　左之通被仰付

御表小将横目　山森権八郎代

奥御納戸奉行ヨリ　寺西弥左衛門

1 徳川治保（水戸藩六代）

十八日 夜、左之通

△水戸中納言[1]様、去六日御逝去之由申来候、依之普請ハ今日一日、諸殺生・鳴物等ハ明後廿日迄三日遠慮之筈ニ候条、被得其意、組・支配へ可被申渡候、尤組等之内才許有之面々ハ其支配へも相達候様可被申聞候事、右之趣可被得其意候、以上

十一月十八日　　横山山城

津田権平殿　但、同役六人連名

右ニ付、於江戸表ハ普請ハ八日迄三日、鳴物ハ十二日迄七日遠慮ト小屋触有之、且、右ニ付翌七日為御伺御機嫌、五半時御供揃ニテ両御丸へ御登城、御下り水戸様へ御勤之旨、今月九日便ニ申来

廿二日 左之通被仰付、御用番被仰渡

定番御歩小頭ヨリ　松原伊左衛門

伊左衛門儀、数十年彼是役所入情相勤候ニ付、組外ニ被仰付

大橋貞右衛門

新知七拾石被下之

貞右衛門儀、御普請会所御用数十年無懈怠入情実躰相勤候ニ付、如此新知被下之、只今迄被下置候御切米ハ被指除之

△近年、潟猟業之儀、微細之網等ヲ以小魚ヨリ捕絶し申様之仕業、次第ニ致増長候ニ付、今般潟廻猟業方相改、夫々申渡候、依テ御家中ヲ始殺生人其心得可有之候、且又川之瀬違等元

川ヲ勝手ニ堰留候族、堀すき等ト名付小き引網様之殺生モ右ニ准堅不致様、組・支配之人々ヘ厳重可被申渡候、組等之内才許有之面々ハ其支配ヘモ相達候様被申聞、尤同役中可有伝達候事

右之趣可被得其意候、以上

十一月廿二日　**横山山城**

津田権平殿

当月十八日武学校御用学校御用兼帯当分加人被仰付　寄合　**長　作兵衛**

付札　御横目へ

足軽并坊主共等、近年僭上ニ相成、衣服モ絹類致着用候躰ニ付、向後地他国共綿衣迄相用可申旨等、去年申渡置候通ニ候、然処於江戸表、御用之筋ニ寄、無拠指支候品等有之分ハ、夏向絹羽織着用之義、依願承届置候、是以後ハ御用ニ付御仕着小袖等被下候分ハ、御仕着之品為致着用、御貸衣類之儀モ前々絹羽織等相渡候分ハ、以前之通被仰付候、依テ足軽小頭着服之義ハ御定之通可相心得旨、江戸表ニテ申渡候条、致其心得候様一統申渡候、右ニ付テハ平常之儀ハ弥以綿衣着用、分限不取失様ニ急度相心得候様可申渡候事、右之通足軽等支配有之面々并御坊主頭ヘ可被申渡候事

丑十一月

別紙写之通、御用番山城殿被仰聞候条、足軽等御支配有之候面々、夫々御申渡、御組等之内、右支配有之候面々へ夫々不相洩申渡候様御申談可被成候、尤御同役・御同席御伝達可被成候、以上

十一月廿六日　　御横目

御歩頭衆中　　但諸頭役名連書

右、御歩方不相当ニ付不触出之、但小頭中へハ為承知写令披見置候事

今月十五日於江戸表、清泰院様御法会御用懸り之人々へ御前規之通拝領物夫々被仰付

今月十八日於江戸下谷広徳寺、浄珠院様廿五回御忌御法事有之、但十二月十八日御相当之処、今月へ御取越御執行也

越中古国府勝興寺西御門跡之宗意一件ニ付従公義依召ニ、今月□（空）日古国府発、同廿日江戸参着、翌廿一日寺社御奉行所へ被出、廿五日重テ被出候処、築地之門跡輪番へ御預、十二月十日ヨリ御預ハ御免ニテ同所ニ旅宿有之、但、御預以前迄之旅宿ハ広徳寺境内桂香院ニ旅宿有之

右一件、十二月末晶ニ委書す、互見

今月廿三日夜ヨリ、在江戸御算用者御用部屋執筆加藤八郎大夫行衛相知不申候処、翌廿四日池上法（本）門寺ニテ致自害相果候旨、同寺ヨリ案内有之、為検使御大小将横目山本又九郎并聞番会所奉行罷越、内済ニ取扱相済候、八郎大夫乱心躰ト云々、但、八郎大夫於法門寺金小判二

両役僧へ相渡之、是ニテ御回香(向)可被下候、法名等ハ追テ可達由申述罷帰候躰ニテ退、雪隠へ
入候テ令自殺候事

今月十七日午五刻ヨリ入寒

一、上州町家十六歳之娘詠歌

ともに名の立ハいかゝと　する墨の　音さへ忍ふ閨の玉章

蜷川新右衛門親昌[1]妻の歌

麻糸のよれつもつれつ　むつかしや　紡績《うむ》の間をいつか離れん

西行法師歌

願わくハ花の元ニて春死なん　彼二月の望月のころ

詠描　　**劉士亨**

口角風来薄荷香シ　緑陰庭冷酔二斜陽一
向レ人只作二檸檬（レモン）勢一　不レ筐黄自鼠輩帖

一、昔有二一富翁一有三子三媳婦一三子出去経レ商未レ帰富翁
尋思年傾有三小ク可二首ニ錦　均ク分テ与二三房媳姉一ニ外有二
釧一副金釵一対一要下ス媳姉各做テ二首詩一好者賞上ト他ニ
長媳姉追レ前請二題目一翁出　題目一要三ム尖連賦作二韻

1 知蘊（ちうん）、室町中期の歌人

脚一従レ長倣リ作ス長媳姉詩ニ曰

春笋出時纎々尖　笋穀落時到二垂連一

風吹竹葉微々動　馬鞭却在二泥裏一眠

次媳婦詩曰

蓮蕋出時纎々尖　荷花謝時到二垂連一

風吹荷葉微々動　藕《はす》根却在二泥裏一眠

三媳姉詩ニ曰

奴家丁指嫩纎尖　胸前妳子《ネイシ》到垂連

公公肚上《タンナハハラノウエ》微々動　我在二公公《チチ》肚下一眠

富翁拍レ手道リ妙哉将ニ二釵釧一賞レ他聞者捧腹ス

己丑十二月小

御用番　**長　甲斐守**殿　　組御用番　**富永権蔵**
御城代　**村井又兵衛**殿

朔日　陰、月次出仕、年寄衆等謁四時過相済、二日三日四日雨、五日昼ヨリ雪、六日七日八日雨、九日風雪、十日雪、十一日雨、十二日同、十三日十四日晴、十五日昼后微雨、十六日雨、十七日十八日風雪、十九日晴、廿日雨、廿一日廿二日晴、廿三日雨、廿四日廿五日廿六日廿七日廿八日快天、余寒穏暖、廿九日雪降、余寒立帰

十一日　左之通被仰付候段、於御席御用番被仰渡

新知七十石被下之、外三十石役料
坊主頭被仰付
金谷奥附御歩横目ヨリ 津田兵大夫

同　日　左之通、甲斐守殿於御宅、伊勢守殿御立合、御横目指引ニテ被仰渡
人持組 三田村縫殿

縫殿儀、不慎之趣有之、一々可被仰渡筈ニ候得共、
其儀ハ御用捨被成、定火消役并小松御城番被指除
逼塞被仰付、急度相慎可罷在候事

十五日　月次出仕、年寄衆等謁四時済
十六日　今日、跡目左之通被仰付

無相違弐千五百石内三百五拾石与力知
大学末期養子永原七郎左衛門嫡子 永原権平

同　千六百五拾石
舎人せかれ 大野木良之助

同　千五拾石　前田杢並ニ被仰付
五郎左衛門養子 志村直七郎

同　百七拾石　組外へ被加之
喜左衛門せかれ 小杉半七郎

同　三百石　同断
一兵衛せかれ 園田金左衛門

同　八百石　御馬廻へ被加之
要人末期養子伴造酒弟 青地寅之助

同　弐百石　当分御大小将頭支配
才治末期養子今村養次郎弟 高崎小太郎

御右筆見習

同　五百石　左次馬せかれ　河原求馬

五百石ノ三ノ一　百六拾石　善次郎せかれ　永原虎一郎

無相違　三百石　作兵衛養子　広瀬栄次郎

同　弐百三拾石　左七郎末期養子小幡次郎弟　神戸欣十郎

同　弐百石　所兵衛せかれ　国沢源六郎

同　弐百石　三郎左衛門末期養子水上助大夫二男　安宅栄介

同　百八拾石　持三郎末期養子同姓安田侑左衛門三男　安田平次郎

同　百五拾石　左次馬嫡子　津久見長八郎

同　百弐拾石　一平養子　河嶋件六

同　百石　組外へ被加之、
被下置候御切米等被指除之　助左衛門養子　長井平吉

同　五拾石　八十八末期養子武藤伊織三男　坂井斧吉

同　七人扶持　五兵衛末期養子山路忠右衛門弟　橋爪八百記

同　百五拾石　清次郎末期養子後藤又助二男　後藤　仲

同　弐百石　半左衛門養子　中村十蔵

同　百七拾石　助三末期養子林弥四郎四男　堀部孝四郎

同　百五拾石　十郎兵衛せかれ　竹内十郎左衛門

同　百四拾石　被下置候御扶持方ハ被指除之　宇左衛門せかれ　長谷川宇八郎

十七日　縁組・養子等諸願被仰出

付札　御横目へ

△

相公様来年頭御家中之人々御礼ハ被為請間敷旨被仰出候、依之献上之御太刀等目録・青銅目録共当年中ニ取立、元日不残指上候筈ニ候条、正月朔日之日付ニテ自分并組・支配之人々目録、当月廿二日ヨリ廿七日迄之内、御奏者所ヘ指出可申候、且又御太刀・馬代并御礼銭代ハ諸方御土蔵ヘ可致上納候

右之趣、都テ去年之通相心得候様夫々可被申談候事

十二月

別紙之通夫々可申談旨、御用番甲斐守殿被仰聞候条御承知被成、御同役御伝達、且又御組等之内才許有之面々ハ其支配ヘモ不相洩相達候様御申談可被成候、以上

十二月十七日　御横目

御歩頭衆中

八月十五日　御拝領之雲雀今月六日御被有之、御先規之通夫々御作法ニテ御都合能被為済候段、去九日江戸発之飛脚ニテ申来

廿二日　左之通被仰付

三人扶持御加増　金谷御近習新番 **井上善吉**

御算用者小頭　御算用者ヨリ **木村弥次兵衛** 改弥右衛門

金谷奥附御歩横目　金谷御次入口番御歩横目ヨリ **岸　七郎**
役料御格之通五人扶持被下之

廿三日　前條十七日御横目廻状之通ニ付、今日**相公**様へ来年頭献上目録自分之分持参、如例御月番へ懸御目、於御奏者所**藤田五郎**へ相渡候事

但、右目録持参之節、着服身当之目録ハ前々常服或布上下区ニ候得共、今般僉議之上常服之侭持参候事

一、組小頭中之目録ハ同役御用番**富永権蔵**ト連名之目録ニテ今日被指出候事

附、組・支配之目録ハ如前々御月番へ不懸御目候事

今月十一日　為歳暮御祝儀、**中條**様へ従**御台様**御使御広式番之頭**長谷川藤太郎**殿ヲ以白銀十枚・干鯛一箱御目録御拝受、**大御前**様へ従**公方**様・**御台様**上使右同頭**桂山三郎兵衛**殿ヲ以御巻物等御例之通御拝領、但梅之御居宅へ上使御越也、**御前様**ハ市ヶ谷御屋敷ニ就御逗留ニ右御

屋敷へ上使有之、万端御例之通御都合克被為済候段、去十四日江戸発之飛脚ニ申来候事

△かけの諸勝負御禁制等之儀ニ付、寛政元年以来被仰渡候写ヲ以、猶更違失無之様被仰出候旨等、御月番甲斐守殿ヨリ昨廿二日御触有之

廿四日 当暮之処、世上銀支ニテ不通用暨米下直等ニ付、頭々ヨリ依願、左之通町会所仕送銀之内、借用貸渡之義御勝手方甲斐守殿等就御聞届、頭々ヨリ借受夫々令配当候事

平士	八百石以上	六百五拾目宛
	七百石ヨリ	六百目宛
	六百石ヨリ	五百五拾目宛
	五百石ヨリ	五百目宛
	四百石ヨリ	四百五拾目宛
	三百石ヨリ	四百目宛
	二百五拾石ヨリ	三百五拾目宛
	二百石ヨリ	三百目宛
	百五拾石ヨリ	二百五拾目宛
	百石ヨリ	二百目宛

諸小頭・新番・与力　百五拾目宛

但　新番小頭ハ平士列之通り

御歩御知行被下置候分　百弐拾目宛

御切米之分　百目宛

今月十九日　於江戸、左之通跡目被仰付

無相違百石　弥市郎へ被下置候　弥大夫嫡子　関　弥市郎　六組御歩也

御切米ハ被指除之

組外へ被加之

右之通奥村左京様就被仰渡候弥市郎儀、在江戸組外支配之御馬廻頭青木与右衛門へ引渡候段、菊池九右衛門ヨリ同日便ニ申来、依テ於此表モ弥市郎由緒帳組外御番頭御用番伊藤権五郎へ引渡候段、頭富永権蔵ヨリ廻状有之

廿八日　歳末為御祝詞登城、御留守例之通四時過年寄衆等謁相済退出、且今日左之通被仰付

御引足米弐拾俵都合五拾俵被下之、六組御歩へ被指加之　御鷹方取次支配ヨリ　松崎藤左衛門

拾俵御加増　御家老役中執筆御算用者　永井源六

廿九日　左之通於御横目所披見申談有之候由、御用番富永氏ヨリ以廻状申来

正月八日月次経書講釈相止候事

今月廿二日　左之通於江戸表左京殿被仰渡、青木与右衛門等ヨリ廻状有之

付札　青木与右衛門・中川平膳へ

此表米価ハ下直ニ候得共、諸品ハ高貴ニ候、諸人一統格別致省略質素ニ相暮候衛共、金相場迄も当年過分ニ引上、彼是以別テ致難渋候、例年ハ分限ニ応し宅々ヨリ才覚を以取寄、夫々仕払方引足仕来候得共、当年ハ御国表米値段下直、其上才覚も一円不致調達、旁以此表之諸払方必至と指支難渋至極之段各見聞之様子、先達テヨリ段々被申聞候得共、一統承知之通当時御逼迫至極之御時節ニ候得ハ前方ヨリ金沢表へ申遣候テも中々御救之詮議方も一円無之事ニ候、然処此節ニ至り段々ニ指支之趣共、猶又被申聞、諸方ヨリも申出、誠以無拠相聞候ニ付委曲相達御聴、不時成御貸渡等可有之御時節ニテハ無之候得共、御逼迫之内なから格別之趣を以、御歩並以上壱人扶持ニ金弐歩宛御貸渡、足軽以下へハ壱人金弐歩宛被下之候事

右之趣可被得其意、組・支配之人々へ可被申渡候、且又諸頭中へ演述、組等之人々へも申聞候様可被申談候事

丑十二月

西本願寺一件[1]、来年正月十一日ト互見

一、東西両本願寺共、宗意ハ諸乃雑行・雑修・自力の心を振捨て只一念に後生助け給へと頼む時は往生ハ決定也、其後の念仏ハ是仏恩報謝にて御礼之為計也と開山親鸞上人の教ニて、門徒之族安心ニ候処、四十余ケ年以前西本願寺能化弘存[2](功)先々御門跡へ勧て是迄

1 これは所謂「三業惑乱」である
なお、本項に記載の寺院名は単に名称のものと、その寺院に所属する僧侶を指すものとがある

2 弘存は功存の誤り、以下同じ

の教方ハ相違せり候に、南無阿弥陀仏と唱へ心に念し両手を合せて拝むの三業を以て日毎に不奉頼してハ往生成難しと帰命弁といふ書を作り弘め被出候処、門徒之内七分ハ是に随ひ候得共、三分ハ開山以来之教を守り新教に不随、其内**弘存**病死後当能化**智洞**も**弘存**の教へを継、益帰命弁を弘め候処、右付随門徒之内、先西国筋ヨリ追々上京騒立候ニ付、御舅之徒**二條様**段々被仰入候得共、**西御門跡**少も御取用ひ無之候ニ付、尾張・美濃・摂津辺末寺方甚歎之、追々強て願訴へ可及騒乱ニも躰ニ付、能化**智洞**義押込被仰付候上、三業之義御用ひ無之旨之御書御製作有之、享和二戌年二月・六月・十二月三ケ度一統へ御指出ニテ、一旦治り候処、翌亥年正月上旬ヨリ大坂并越前・近江辺ヨリ講中追々罷登、西本願寺御殿向等御取締不宜趣等委く書記、**御門跡**へ直訴仕候得共御取上無之ニ付、**二條様**并御猶父之**九條様**へ願書指上候ニ付、右従御両家段々被仰入候得共、**西御門跡**少も無御貪着御捨置被成候ニ付、**二條様**よりハ公達様方御引取御絶交、従**九條様**ハ御猶子御断、**平井長門守**儀も諸大夫御取上之処、其伜**平井主水**ト従御**門跡**改名被仰付、是迄之通家老役相勤罷在、坊官**下間兵部卿**儀**二條様**へ不礼之趣有之旨ニテ遠慮被仰付置候

能化**弘存**帰命弁を編候子細ハ右教方ニ移り候時ハ寄進弥増ニ可相成事ニ付テ之企ニ候由、就中家老中悪心之子細ハ**御門跡**を隠居とし御連枝**顕証寺**殿を御門跡ニ直し可申旨之工面、此儀ニ付私慾等之趣様々有之事共ト云々

于時同年正月十四日夜より国々ヨリ登候講中等六百人計坊官并家老中へ詰懸、是迄之

取計私慾等有之旨委細書付相糺、追々御門主へ直訴仕、重立候講中之内一命を捨、坊官・家老中之席へ踏込相糺、追々人数も相増凡千人計ニ相成甚騒々敷、従公義取鎮之役人中昼夜相詰候得共、あばれ候事ハ無之故手指ハ難致、毎日騒々敷、其上見物之者モ群衆し町々之木戸ニハ落首ヲ張り、彼是及騒動、同閏正月廿六日ニハ理不尽ニ御殿へ踏込、家老中へ手向、既ニ家老**下橋主馬**ヲ鎗ニテ可突躰ニ付逃候出、講中一同ニ踏込候節ハ地震雷の如く、御殿之騒動追々逃出候者共有之、御門々々ハしめ候迄ニテ制する者モ無之候故、弥及騒動候、依之**二條様**御騎馬ニテ御成、左之通夫々御咎被仰出候故、講中并境内居住之者迄モ大安心仕難有かり、少し治り申候、御宗意之義ハ末寺方之取扱、講中ハ是迄御殿向取計不宜御難渋之趣、段々相糺候処、家老中并御納戸役人等申合、過分ニ金銀取込、其上何モ悪心ヲ企候事共及露顕候由

坊官　**下間兵部卿**
坊官御上閉門、番人四人宛付、家来御奏者**松井直左衛門**下宿ニテ番人三人宛付之

家老　**富嶋頼母**
家老役御取上閉門、番人二人宛家来へモ番人付之

下橋主馬

平井主水
父子とも出奔

七里内膳
在江戸ニ付急ニ御呼下、家内へ番人付之

此三人役儀御取上閉門、番人二人宛

御納戸役御用人兼　川那部兵庫
蒲生図書
萩野要人

右同断

町奉行　広田大学

閉門、番人二人宛
但御堂衆護念寺・大雄寺・法輪寺・実想寺
閉門、同端之坊并右下役人追々御糺御吟味之
上、夫々御咎被仰付

御堂衆　閑正寺

俄ニ河内国へ御引越御慎
但河内国御住寺有之

御連枝　顕証寺

在江戸ニ付急ニ御呼下、家内へ番人付之

御納戸役　富永左膳

在但馬　右同断

御用人　横田監物

御門主ヲ嶋原へ忍ニ御供、其傾城ヲ
宮内卿方へ取入置候由、依之先達テヨリ閉門

同　坊官　下間宮内卿

右之通御咎ニ付、家老壱人モ無之

右二十ヶ年以前ヨリ御咎ニテ御殿向座敷牢へ被入置候処、
此度従二條様御免許、少弐ト改名被仰付、尤坊官ニ被

坊官下間少進事　覚信坊

仰付、従二條様跡々取鎮之義御頼之処、達テ及御辞退候得共、押テ御頼ニ付、閏正月廿八日ヨリ勤之、同日自宅ヘ廿五ヶ年目ニテ罷帰、但近年病気之処、春来別テ不宜候得共押テ相勤、同年五十七歳

御納戸役 戸田主膳 七十五才
久々病気ニ付引籠、此度出勤

同役 主膳せかれ 戸田小源太 四十歳
久々御咎ニテ引籠罷在候処
此度御免許ニテ出勤

禁 権之進
秋田織部
池永左近
岡田酒造
此四人先達テヨリ入牢被仰付置候処、此度御免出勤、但此外牢死之人々モ有之候事

右、下役人等之入牢、同年二月朔日不残出牢被仰付、皆々二十ヶ年余ニテ出牢之由也

同年二月二日　作事役ヨリ 鈴木沖見
御用人并御納戸役被仰付

同　同 加納権大夫
諸願取次役被仰付

右之通、就中三業御用ひ無之趣之御書ニテ夫々相渡り、別テ当御門主ハ帰命弁御用ひ無之候得共、能化智洞押込御免、其外モ御咎御免之後、顕証寺発起ニテ各申合専帰命弁弘通之事、再発当西御門主ハ開祖之宗意ヲ間違ト申立、越中古国府勝興寺・小浜之円光院・

彦根之連枝等ハ元来当御門主同意ニ候処、奥州之西御坊方上京、顕証寺之企尤ニ相成候様ニ取組遂工夫右等之趣ニ付、関東之御裁判ト相成、夫々江戸へ御召ニ相成出府、**脇坂**殿御僉議之上、左之通被仰付、但彦根之御坊ハ**井伊掃部頭**殿ヨリ病気之被仰立ヲ以、御差出無之

河内国久宝寺村　連枝　**顕証寺**

江州長沢村　同　**福田寺**　病気ニ付出府断

大坂　同　**広教寺**

越中古国府　同　**勝興寺**

大和国平野　**大行寺**

紀州　**満念寺**

以上築地末寺へ御預

京一條通　入牢但牢死　能化院家　浄教寺**智洞**

江州彦根　触頭院家　**明性寺**　病気ニ付出府断

泉州堺　入牢　学寮八僧之内　**慈光寺大魯**

大坂　入牢　内陣　善功寺
越中氷見入牢　西光寺義霜
尼ヶ崎　入牢　学寮八僧之内　善行寺正運
下間宮内卿
入牢　平井主水
右能化方、左薩州方也
播州　亀山　連枝　本徳寺
摂州　小浜　同　毫摂寺
河内国古市　西念寺　薩州ニ
築地末寺へ御預
安芸　病死　大瀛
大坂　西光寺恵崇
江戸築地之内　浄立寺居牧
右、夫々江戸へ御呼立、此外本山役人秋田織部・岡田茂栄・小杉畔次郎・嶋村矢柄モ御呼立之事

1 戸田氏教
2 牧野貞喜

一、顕証寺等江戸着之節并寺社御奉行所ヘ御呼出之節、江戸門徒之者共道先ヘ不罷出様御触有之、且於江戸モ西方門徒所々寄合、今般之一件不正方、若正義ト相成候ハ起り立可申躰之由、然時ハ関東ハ申分出来之義ト専風説有之由云々、御老中之内戸田采女正[1]殿家中ハ侍ニ至迄不正意方多有之、牧野備中守[2]殿家中ハ士ニ至迄正意方多有之候由

一、文化二年六月勝興寺ヨリ被指出候願書左之通

当宗門法義安心筋之一件、去ル戌年以来段々及御達置候上、去子五月書付ヲ以、申上候趣モ御座候処、同六月以御書立御申渡之趣有之節、与力寺ヘ申渡候処、一統難有及承知、是迄相静り来申候、然処於公義法義一件御決判近く相成候御様子之由、或ハ安心筋之義本山ヨリ正義ヲ不正之様ニ被申立候由、然上ハ安心筋異転可致哉モ難計様ニ取沙汰申候由等、追々及伝説ニ前月中旬頃、与力寺等之人機甚相立候様ニ相聞ヘ、万一去年六月之御書立ヲモ致忘却候族モ可有之哉ト存候ニ付、早速与力寺之内、頭分之輩呼出、仮令如何躰之趣出来候共、去夏御書立之表、堅不致忘却候様組々僧分之義ハ勿論、寺之門徒末々迄、猶更相示候様入念ニ申渡候処、一統及承知相静り罷在申候、但此上ハ弥御国威を以、在来之安心筋弘道行届候様ニ被成下候様、追々願出申候、右之通、先当時相静り罷在候得共、此上公義御決判有之、本山ヨリ安心筋為申渡、使者使僧等ニテも下向可被申付候哉、左様之義有之時ハ、先以与力僧俗共相騒立いか躰之義可致出来哉も難計程ニ被相考候、誠ニ不安心至極之義ニ存候、於其節、尤御縮方モ可有御座候得共、元来余議ト違ひ、法門之義末々之者ニおゐてモ、男女共其身壱人一旦之義ニテモ無之、先祖代々

子々孫々後生之一大事ト相心得候より、心を砕き申事ニ御座候得ハ、様子ニより乍恐御国政之筋而已を以、被仰渡候テハ、信服之程も如何可有御座哉と、此所至テ無覚束存候義ニ御座候、就夫此上本山等ヨリ如何躰之趣出来候共、唯御領国之事ハ御国威を以、古来相守来り候宗意安心筋堅違乱不仕、聊紛敷品相加り不申候様ニ可被成下候趣を寺庵一統能相心得、何レニも在来之通、門徒及教化於門下ニも末々迄及安堵候上ハ御国法をも弥相守候様之御取捌之御義を奉願事ニ御座候、此儀何卒当節之内、いか様ニも宜御僉議等被成下候様偏奉願候、尤相承安心筋之義ハ於一宗文章改悔文ト申を亀鑑ト致し来候事、猶委曲御尋次第可申上候、且又去年五月紙面ニも相認候通、元和年中御領当寺於与力寺之内ニ、安心不正之義を申弘候族有之、本山ヨリ才判之義も御座候、其後延宝年中ニも安心相違之与力寺有之、於当御公辺ニ御吟味之上、邪儀ニ落着被仰渡御取捌有之、其以来是迄与力寺法義申分も無之、一統正儀を守り来り申候、右之通数百年来之正義を守候輩、当時品ニヨリ却テ不正之名をも蒙り候様ニ成行可申哉之躰ニも相聞ヘ候事心外之次第、誠ニ以歎ヶ敷義ニ御座候、別テ於当寺ハ御国法向役前之筋、又ハ於境界本意を可存候処、彼是ニ付、不一形進退及難儀、心痛至極之場ニ罷在申候、乍恐御憐察も被成下、何分前段之趣宜御聞届不為成下候様、偏ニ奉願候、此段幾重ニも宜御詮議御執成可被下相願申候、以上

丑六月十七日　　勝興寺

前田式部殿

1 脇坂安董

中川清六郎殿
竹田掃部殿

右之趣ニ候処、其後御僉議之御様子ハ不承伝之、于時同年十一月勝興寺儀、江戸表へ依召出府旅宿下谷広徳寺境内桂香院へ従此方様被仰付、同廿一日聞番指添出府之段、寺社御奉行脇坂中務大輔[1]（才発仏学ニ長し記臆強しト云々）殿へ御届之処、御答ニハ勝興寺出府之段御届致承知候、以後御用有之候得ハ直ニ申渡候間御添使者ニ不及段御申聞有之

一、同廿五日勝興寺儀、築地末寺輪番へ御預ニ被相成候旨、金沢へ相知レ候ニ付、十二月六日寺社方与力池嶋友右衛門・武貞右衛門古国府へ罷越、勝興寺境内へ向、縮方等申渡ニ懸り候処、同夜ヨリ七日昼迄ニ壱万人計門徒共集り候、其趣意ハ五尊ヲ被引上候哉ト之疑、第一ニテ、友右衛門等申渡を中々聞入不申ニ付、寺中役僧等罷出右等之訳ニテハ無之段申入候得共、大勢之事故彼是及騒動候、御郡奉行進士求馬・小幡左門ハ在金沢ニ付、追々十村ヨリ以飛脚注進、就中一統申演候ハ先年勝興寺無住之節さへ触頭被相勤候、此度も左様成義無別条様ニと申聞及騒動ニ候ニ付、其義ハ別段ニ可相願旨友右衛門等申渡、同八日ヨリ金沢へ帰ル、其後ハ昼夜三十人程宛、堂へ詰在之、但江戸へも何廉之様子為見聞、越中門徒余程罷越有之候由也、右之後吉久ヨリ告来候趣ハ、友右衛門等五尊等取除候ハ公義御役人たり共可打殺と、各申合セ有之ニ無相違由也

一、同年十一月勝興寺ヲ寺社御奉行脇坂中務大夫殿へ御呼出、宗旨安心之趣御僉義ニ付、此覚書勝興寺家司原田逸進本郷御邸へ持参之写、左之通

於寺社御奉行所御尋等覚書

十一月廿五日於脇坂中務太輔殿ニ、則中務太輔殿御出座有之、大坂広教寺・拙僧一同ニ御呼出置、拙僧共安心ハ如何と御尋ニ付、安心之趣ハもろ〱の雑行・雑修・自力の心ヲふり捨て一心ニ阿弥陀如来後生助け給へと頼奉り、頼む一念に御たすけ治定と存候旨等申述懸り候処、右申述終らず内、其詞ヲ打消され候如くにて、それハ知れたる事に候、安心に三業ハ有之候哉否之旨御尋ニ付、帰命の一念にハおのつから三業ハ具し申候、教化門ニハ其沙汰ハ不仕候旨申述候得ハ、其具すると申ハ何の中に有之候哉之旨御尋ニ付、一宗の亀鑑たる文章の内ニ、如来の三業と行者の三業と一体になる所をさして、善導和尚は彼頃三業相捨離と釈し給ふ旨有之候趣ヲ申述懸り候処、是モ半ハ不申述内に、其儀ハ自然三業にて智洞と同事ニ候、近辺に内仏有之候時人有テ仏ヲ頼む時ハ、内仏へ向候哉否之旨御尋ニ付三業の儀、則ニハ拘り不申候得共、近辺に仏有れハ向ひ候道理ニ御座候旨申上候処、夫モ智洞と同し事之旨被申御座候ニ付、長州聞信院へ従本山指遣候連署にモ、三業具する之義ハ御座候旨申述候得ハ、夫ハいつの事ニ候哉と御尋ニ付、十七年以前之義ニ候旨御答申候処、其時分ヨリ間違候ト有之候、尤帰命弁以来之事ニ候、安心ハ只（カ）一心に頼之様有之候

此義如何と御申ニ付、於一宗蓮如上人御一代聞書と申書有之候、此書に聖人の御流ハ頼む一念の所肝要也、故ニ頼むといふ事ヲハ代々遊はし置れ候得共、委く何と頼めといふ事を知らさりき、然れハ前々住上人の御代に御文《フミ》ヲ御作り候て、雑行を捨て後生助け給

へと、一心に弥陀を頼めと明らかに知らせられ候、然ハ御再興の上人ニてましますもの也と有之候故、右之趣を申述懸り候得ハ、其聞書と申書ハ後人の集めたる物ニて、証拠ニハ成不申候、頼むといふハ疑ひはれて信する計に候旨御申御座候

一、先達テ中務太輔殿ヨリ御門主へ御尋ニ付、従御門主被及御答ニ、口書面拙僧共へ御よみ聞せ有之候処、安心の要文ハ、助け給ふ本願ぞと疑ひはれて、信する計ヲ相承の安心とする趣相認御座候、其余前後甚長文ニて、全記臆モ不仕候

一、私共儀祖師相承の安心ハ、先々御門主ヨリ直ニ相承仕候旨申上候得ハ、夫ハ御門主御同様ニ候、全体相承と云ハ御門主に有之事ニ候、其方共の相承と御門主の相承ハ違候哉、違候ならハ違候旨ヲ可申候、御門主へ相違返答次第厳敷御仕置ニ可被仰付候、其方共の相承と申立候ハ、我意ヲ申立ると申物ニ候旨御申ニ付、当於御門主ニモ代初ヨリ是迄数通の御書直命等有之、一向相違之義ハ無御座候旨申上候処、夫ハ於御門主ニモ行届不申と申物ニ候、左様之義有之故、か様ニ及惑乱ニ候旨御申御座候

一、能化智洞義ハ、前御門主めかねヲ以被申付候へハ、能化不正と申時ハ、前御門主モ不明と申ものニ候と旨申述候得ハ、左様非す、能化モ初ハ宜有之候得共、後ニ悪く相成候旨御申ニ付、去ル亥ノ年御門主ヨリ、法門之義ハ能化へ任すると被申渡候義御座候旨申述候得ハ、夫ハ其時の治め方ニヨリ候、左様なくてハ治り不申故之旨御申聞ニ御座候

一、被仰渡之趣会得仕兼候へ得と思慮之上申上度候旨申上候処、安心之義会得せぬとハ相済不申義ニ候、御門主仰の如く心得候得ハ宜候、其方共全躰心得違ニ候、とくと可及思慮

ニ候旨御申渡御座候、且又御吟味中築地輪番へ御預之段被仰渡、廿六日暁輪番へ御引渡ニ相成築地へ罷越申候

附記、勝興寺御預中ハ、家来モ附候事相成不申、築地ニテ何等も取計有之、築地家老某預りト申趣ニ候旨也

一、同月廿八日御呼出之西田金十郎殿等席ニて、此間御奉行ヨリ被仰聞候趣思慮有之候哉、如何ト被申聞候ニ付、安心之義ハ先ニ御門主ヨリ相承仕候義相違無御座候得共、此間段々被仰聞候趣ニテ、此上御奉行所之厳命と御座候得ハ、彼是可申上様無御座旨申述候処、安心之義ハ御門主ヨリ相承なれ共、義解学問の師匠ハ無之由、併師匠と云ものハなくてハならぬ物ニ候、義解の講釈ハ誰々ニ聞候哉と被相尋候ニ付、於自国ハ浦山村善巧寺僧鎔、氷見町西光寺先々住善意、先住善済、其外モ自国・他国之者共ヨリ講釈は聞申候旨申述候

一、何ヶ年上京不仕候哉之旨被相尋候ニ付、七ヶ年以前先門主、遷化之時分上京仕候、其後上京ハ不仕候旨申述候処、何故久々上京無之哉之旨被相尋候ニ付、一昨年本山宝門騒々敷相聞へ、且法義筋之義モ有之、見廻旁上京可仕処病気ニ付延引、尤快気之上上京可仕所存之処、自国之門末跡を慕ひ上京ヲ可仕様子ニ承り、人機騒立縮方ニも差障可申躰ニ付、加賀表へ及達ニ、且拙僧上京之義も及内達候処、上京差留ニ相成候旨申述候

一、拙僧年齢并住持ニ成候年数可申旨ニ付、年齢四十七歳罷成候義、且入院以来三十六年ニ罷成候趣申上候、右之分ニテ廿八日ハ退出被仰付候事

一、当月四日御呼出、尤中務太輔殿御出座ニテ、河州顕証寺初何モ御呼出置、夫々御糺等有

之候得共、拙僧ヘハ何等之御尋モ無御座候、其内被仰渡候ハ、勝興寺儀申候一通り相立候間、今日輪番預之義指免之候ト被仰渡候、猶輪番ヘモ其段被仰渡候、且家来之外他人面会相成不申、猶又他宗寺ヲ旅宿ト致候義如何敷候間、築地於寺中旅宿取計可申旨、輪番迄御役人中ヨリ被申渡、輪番ヨリ御請書指出候由、輪番ヨリ拙僧ヘモ申聞候、右之通ニテ退出被仰付候事

但、築地ニテ御預中罷在候処ヲ直くニ旅宿ト仕罷在候様輪番ヨリ取計、他人面会ヲ制し候ため、人を相添候旨輪番ヨリ申聞候番壱人宛差添置申候、

右、当四日迄ニ御尋等之趣如斯御座候、尤此外相洩候品モ可有御座候哉ニ候得共、細事等一々記憶モ仕兼、右大綱書上申候、以上

十二月　　勝興寺　印

十二月十二日於**脇坂中務太輔**殿御尋之趣、**西田金十郎**ヨリ被申聞大綱左之通

一、其方儀、於本山連枝何番目ニ候哉之旨被相尋候ニ付、慥ニハ覚不申候得共、十番歟十一番目ニ候之旨申述候

一、其方戒師ハ先々門主ニ候哉、入院之年月ハ覚無之哉之旨御尋ニ付、戒師ハ先之門主ニ御座候、入院ハ明和七年歟ト覚候旨申述候

一、其方儀、如何之様子ニテ致入院候哉之旨被相尋候ニ付、乍恐**相公**様御立帰被為在候ニ付、本山ヘ被為達仰、従**泰雲院**様モ被為仰入候義モ御座候旨、従本山拙僧ヘ被申付候趣申述

候

一、勝興寺手当ハ有之哉之旨被相尋候ニ付、寺領二百石有之候旨相答候処、其外ニモ有之候哉之旨被相尋候ニ付、御合力米千俵御座候旨申述候処、本領ハ先々ヨリ被附置候哉、御合力米ハいつ頃ヨリ被附候哉之旨被相尋候ニ付、本領ハ先々ヨリ被附置候趣、御合力米之義ハ乍恐相公様御立帰候砌、泰雲院様御附被為下候趣ヲ申述候

一、其方安心ハ先々門主ヨリ領解文の如く相承之由、弥左様ニ候哉之旨被相尋候ニ付、左様ニテ御座候、先々門主ヨリ教示ヲ請、領解文之如く後生助け給へと頼む一念に、往生一定と落居仕候旨相答申候

一、身柄之事故、人ヲ直ニ勧め候事ハ有之間敷候得共、若勧め候時ハ如何勧め候哉之旨被相尋候ニ付、人ヲ勧め候時ハもろ〳〵の雑行・雑修・自力の心を捨て一心に後生助け給へと頼めハ、御助け決定と勧候と申述候処、只後生助け給へと頼めといふてハ愚かなる人ハ合点参り不申候、其頼之様が有之候、如何と被申候テ安心之趣ヲ書立候書付ヲ被読聞、此書付之通ニ候哉、又何か違候事有之候哉ト被尋候ニ付、三業之義ハ教化門ニハ沙汰不仕候、先日御尋之節於内仏前ニ頼む時ハいかゝと被仰候ニ付、仏前なれハ向ひ候段申上候、障子一重ニても隔候得ハ、求て向ひ候得トハ不申上候、只後生助け給へと頼めと勧め申候旨申述候処、それニては一向相分り不申候、頼之様無之てハ相成不申候ト申聞ニ付、拙僧儀ハ先々門主ヨリ受候通り、後生助け給へと頼めハ、如来の御助けと勧め候計ニ候旨申述候処、一向相分り不申候旨高声ニ叱り被申候

一、御堂等にて仏前ニ向ひ業ニ顕れ身業ニ礼拝し助け給へと頼むと心ニ、一念発動するモの二ッ有之候旨被申聞候ニ付、三業之義ハ儀則に不抱と御門主の示し有之、元ヨリ身口之義ハ後生の為に成とモ非らす、後生助け給へと頼む計ニ御座候旨申述候得ハ、近頃三業之儀悪しと心得て、左様に申欤と見へ候、陣せす候て元の領解の如く申せよと被申聞候ニ付、中〱陣し申義ハ無御座候、三業之義ハ元ヨリ沙汰ニハ不及と申述候得ハ、何れニモ事分り不申と被申聞候、先退候様ニと被申聞、別席へ退申候

一、右別席へ小検使**丸毛銀兵衛**罷出被申聞候ハ、只今御尋之義御答相分り兼申候、何といふ欤言わぬ欤の二ッに候、慥ニ御答御座候様可被成候、御身柄之事ニ御座候得ハ、御分り兼候モ御尤ニ御座候得共、其御心得可被成と被申聞候

一、又拙僧別席ヨリ御呼出之上、**西田金十郎**殿越中古国府とハ古国府村ニテハ無之哉之旨被相尋候ニ付、古国府と称し村トハ不申旨申述候

一、勝興寺ニ門徒モ可有之候、何程有之候哉、門徒への教化法儀懸りと申ハ、役僧相勤候哉之旨被尋候ニ付、別ニ法義懸りと申義ハ無御座候、惣テ俗役等罷出取計申候旨申述候得ハ、俗役之義ハ不及貪着候、其門徒共ハ役僧共教化申候哉、尤其方心得之通り、役僧へ被申付候ニテ可有之哉と被申聞候ニ付、左様ニテ御座候、門徒共皆役僧へ預置候旨申述候

一、役僧と申ハ寺中欤、何ヶ寺有之候哉ト被尋候ニ付、五ヶ寺有之候、尤遠所留守居役僧六ヶ寺御座候、是モ同様ニ門徒預置候旨申述候処、遠所ニ寺ハ有之間敷と被申候ニ付、呼寺号ニテ御座候と申述候得ハ、左様可有候末寺ハ何程有之候哉と被尋候ニ付、其数しかと

覚不申旨申述候処、越中一国致支配候哉と被尋候ニ付、左様ニテ御座候、尤本山ヨリ与力寺被附置候右与力寺之内、用事次第役僧ニも召仕候旨申述候

一、先刻申候頼やく之事如何ニ候哉ト被尋候ニ付、後生助け給へと頼めト勧め候旨申述候処、それニてハ分り不申候、如来に向ひ後生助け給へと申時ハ、広教寺ト同意ニ候、一念の信発動する時、往生定り候と申時ハ亳摂寺ト同意ニ候、其方安心之処是迄間違候事不改てハ成不申候、何程も当門主の被申候通ニてならてハ不相成候、院ニ亳摂寺号ニて其方広教寺ト二途ニ相成候義ハ済ぬ義故、及吟味候義ニ候旨被申聞候ニ付、亳摂寺ニハ同し不申旨申述候

一、木画之像ニ向不向ニよらぬ義ニ候得共、後生助け給へと頼む時ハおのつから身口ニ顕れ候事と被申候ニ付、左様ニ御座候旨答申候

一、其方不致上京候ハ、最初病気快気後可致上京候処、門末一同ニ人機騒立縮り方ニ相障候ニ付其段相達、其方上京之義及内達候処、上京之義国公ヨリ被指留候儀、是又上京致度トハ本山へ見廻之為ニテハ有之間敷、法義之事学林方不正と相成候段、承候テ之事ニテ可有之と被申候ニ付左様ニ御座候、見廻も申度且法義之儀モ承度、彼是上京可仕ト存候義も御座候、猶又其後国方一派一統上京之義指留被申候旨申述候処、其段其方へ被申付候哉之旨被相尋候ニ付、領内一統へ御申渡候、猶拙寺へモ被申渡候旨答申候

一、先々退候様ニと之事ニテ別席へ退申候処、小検使丸毛銀兵衛罷出被申聞候ハ先々門主・先門主之義を被仰立候テも、死去候人々之義ハ御取上無之候、当時之御門主ニ仰候通ニて

無之テハ相済不申候、但御門主か悪く候か、よく候とか一口にいふて仕廻可申事ニ候、当地ニてモ御先代様方之事も当従御代被仰触候時ハ御先代之事さらりと流れ申候ト被申聞候、右之通ニテ退出被仰付候事

一、右十二日拙僧御呼出之事、築地輪番ヨリ申渡候得共、以来ハ輪番ヘハ不被仰渡、拙僧へ直ニ可被仰聞と云之事ニ候由輪番申聞候事

右当十二日御尋之趣大綱如斯ニ御座候、以上

十二月　　勝興寺

一、同十八日勝興寺御呼出一件末ニ記之

一、江戸表首尾右ニ記候通ニテ、江戸表ヘ供致し罷越有之候家来・重立候者共之僉議ニハ、勝興寺最早危難之場ニ至り、公辺被仰渡之趣御請無之時ハ御法之程も難計、然ハ勝興寺御手前容易ニ可埒明事も有之間敷候間、先御請有之、追テ之願方も可有之義、此趣可然との遂内談、依之十一月廿八日御呼出之節、奉行所之厳命なれハ彼是可申上様無之旨之御請被申述、于時旅宿入用金も指支候ニ付、家司**金橋左膳**、役僧牧野村**本徳寺**・石田村**清光寺**江戸発足、十二月廿八日古国府ヘ帰り配下重立候寺々呼集、逐示談入用金調達之義示合、扨門徒重立候講中之内呼集、右之示談申述候処、聊不致承引

一説ニハ其座ニ有合候大火鉢を右**左膳**等ヘ投付候処、柱ニ当り候ニ付無怪我候、**左膳**等ハ其儀逃去り候テヨリ何方ヘ参り候哉相知レ不申旨、云々

扨又惣門徒之族、江戸表前件之趣を承り甚憤り、追々馳集り多人数ニ相成候ニ付、留守

居番**西田甚右衛門**等出合色々と申宥め、漸ニ先為致退散候、夫ヨリ右門徒等各申談、帰命弁之通ニ被成下候様願書相認、金沢ヘ参り相願候趣左之通

御公裁之大綱伝聞仕候ニ付、同志之者共趣意奉申上候

一、相承ハ**御門主**にあり、其外ハ我意を立ルト被仰渡候事、右ニ付私共奉存候ハ**御連枝**様ハ先々住**法如上人**様ヨリ面授候決之御法脈ニ候、乍恐当**御門主**様ハ却テ御幼弱之砌ニ御座候、仮令**御門主**様ニてモ御心得違不被遊とハ難申候、高祖聖人之御代**慈信房善鸞上人**ハ第一之君達ニ候得共、聖人之御法脈不伝候

一、先々住・先住ハ死たる人証拠ニならず、御当地トテモ御先代之儀も御当代ニ御触渡有之時ハ、御先代ハさらりとト流申ト被仰渡之事

乍恐奉存候孝弟忠信之道ハ三皇五帝之法則、歴代之御政事、御当代にも御改変不可有候、本願寺歴代相承ハ一念帰命之安心、阿弥陀如来後生助け給へとたのむ事ハ先王の法則の如く、今更不可有改流ト奉存候

一、当**御門跡様**御代始之御書ト申ハ御相承迄ニ御座候故、**勝興寺**殿ヨリ被仰上候得ハ、夫ハ当**御門主**不行届時分と被仰候事

同志共申合候御筆初之御書ト申ハ、**前住**様御意書之侭ヲ御認御染筆被遊候事ニ候、然ハ御遺書虚談ニ相聞候、又**前住**様も不行届ト申御趣意ニ相当り申候、都テ当御代六通之御書御取揚被遊、此度之御直書通ニ被仰立候時ハ弥御改流ニ相成申候

一、御一代聞書と申書ハ後人之集にして証拠に成らすと被仰候事

一派之相承ニ真宗法要ト申編集被成、御明証ニ御座候、
且又御代々御書御直命候御引用被遊候聖教ニ御座候
一、蓮如ハ蓮如之時代ト被仰候事
凡御代々蓮如上人を中興ト格別ニ御尊崇被遊候事、御文章領解文を安心之亀鑑ト被成
候、中興ト御据捨遊候時ハ安心之定則ヲ失候、法道悉中興を以古代を知事ニ候、何れモ
中興を貴申事ニ候
一、領解文之上、後生助け給へとたのむ所ニ可有心得ト被仰候事
御文章領解文ハ文相之如く領解可致文相之外ニハ意味深長有へからすト前住上人も被
仰候、若文相之外ニ可有心得候事ニ候ハ愚痴之者、領解ハ難成候、弥御改流ニ相当り申
候
一、自然三業之事、大ニ破付《（ママ）》被遊候事
往生之正因信之一念ニ三業自然必具之儀ハ文証道理御文章等分明ニ御座候、幾返成共
可申上候、尚又義解ニ付てハ諸宗一同ニ三業を廃捨仕候てハ法門ハ立不申候、此度能化
浄教寺三業不正ト被仰立候時ハ、前六代之能化不正ニ相成申候、左候得ハ御前代御門
主十八世相承一時ニ不正ニ落入申候
此外御公裁伝聞仕候事も御座候得共、右大綱如斯ニ御座候、右之趣ハ同志一統此度御公
儀之大凡難奉得其意奉存候、此段御本山へ御糺御願申上度存念ニ罷在申候、何卒御聞召
置被下候ハ難有忝可奉存候、以上
射水砺波

同志法中

正月

寺社御奉行所

右之外、口上書等持参、長文其上為指越ニテ無之ニ付略ス

一、文化三年正月二日高岡教栄寺ハ勝興寺役僧ニ付、右寺へ寺庵五十僧計并門徒・百姓等も夥敷罷越、右願之趣申達、彼是及騒動ニ候由也

一、同正月八日越中百姓三十人計金沢へ出、堀川筋ニテ先西末寺へ参、右左膳等行衛を尋有之候処、追々大勢連ニテ罷越、彼筋往来も支候族、西末寺ハ大門大扉・左右之小扉をも開き行尊門を締め、行尊門之隠シ御門之くゞりを明置通し候、右之族ニ付近廻釣提灯暨百間四方之町家自身番勤之、町会所改方ヨリも足軽等指出之、同夜ニ至八百人計来集、翌九日朝ハ三千人計ニ相成、右末寺行尊之隠シ門之内ニ葭簀を以仮番所を建之、幕ヲ打置、追々来る者を何郡・何村・肝煎誰組と帳面ニ記之候テ入之、堂前ニ唐竹を結付右之通札ニ記、蓑笠ニ附候テ一党ニ括り付候、九日昼ニ至り候テハ六千人余ニ相成、末寺前酒屋ニテ飯を炊き、於末寺内ニも大釜三ツを以焚立て、堂内大抵八千人計治り可申候得共、十日朝迄ニ八千人、同日夕方迄九千三百人計、十一日朝ニ至てハ壱万人余、同日夕方迄ニ壱万三千人計、能州ヨリも三千人計、都合壱万六千人余も段々相増、堂内へ難治り候ニ付、境内照円寺を初塔中・土蔵・納屋迄も入置てテ御坊方三百ヶ寺余罷出、寺社奉行御用番竹田掃部宅へモも夜御坊等罷出、百姓願方ハ右ニ有之通并御口上書之趣共ハ是迄告白之通安心ニ被成置可被下候、只今転し候テハ是迄ニ死去りし者共へも済不申との願方也

一、十一日昼、米問屋ヨリ米三拾石取寄、前段之通并近辺町家ニテも炊之、近辺菜茎漬・朝漬大根類等も八日以来之用ニ悉く尽、金沢町中大家共ヨリ香之物・漬物指出、握り飯ニ添為給候由、且御坊方申分ハ種々ニヤ抑ヘ候得共、百姓共不致承引ニ付、拙僧共不罷出候ハ却テ御難題之筋可致出来哉ト存罷出候旨之申述ニて、御坊方も追々集り、同日暮前ニ至テハ末寺之内并近辺之井戸水モ渇候段ニ候旨也、一説米三十石被下候旨申候得共、此義ハ無之事、附会之説也

又一説十一日朝、従

相公様御内々足軽を以、右百姓共等食物等不指支哉之旨、就御尋ニ、末寺役僧御請ニハ先指支無御座段申上、但家具等之賄ハ迚も相成不申ニ付、握り飯手桶半切等ニ盛出し、菜ハ大根等之香物迄ニテ為給候、且彼地ヨリ米持参仕候者も有之由等右足軽迄申述候処、右之趣共達御聴御取払之趣を以、御台所貯之香之物夥敷被下之、其趣末寺役人為申聞候処、何も難有がり給不申、紙ニ包之致懐中候由、専沙汰有之候得共、是又一向無之附会之説也、附右之内米持参之者も有之義ハ無相違事ト云々

一、十二日暁、西末寺ヘ御扶持人十村石川郡田井村**次郎吉**・田中村**三左衛門**・福留村**六郎右衛門**・渕上村**源五郎**、河北郡御所村**長次郎**・酒見村**八三郎**・南森下村**金右衛門**・北川尻村**市十郎**都合八人罷越、照円寺役僧立会、左之被仰渡之趣申渡候処、何も御請仕追々引退、其節大手下ヘ罷出平伏仕、御城を拝し罷帰候、逗留中至テ行義宣罷在候旨、但此節越中之十村出府之者無之ニ付、加州之御扶持人十村を以被仰渡候也

十一日御年寄衆御用番村井又兵衛殿ヨリ御算用場奉行ヘ被仰渡候覚書左之通

西方宗意安心一件ニ付、願之趣逐僉議候間、何も早速致退散候様可被申渡候事

一、十一日御年寄衆等御城御退出及暮候事

一、右、門徒発立之訳ハ勝興寺ヘ於江戸開山以来ヨリ之教方を守候様、従公儀之被仰渡を御請有之儀を門徒之族大ニ憤り、勝興寺於帰郷ニハ可打毀と待居候由、依之迚も古国府ヘ被帰候事ハ容易ニ難成ト云々、但門徒族ハ帰命弁之教方を親鸞以来之教方と心得違も有之由云々

一、右勝興寺御預御免ニ有之節、聞番引請之、築地ヘハ不遣之、致同道候テ御屋敷ヘニテモ可帰筈之処、此義手抜と風説之事、但最初御預之節も何分申張、御屋敷ヘ引請可有同道筈、是又手抜と江戸町方等風説之由也

一、去丑之年ヨリ京・大坂・長門等ヘ外為用事右宗意等功者之者参有之、寅二月上旬文化三年也金沢ヘ帰郷申聞候ハ当時西本願寺勝手方難渋至極、其訳ハ是迄年分拾万石計之入方ニ候処、去年以来諸国ヨリ上ケ不申ニ付、当時最早被成方無之、宝物を質物ニ入、日を被送候族、只今之躰ニテハ今半年計も安心筋落着無之候ハ最早要脚尽果、潰れ切ニ可相成為躰ニ候、当時御普請と申立ニテ本堂を縮め釈迦堂之仏を移し有之、実ハ御自分御礼と聞ヘ候旨、扨亦、京・大坂其外も当御門主ヘ荷担之者半分計、勝興寺ヘも半分ニテ甚六ケ敷躰、勝興寺勝手成候ハヽ、以後勝興寺ハ本願寺同様之繁栄ニ可相成、然時ハ本願寺方起立可申躰いかゝ相成儀哉と上方ニても区説之由申聞候事

一、寅正月、従西本願寺使者鈴木権次郎と申者、富山ヘ下り、勝興寺与力寺門徒等ヘ懸合、甚六ケ敷相成、富山寺社奉行ヘ申達、奉行ヨリ申渡ニテ懸所相改五尊を取揚、依之富山御領百姓等起り立候、右之趣ニ候ハ淡路守様入御耳、其上此方様ヘも御内談之上、可有御取捌処、左様之義無之、如何之訳合と只今此方様寺社奉行中等ヨリ申遣、懸合ニ相成有之

一説ニ右鈴木権次郎と申ハ雇者類ニテ廻シ者手段有之使者之躰ニも候旨風説之事

一、同十日惣門徒ヨリ指出候願之趣口上書左之通

乍恐口上書を以奉願上候

御法儀一件ニ付、去年十一月古国府勝興寺様江戸表被成御出府、関東寺社御奉行所ニおゐて重々御懸合御座候処、段々御宗旨従御開山様御相承之趣被仰立候得共、一向御聞入無御座、夫ハ過去りし候人々申候御証拠ニハ難相成、当御門跡様御染筆之御書七通之間ニ被相調候事故、諸国惑乱之基とハ相成候等ト理不尽成申分なから、兎角御本山御直筆を以押立、是非〳〵御請御申上候様被仰渡候御様子ニ候得共、越中御連枝様曽テ御請ハ無御座候、弥御請不被成時ハ、公義之厳命ニ背ト有之、重き御仕置ニ可被仰付ト之御事、私共承り昼夜歎悲之、前後忘却仕候、夫ニ付勝興寺様御家司中ニテハ御身上危急之場ニ及ひ候故、一先御請被成、御帰国之上又いか様共御取計も可有御座段一決いたし、則寺社御奉行様ヘ願書指上可申由風聞承り、扨々歎敷奉存候、尤御家来之身トして御主人御大切ニ存、忠義之上ヨリ右躰ニ被相頼候儀ハ道理至極ニ奉存候得とも、若哉其願之通御請印被為成候時ハ、兼テ御

連枝様へ被仰も徒ら事ニ相成、其上御宗旨之安心滅亡可仕、尤私共等末之一大事ニ付テハ、真実之親様ト奉存候得ハ、御身之上之程を愚かにハ不奉思、いか計歎ケ敷心痛仕候得共、返々御請印被為成候時ハ公義之厳命御随ひ、曁御本山より江戸表へ被遣候御直書通りニも御随ひ之儀ニテ関東表ハ首尾能事済可申哉ニも奉存候得共、左様候テハ正意(虫)□安心、御代々御相承之趣、最早可相立時節ハ無御座候得ハ、誠ニどこ〳〵迄も御請不被遊候様一統奉願上度、此段幾重ニも宜御取計可被下候、将又当月十八日御場初ニハ如何御詮議相済可申哉、甚不安心至極ニ御座候故、在ニ在られず、当御坊へ参集仕候、何分愚昧之私共、是迄会得之通聊間違無之、御太守様之御慈悲ニ随ひ奉るより外無御座、命を限りニ一統同心仕、御願奉申上候、右前段之趣、私共手先御才料衆へ相願可申候筈ニ御座候得共隙取申事故、無是非乍手違御坊所迄罷成御嘆き申上候、何れ之道ニも正意御安心、是迄之通相立候様御殿様之御威光を以御慈悲之上御取計被下候ハ生々いか計難有忝可奉存候儀ニ御座候、以上

文化三年正月十日　越中惣中

御坊所御役僧衆中

一、重テ御用番より被仰渡左之通

付札　御算用場奉行へ

西方一向宗安心一件ニ付、御郡方等之者共、願之趣有之旨ニテ、此度西末寺へ人多ニ集候儀不届ニ候、乍然右宗門一概ニ存込、無拠躰ニ候間、願之趣可遂僉議候、若此後公辺之依御沙汰等騒ケ敷為躰有之候ハ、其次第ニよつて急度可被仰付候、左候テハ願之趣意ニも

相障申義ニ候条、此等之所致会得、家業・耕作無怠相勤、聊事々敷族無之様、末々迄綿密ニ可申渡旨、夫々可被申談候事

正月

西方一向宗門徒共願之儀ニ付、別紙之通御用番又兵衛殿被申聞候、先以今度西末寺へ人多ニ集候儀ハ不届之儀ニ候処、願之趣意無拠儀ニ付江戸表へ御申上、夫々可被遂御僉議旨、格別之被仰渡ニ候条、末々迄心得違無之様、入念ニ申聞せ、此後聊も不埒之族無之様、急度可被申渡候、以上

正月十九日　　御算用場

改作御奉行中

一、正月□(空)日、勝興寺ヨリ於江戸左京殿等宛所ニテ被指出候紙面等、左之通

旧臘十八日、御奉行所へ拙僧御呼出ニテ段々御糺、御答申候趣等帳面ニ相認、早速差出申度奉存候処、拙僧気滞ニ付延引仕候、于時右御答等之趣ハ別紙之通ニテ、従御門主御奉行所へ申来居候趣ハ当流之安心ハ南無阿弥陀仏之六字也、其南無と頼む拙きも助け給ふ阿弥陀仏の法も皆仏之方ニ成就し給ふ、本願成就の阿弥陀如来の御袖にひしとすかりまいらする思ひをなして一念信するはかり也と申趣を御読聞ニ御座候、右一念信すると申ハ、則頼む事ニ候得ハ一宗極意之安心とハ此外無他事義ニ候間、御請ハ仕候得共、右之趣依仰今更初テ存付候儀ニも無之候得ハ珍敷義ニも無之候故、心得違仕罷在候等と申御請ハ不仕儀ニ御座候、于時十八日、多分御場初ニ御呼立、印等御取受ニも可有之哉ト奉存候、

其節右之趣計被仰渡候得ハ何之申分無之義ニ御座候得共、領解文之内必増減有之候テ被
仰渡可有之哉ト奉存候、左候テハ数代領解文之通り教導仕来り候処、増減有之候テハ宗意
相改申形ニ相成申義ニ御座候間、十八日ニハ右之趣を以御奉行所ヘ申上、右御門主被申
上置被仰渡候、安心ハ六字ニ止り候事等、前段も申述、被仰渡之趣、急度奉畏候、尤去
冬以来御糺御座候三業等之儀ハ是迄彼是たより申聞候義ニ付、請答仕候事ハ有之候得共、
与力門下之三業及教示候筋、毛頭無御座候、乍併門下之者共之内、京地ヘ罷越申者共多
候間、先ハ無之事なから、若万一於彼地流布之三業承之罷帰、密ニ相述申者無之ト申義、
堅くハ難申上候間、拙僧罷帰候上、寄々承置之、若於有之ハ急度相糺、拙僧手切ニ不及
候ハ御訴も可申上義と奉存候、依テ蓮如上人以来一宗之亀鑑たる領解文之通り少も増減
も無之、是迄之通及教示申度奉存候旨を御奉行所ヘ可申上候ト奉存候、其通ト被仰渡候
得ハ難有候、御請印も可仕候、若又領解文之通りを以教導仕儀御聞済於無之ハ御門主被
仰聞候事ニテ、しかも御奉行所ヨリ被仰渡候義ハ私迄之義ハ随分御請も可仕候得共、此度
罷帰与力門末ヘ申渡候様ニとの義ハ是迄領解文之通り少之無増減承込罷在候者共之義ニ
候得ハ只今被仰渡之通納得為仕候儀ハ迚も行届不申儀ト奉存候間、与力寺等、追々御呼
出之上、御教導被成下候様仕度奉願候旨可申上より外無之候間、此儀ニ決心仕候条、此
段入御聞置度、書面を以如斯御座候、以上

寅正月

越中古国府
勝興寺印

1竈摂寺は毫摂寺の誤り。以下同じ

奥村左京様
本多勘解由様
十二月十八日拙僧儀、**脇坂中務大輔**殿ヘ御呼出、御尋之趣、**星野鉄三郎**殿被申聞候儀、大綱左之通ニ御座候
但、河内顕証寺・摂州小浜竈摂寺[1](毫)・大坂広教寺・拙僧共四人一同ニ御呼出御座候

一、**鉄三郎**殿被申聞候ハ顕証寺ヘハ此間申候通ニ候、竈摂寺ハいまた安心之事不承候、依テ於此方、是迄承糺候安心之趣書記、御門主ヘ相達候処、其通相違無之旨申来候、右書付為読聞候間、承之候テ、若自分心得之趣ト相違有之候ハ可申聞旨被申聞候テ書付被読立候、其趣意ハ安心之趣を述候テ後生助け給へと示し、其願之やうハ疑なく信する計也ト申趣を示し、又助け給へと機辺(変カ)ニ付時ハ自力ニ相成候、又々助け給へト頼む時、おのつから三業ニ流るゝと申趣意、右被読立候上心得之趣ト相違無之哉之旨被相尋候処、其通相心得罷在申候旨竈摂寺被申述候

一、**中務太輔**殿ヘ兼テ御門主ヨリ被指出置候相承安心書と申物を被読聞、其趣意之肝要ハ当流之安心といふは南無阿弥陀仏の六字也、其南無ト頼む拙モ助け給ふ阿弥陀仏の法も皆仏の方ニ成就し給ふ、本願成就の阿弥陀如来の御袖にひしとすがりまいらする思ひをなして、一念信するはかり也と申趣意ニ御座候、右御読立之上、広教寺・勝興寺、此趣能々聞候様ニと被申候ニ付、広教寺申候ハ、とくと拝聴仕候、私迄心得違之趣、恐入申候旨申述候

一、勝興寺儀ハ此方直ニ承候ニてハ無之候得共、いまた合点の行ぬ様子ニ相見へ候旨被申候ニ付、拙僧相答候ハ何分以来之義ハ奉畏候旨申述候処、於奉行所ニ申聞候事ニ候得ハ畏り不申候テハ相成不申候、併法門之事ニ候得ハ合点参り不申所ハ可申上候、全躰是迄何と心得居候哉と被申聞候ニ付、安心之亀鑑、領解文の如く後生助け給へと頼む一念ニ往生治定と心得居申候、又他を勧め候モ右之通ニ御座候旨申述候処、御文章領解文を安心の亀鑑ニする事ハ知れたる事ニ候、一宗の僧俗、誰にても其通心得ざる者ハ無之候、其領解文を彼是と申者ハ不正義ニ候、併右領解文之通心得候ヘハ宜候得共、左ニも非す、夫ヨリ三業帰命、自然三業ヘ流れ候ト被申候処、顕証寺申候ハ、仰之通其所肝要ニ御座候、それヨリ三業ヘ流れ出候と申述候

一、**鉄三郎**殿ヨリ拙僧ヘ被申候ハ、其方越中ヘ罷越、心得違と申ニても無之候得共、其通思ひ込候ト相見へ候、越中ニテ御門主同様ニ尊敬せられ候事なれは心得違有之候ては相済不申候、勿論思ひ込たる事ハ身柄にても改にくき物ニ候得共、合点すへく候、直ニ門徒を教化せず共、役僧・末寺等ニ申付、教化致させ候ても其心得なくてハ相分り不申候、とくと致合点可然候、又先年より御門主判断書等有之候得共、それハ其時に当りての取計方と申物ニて、それを証拠ニ取候てハ相済不申、能々心得候様ニと被申聞候ニ付、於私三業之儀を教化ニハ不仕候、只領解文の如く、後生助け給へと勧め申候旨申述候得ハ左候得ハ助け給へと勧むる時ハ自然三業にておのつから身口ニも顕るゝにてハ無之哉と御申候ニ付、後生助け給へと頼む一念に往生ハ治定すれ共、姿之顕るゝものも有、顕れぬも

のも御座候旨申述候処、其顕るゝ者もあり顕れぬ者も有といふ時ハ直に二途に成る也、助け給へと思ふ一念に往生治定するとの一念といふハ信楽開発之時節之極促を顕す等信之巻の書文を引被申候て、一念に往生治定すれは其相を不待もの也、親鸞上人の教ハ他宗と違ひ三業の沙汰ハ信の場にハ入らぬものニ候旨被申聞候ニ付、已来之儀ハ相心得、会得仕候旨拙僧申述候処、已来之義心得候と申候ても、口にばかり申候てハ相済不申、得と会得可有之候、其方儀ハ外之事ハ無之候、只安心之義を尋候ため呼出し候、承り候得ハ安心之趣心得違之様ニ相聞候、全体於連枝之内ニケ様ニ致相違候テハ相済不申候、元来此儀奉行所ヨリ申渡す儀ニても無之候得共、御門主之被申述趣申聞候儀ニ候、能々致会得候様ニと被申聞候

右之通ニテ先ツ退候様ニと被申渡、致退出候事

右旧臘十八日御尋等之大綱如斯ニ御座候、以上

寅正月　勝興寺印

一、濃州村々西本願寺派僧俗共、新義・古義と二途ニ引分れ、宗意及争論、人気不穏、当時本山学頭浄教寺智洞より入門六条と申書を門徒中ヘ相授、三業之規則を相弘め、又本山於学校も近頃専新義を致講釈候故、諸国之者共及争論、此節濃州表ヘ使僧を被指向候得共、右躰本山ニ於て新義被相弘、末々不相糺之族会得不致事、右之趣意不承内ハ糺難受、拙僧俗一統ニ申立及難渋ニ候趣相聞候、祖師相承之宗意二途有之間敷、当時二途ニ引分れ候上ハ何れ一方ハ新義、又不正義ニ可有之処、去年来より奉行所ヨリハ取納方之義

申達候処、其糺手間取、今以落着不致候故、百姓共騒立申次第ニ相成候段、如何ニ相聞候、尾州国許之者共、申立候者共申立候趣ニテハ、浄教寺智洞不埒ニ相聞候、併右一方之申立故、治定ハ不致様ニ候得共何れニも本山学林之内三業頼之新義を相弘候僧俗有之ニ無紛候処、右躰之者共を何程相納候共、屈伏致す道理無之事勿論ニ候、若御法中ニテ難相納趣意有之候ハ、公義ヘ可被仰立事ニ候、愚昧之門徒共、従来祖師相承之宗意ト相心得致信仰罷在候を、同宗之内ニテ三業頼等ト新義之儀ヲ相弘メ候テハ、宗意致惑乱候ハ尤之事ニ相聞候、右ニ付渡世を相失ひ片時も難捨置意得、此上之取計も宗意より事ノ起り、百姓共騒立可申哉も難計程之事ニ相成候段、不容易之義ニテ法義之筋とハ乍申、於公義ニ難打捨置次第ニ候間、濃州表ヘ被指向候使僧引払、三業規則又ハ宗意心得違之趣を致講釈、宗意二途ニ相成起り候を急速ニ遂糺明、其始末可被申聞候

右伺之上、御老中方指図を請、相達候間、其方共之内壱人致上京、御門跡ヘ可申達候

右ハ寺社御奉行所ヨリ築地輪番ヘ被仰渡候御達書之写也、是二三ケ年以前之事ニ御座候

一、公辺御役人衆聞合之趣、聞番**牧昌左衛門**ヨリ指出候紙面写、当十七日御渡御座候、越中砺波郡西光寺等十ケ寺ヘ同郡専勝寺等十二ケ寺ヨリ勝興寺留守居ヘ指出候願書両通并勝興寺留守居役僧教恩寺ヨリ御国許寺社御奉行中ヘ指出候紙面、且私共申述之趣御認御渡并当十一日之頃、金沢末寺ヘ人多ニ相集り候躰等有増被仰聞、公辺向御内々承合之趣も被仰渡候ニ付、則此間中、公辺御役人中ヘ罷越、夫々御内談仕候処、書付之文意并人多ニ騒立候趣、何方之国とても同様之事ニテ敢テ彼是御心配程之事ニテモ無御座、勿論先達テ以

1 松平治好（福井藩十三代）

来御縮方之義、厳重ニ被仰渡置候上ハ、抜け〳〵罷出候とて、敢テ御手抜等と申、於公辺ニ評義可有御座候様も無御座候、乍然今般与力門下之寺院書付之趣も有之、只今御咄有之候何之弁も無之騒立候様成趣も有之候得ハ、此時公辺ヘ御達無之候テも如何ニ候間、願書付御取揃、御別紙御添、**戸田采女正**殿ヘ御用御頼之御様子ニ候間、御同人御勝手ヘ御達被成、御同人御指図次第ニ御心得、且ケ様ニ御老中方ヘ御達被成候段御認被成、**脇坂中務太輔**殿ヘも御差出被成候得ハ、何日ニ御都合可然旨ニ被致候由、則**松平越前守**[1]殿ニも同様之振ニ御座候間、何れ共宜御挨拶ニ被及ニテ可有御座旨御申聞ニ付、尚更御内談之上、別紙ニ添削仕候旨御達被申候、就中宗意之義ハ尤難被及御貪着筋ニ御座候得共、凡愚之者何等之弁も無御座御引取之儀を相願申義ハ御領国ニも限り不申、**越前守**殿御領分等も同様之趣ニ御座候、尤宗意之義ハ御取揚難被成筋合之義ハ勿論之義ニ候得共、御領国之寺庵之義ニ候間、願之筋ハ如何様成共存分限り書付差出可申、夫々御達被成、先ニテ可有之段、先以右書付、領解文之通りニ増減可有之哉等と申処、指越人たる邪宗ニ候得共、公辺裁断之上ハ明白ニ何れも合点参り申ニテ可有之、尤右裁断之上ニテも人々合点之不参儀、或ハ会得致兼候趣も於有之ハ、其時ニ至り存分有たけ又々以書付相願可申、何様ニても願之通公辺ヘ御達可被成遣、与力門下等騒々敷彼是申たりとて夫を以、勝興寺等指障ニハ相成候ても、為ニ相成候義ハ有間敷、与力寺門末之者共、人々之所業を相守り、公辺之裁断を相待罷在候様ニ被仰渡、尤当時ハ勿論、頓テ裁断之上とても心得兼候趣ハ願方有之候得ハ、書付御取立、公辺ヘ御差出被成候テ可然、於公辺ニ御詮議之通、其者共能々会得之相成候様ニ申渡可有之候、越前守殿御領分其外ニても、則右之振ニ御座候段御申聞、且領解文通ニ相成候様仕度ト申、与力寺等願之趣、尤一宗之亀鑑たる領解文ニ増減してはたまらぬ事、人々邪宗を以色々トつふやき候品ニ候得共、公義裁断之上ハ誠ニ人々興をさまし只今迄無用之義願出候事よと其時初て合点参り可有之候、先以今般之義ハ御領内計之事ニテハ無之、日本国中之義ニ候故、於公辺精誠御詮議も有之事ニ候得ハ中々うさん成不明之裁断ニテ相済申事ニテも無御座、御領国与力寺庵ヨリ彼是申候共、右之御含を以被仰渡置候ハ可御宜候ト存候旨御申聞被成候、且右取結たる所々趣意今程ハ連枝方ニも能々屈服発明有之候得共、とかく与力寺等ヘ対し難渋之躰、此処ハ中務太輔殿初御役人衆ニハ是又能推量も御座候由、下々迄も其処会得候者も可有之躰ニ候、併公辺之御裁断相済候上ニテハ前条之通ニ候得ハ、是迄之所諸国共ニ御領主等ヘ申立候義、所々御領主ハ不及申ニ世上ヘ対シ候テも面目を失ひ候事を先知、或ハ邪宗等ニテ依テ俗ニ申まけおしみとやらんニテ只今之内、当十八日御裁断等有之と申ふらし、諸国を騒かし申義ニも相聞ヘ何れ諸国共同様之趣之旨、是ハ畢竟此表ヨリ内通ニよりて之騒々敷儀、御国等も其筈之旨、公辺ニてハ疾く推察有之候得共、是体成事ニハ、尤不被及御貪着候御様子ニ御座候、依テ御達申上候、以上

正月廿一日　　牧　昌左衛門

奥村左京様

本多勘解由様

西方一向宗安心之義、当時於公義御才判中之処、是迄之宗意及改変候様致伝聞候躰ニテ、勝興寺与力寺を初追々願之趣書付差出、西光寺へも御郡方之者等多人数罷出、願之趣申立候旨ニ候、元来宗意之儀ハ御国政ニ不拘義ニ候ヘハ公辺ヘ彼是被仰立候筋ニテハ無之、於御上御題〔難カ〕題成義ニ候得共、願書御取立之上ハ御達方も可有之候、乍去公義御才断之程ハ難計義ニ候、若此上御才断有之候ハ、其御主意能致熟読、猶会得難調願之趣も有之候ハ、其筋ニハ穏便ニ相願可申候、左候ハ其品ニヨリ猶又御達方も可有之候、御才断之様子及伝聞、其主意も不致会得、慢りニ騒々敷義、決テ有之間敷候、御才判之上たり共願之趣ハ品に寄、年月を経候共可被御達遣候、惣テ公辺御才判之品ニ候処、御国方ヘ御難題之義、願出候のミならす党類相催、御領内為及騒乱候儀ハ無勿体次第沙汰之限りニ候、此上右様成義有之候ハ棟取候者等御糺明之上、急度可被仰付候、右之趣被得其意、寺庵を初末々まて一統能致会得候様可被申渡候、此段可申渡旨、江戸表ヨリ申来候事

西方一向宗安心之義ニ付、先達テ御郡方門徒共願之趣有之、格別之御僉議ヲ以御取揚、夫々可被遂御僉議候旨被仰渡、則江戸表ヘ御達有之、以来心得方等之義、別紙之通御用番年寄中ニ被申聞候条被得其意、此以後聊モ御趣意之義心得違無之様、末々迄綿密ニ可被申渡候、以上

寅二月　　　　御算用場

御郡奉行中

改作御奉行中

一、丙寅七月十一日、左之通於公辺落着被仰渡

本山ヘ御預、永く押込被仰付　河内　**顕証寺**

同断　大坂　**広教寺**

退院被仰付　江州彦根　**明性寺**

逼塞被仰付、帰国　越中古国府　**勝興寺**

脱衣・軽追放被仰付　同　氷見　**西光寺**

右之外、**竃摂寺**・**福田寺**等無御構、且御咎候分左之通

一、右ニ付、御請書左之通指上申一札之事

西本願寺宗意及惑乱候一件、京都於町奉行所ニ御糺之上、当御奉行所ヘ御呼下しニ相成、再応御吟味之上、左之通被仰渡候

西光寺義霜義、御吟味之上、宗意安心心得違之段致回心候得共、学頭浄教寺智洞ト河州古市村西念寺諦忍并芸州下中野村勝円寺隠居廓亮之安心致相違、宗意二途ニ相成、既ニ諦忍著述之書籍不正義之由、学林所化共差障、附講不相勤不穏故、右智洞致講釈候義ハ如何ニ可有之ト相談之上、代講相勤候ハ諦忍・廓亮致著述候書籍ニ不抱、講釈可致筈之処、五種安心金剛錍ヲ致批判、三業之意可相立心底ニテ講釈いたし候故、諦忍・廓亮同意之者共猶又難心得存門徒共も多人数本山ヘ罷出候始抹ニ相成候段、不届ニ付、脱衣・軽追放被仰付候

但、御構場所徘徊致間敷旨被仰渡候
右被仰渡之趣、一同承知奉畏、若相背候ハ重科可被仰付候、仍御請証文指上申所如件
文化三寅年七月十一日
御名領分
越中国射水郡氷見村
西本願寺末西光寺
義霜印

西本願寺連枝河州久宝寺村顕証寺外一ヶ寺儀、宗意御吟味ニ付江州彦根明性寺を頼、領主へ歎願いたし候一件、再往御吟味之上、左之通被仰渡候勝興寺闡郁儀、自得之安心ハ本山宗意ニ背き不正義ニ付、御吟味之上回心いたし候得共、一ヶ国同派之寺院を支配いたし、殊ニ連枝之身分ニ候上ハ、宗意教化方祖師相承ニ不背様可心懸処、配下之寺院共講釈いたし候を承り、既ニ二途ニ有之上ハ本山へ申立取計方も可有之処、其分ニいたし置、宗意安心心得違罷在候段、不束ニ付逼塞被仰付候、右被仰渡之趣、一同承知奉畏候、若相背候ハ重科可被仰付候、仍御請書指上申候、以上
文化三寅年七月十一日
御名　領分
越中国射水郡古国府
西本願寺連枝勝興寺
闡郁印

泉州　慈光寺　大坂　善行寺

摂州　覚円寺　　摂州　円満寺
河内　大行寺　　紀州　西念寺
近江　宗太郎　　泉州　杢左衛門
大和　衛門
右九人并前記之越中西光寺共以上僧俗十人追放被仰付、但軽重有、附西光寺義、江戸十
里四方山城并越中氷見寺追院御構之事

　本山役人
下間兵部卿　　下橋主馬　　阿那部兵庫　　七里内膳
富永左膳　　加納権大夫　　以上六人押込被仰付

河内　西念寺　　薩州　丘恵
右帰国之上、退寺被仰付
大坂　西光寺　　播州　本誓寺　　京都　善満寺　　河内　北迎寺
右同断逼塞被仰付
越中達遠　加州懐山　加州天□　備前泰嶺　肥後融存
右同心ニ付揚屋御免、築地ヘ御預
当病ニ付不罷出　　能州権縄

覚

西本願寺御門跡、近年以来諸国門徒共宗意二途ニ分れ、次第ニ惑乱ニ及ひ候処、一途之裁判モ無之、等閑ニ相過、諸国門徒共之人気を動し、穏ならさる次第ニ至候段、不束之事ニ被思召候、急度可被及御沙汰候得共、寛宥之儀を以、逼塞いたし可被在候之旨、被仰出候事

右文化三丙寅年七月廿二日京都於所司代被仰達候段、京都詰人西村清左衛門・藤田甚一郎、京都在住聞役平田内匠ヨリ以紙面申越候事

一、古国府勝興寺寅八月六日帰寺

今年二月廿八日、左之通被仰出候段、御用番長甲斐守殿被仰渡、組・支配之内与力知有之人々へ可申渡旨御触有之
御家老中覚書相越候旨

与力願方之儀、先例モ有之儀故、久々中絶之者モ相願候得共、向後寄親了簡ニテ数十年代り不相願もの願出候儀ハ仕間敷筈ニ候段被仰出候、右之通、与力知有之面々一統可有御申触候事

乙丑二月

今年三月九日　御用番村井又兵衛殿執筆斉藤源之丞ヲ以、御馬廻頭御用番富永右近右衛門へ左之紙面御渡、致僉議御達可申上被仰聞

離別之母方親類服忌有之間敷旨、先年井上勘助へ故長大隅守殿被仰渡候ニ付、其通ニ

相心得罷在候処、今度御達申上ハ私組吉田兵馬儀、養母方おは芝山織人妻最前本組与力山田忠四郎ヘ嫁娶仕候処、不縁ニ付離別仕、其後芝山織人ヘ再縁申合候、右忠四郎方ニテ出生仕候男子、当時御大小将組山田万作ト通路仕候上ハ養母方いとこ之続ニ付、定式之服忌請可申儀ニ候哉之旨、兵馬申聞候、先年大隅守殿御指図之趣モ御座候得共、通路仕候上ハ定式服忌可受儀ニモ御座候哉御指図被下候様仕度奉存候、以上

丑二月十六日　　　　神保縫殿右衛門判

長　甲斐守様

右同役中遂僉議候処、服忌無之儀ト奉存候段、右近右衛門ヨリ御達申候段、任承記之

裕次郎様御儀、当春以来御微熱ニ為在候内、折々御熱御指引モ御座候処、御食餌等敢テ御平常ニ被為替候御儀モ無御座、御医師中村文安御薬モ指上申候ニ付、同人等手前毎度心付之儀モ相尋候得共、為指御容子ニモ不被為在由申聞、私共ニモ同様奉存、追付御全快可被為在儀ト奉存候処、当月十一日ヨリ少々御指引被為在、同十四日ヨリ一旦御快被為在、同十七日御足腫等少々御腫モ被為在候ニ付、打返御療養方御僉議有之、種々御転薬被為在候得共、段々御指重り、不被為叶御療養、今般之御凶(虫食)□被為(虫食)□候御儀、於私共可申上様モ無御座候、元来御側近く重き御役儀相勤罷在候儀、前方ヨリ何角深御容躰心付之儀可有御座候処、行届不申迷惑至極奉恐入候、依之自分指控罷在可申哉奉伺候、御指図御

座候様仕度奉存候、以上
五月廿四日
小幡左門判
団　多大夫様
村田三郎兵衛判
右、私組支配村田三郎兵衛等紙面指出候ニ付、御達申上候、誠以迷惑至極仕可申上様無御座候旨申聞候、自分指控可申哉御指図次第可被申渡ト奉存候、先夫迄相勤候様申渡置候、以上
団　多大夫判
長　甲斐守様

付札　団　多大夫へ
村田三郎兵衛
小幡左門
右両人儀、裕次郎様御病中御容躰深く心付之儀モ可有之処、行届不申迷惑至極奉恐入候、依テ身分之儀ニ付、指出候紙面先達テ御手前以添書被指出之、委曲相達御聴候処、不及御貪着段被仰出候条、此段可被申渡候事
右三郎兵衛等ハ御抱守ニ付テ也、八月十一日右之通御用番長甲斐守殿以覚書被仰渡、則多大夫宅へ呼出申渡候由任承記之

耳目甄録　廿二

文化元年―文化二年　内容一覧

本巻での藩主家系譜

治脩《はるなが》（前藩主・一一代、肥前守・宰相）

斉広《なりなが》（藩主・加賀守・中将）

凡例：★は権平（政隣）自身がかかわるもの

○のついた月は閏月

享和四年（一八〇四）　2月19日文化に改元

治脩（六〇歳）在国
斉広（二五歳）在府、4月2日帰国
裕次郎（五歳、治脩子）
★権平【政隣】（四九歳）在府、4月2日帰国
5月6日、悴辰之助死去

1・1　斉広、両御丸登城等先規どおり
三が日御客への料理献立書上
鶴の包丁規式、終って料理人（舟木）発病
1・2　今月の天気
1・3　江戸詰・在国共名前・役付等名簿作成を命
1・5　先月（奥村河内守）卒去につき、御機嫌伺の触れ
（奥村）卒去に伴い、今・明日中諸遠慮の触れ
1・6　★一昨日落馬受傷、御殿詰見合わせにつき、使者をもって右御機嫌伺
1・15　当春帰国御供（前田・本多）
作事門等夜中往来には必ず切手提出を触れ
博奕禁止を令す
1・18　大御前様年頭初て、且御前様入輿後初ての御表招請
右能・狂言番付及び献立書上
1・19　具足鏡餅直し御祝
当春帰国道中奉行（人見・★津田）
裕次郎殿を今後様付で唱うべくを令す
1・21　斉広病により名代淡路守登城、裕次郎養子の裁可あり
右、祝儀として年寄中小屋へ勤めるべくを令す
且、三日間、祝儀客へ料理をふるまう
★右普為聴のため、御守殿・御三家へ御使い
1・23　★水戸家へ御使い
1・24　公方様増上寺御成り、雨天につき延期
1・28　斉広、月次登城
1・29　当帰国道中、組共帯同（★津田・人見）
斉広不時登城、裕次郎と紀伊家息女豊姫との縁組裁可さる
三日間祝儀客等へ料理出す
★紀州家へ御使い
斉広、飛騨守・淡路守へ願事につき御居間で対顔
1・30　御先筒頭（堀部）発病、翌朝病死
11日於金沢、永年勤続のみで勤功なき者への増米取止め等申渡し
15日於金谷御殿、治脩拝領の御樽・肴披く

26日、金沢より江戸表へ飛騨守舎弟（大学）死去を申来る
28日、金谷御広式の御歩横目（山口）処分一件
因州領での長寿一家
20日、当春留守詰（小原・吉田・庄田）

2・1 日光御門跡登城につき、斉広月次登城なし
裕次郎縁組につき御殿平詰
2・2 （前田伊勢守）叙爵御礼
飛騨守舎弟（大学）死去による遠慮触れ
2・3 ★御守殿へ御使参上
2・4 今月の天気
2・9 公方様等から治脩以下へ裕次郎養子・嫡子の祝儀
2・11 帰国御供（御近習向きすべて）
同（★政隣等六人）
2・12 ★尾張様・紀州様へ御使い
2・13 紀州様との縁組につき、相互に使者交換
紀州家使者接待の次第書上
2・14 ★紀州様へ御使い
2・15 斉広、両御丸登城及び老中方廻勤
祝詞来客に料理出す
前田伊勢守、頭分以上に祝詞拝領物の件等披露
頭分以上へ、9日拝領の御酒等下さる
★詰中足軽等への賄費用支給切手への裏印役仰渡さる
2・16 帰国御供（医師 大高・魚住）
3月19日帰国発駕、4月朔日着城と仰出
留守詰延（針医 久保）、白銀頂戴
2・17 御供人跡始末役として、発駕翌日発足（山岸）
2・18 転役二件（原・改田）
転役二件（里見・今井）
帰国御供の際、餞別・土産無用の申渡し
2・19 斉広、朝不時登城、今日より文化と改元仰出
右につき家中へ廻状、金沢では3月朔日御触紙面出る
御鷹の鶴拝領、★御客方御用勤める
斉広、右御礼で老中方廻勤
2・20 裕次郎養嫡裁可により、治脩からの御礼使者（音地）参着
右御用後、そのまま直に詰め仰渡さる
2・21 ★戸田采女正へ御使い
年寄中との出会いの節の辞儀等厳正の触れ
御前様、市ヶ谷御守殿へ年賀に御出
2・23 斉広、風邪で登城御断り

★近衛様御使者旅宿へ御使い
1日於金沢、斉広着城後の御礼使、（奥村）へ命
遠所勤仕の一季居奉公人の召置きにつき触れ
治脩からの家中年頭祝儀の礼を披露
3日、★同役（菊池）母病死忌引
御歩小頭（岡本）8日病死
諸方御土蔵への打込上納銀詳細触れ
春・秋出銀の提出期日について触れ
21日、斉広、春日山周辺行歩
火の元注意の触れ
28日於金沢、転役三件（前田・富永・菊池）
於金沢、城中普請につき往来変更触れ
（前田伊勢守）叙爵につき、京都への使者一件
指控（任田）、理由書あり
20日より、喧嘩追懸者役（堀→青木）
19日、当留守江戸詰（津田）、3月4日金沢発
御成行列と出会った際の作法について
女中がた法会の際は御機嫌伺登城はなし
秋田の銅山森ヨシ山由来、及び遊行上人詠歌

3・1 18日迄の天気

3・2 飛騨守・淡路守、上巳祝詞のため御出

3・3 斉広、風邪により登城御断り

3・4 淡路守、当年御暇下されずの案内あり

3・5 ★御暇道中、御料理人・御細工者支配命ぜらる
帰国御供人それぞれ、詰中金請求書出す、★一〇
両請求

3・6 転役（曽田）

3・7 裕次郎養嫡御礼の治脩名代、老中方廻勤
同じく裕次郎名代として淡路守同廻勤
先月鶴拝領時の作法書
或書の曰書等を書上

3・8 ★紀州様へ御使
帰国御供人への貸付金触れ

3・13 上使をもって暇の許可あり、規式等例の通り
★右普為聴のため日光御門跡・水戸様へ御使
尾州様・紀州様へは後日となる
於金沢、転役二件（遠田・池田）
同、役儀免除（笠間）

3・15 斉広御礼登城、御鷹・馬拝領等
去冬拝領の御拳の鴨、今夕披く、飛騨守等饗応、
頭分以上頂戴

3・16 （吉田）江戸参着

転役四件（小原・吉田・庄田・高畠）

3・17　19日公方様王子筋御成につき、18日発駕と仰出
御用人故障時の兼帯等（吉田）

3・18　今朝帰国発駕、★先行、昼ヨリ近習騎馬、夕浦和着
四日出の御用状到来、上へ上げる

3・19　御中休桶川、夕熊谷着、★朝御供、以後中休ごと交代

3・20　雲州侯深谷泊りにつき見合出発、本庄で不時泊
御歩小頭一人病気御供引けにつき、★報告・配置替手配等
★出発以来背痛につき、不都合もあるやの旨上申

3・21　板ケ鼻泊

3・22　追分泊、峠登り口・下り口等★御駕籠際御供

3・23　榊泊

3・24　牟礼着、★碓氷越等の案内状を江戸・金沢同役へ出す
中休の丹波島宿主より鶯献上、金千疋下賜

3・25　高田泊

3・26　糸魚川着、中休所の名立寺和尚御目見、斉広払子を寄附

3・27　姫川洪水につき糸魚川逗留、御供人逗留中の諸払方触れ

3・28　姫川減水船立につき出発、親不知等穏やか、泊着
中休の青海駅旅館主へ、善光寺駅まで大鯛持参により金二〇両下賜

3・29　布施川水深も八つ時魚津着

3・30　早月川水増しも、舟橋でき支障なく高岡着、斉広、瑞龍寺参詣
16日於金沢、家老役依願免（今枝）
寒疫で役引（永原）、代として道中横目（堀）
24日、幕府目付、鹿狩時の不念にて役儀御免一件
25日於金沢、転役六件（交名あり）
11日於金沢、跡目（奥村）
13日、年頭御祝儀物献上への謝意書各士へ下さる
16日於金沢、転役（佐藤）
出羽秋田のハタハタについて
竹田故金右衛門の詠歌二首

4・1　八つ時津幡着

4・2　六つ時発、森本で時刻見合、四半時前着城
★御用番へ挨拶のうえ帰宅
長谷観音祭礼能（番付書上）

4・3 今月の天気
4・6 転役（前田）
算用者六人召抱え
4・7 転役等三件（山本・杉野・富永）
4・11 転役三件（高畠・菅野・久津見）
馬廻組（稲垣）自殺
4・13 同役寄合、★自宅宿
年寄女中（栄林院）へ養子仰付、与力に召出・新知（早崎）
江戸での算用者同士の諍い一件、閉門等申渡し
4・15 月次出仕、一統御目見御意あり
斉広、（奥村）の家督御礼及び役儀御礼等受ける
家中所持の貸家に居住の人高報告を令す
4・23 病死（青地）
家中の鷹所持規定再確認の触れ
出張取止めの場合、既借の会所銀の返納徹底を触れ
4・27 ★悴（辰之助）病気につき、看病のため役引願い出す
4・29 ★看病役引のため、明朔日出仕断り紙面出す
毎年9月から3月末迄、金沢周辺川々の禁漁を触れ
御鷹場での殺生禁止
家中鷹狩りの際の郡方での不法行為禁止
子鳥等の捕獲の適正触れ
御歩頭詰番規定により、（安達）詰めへ加わりのこと
御歩死去後の屋敷返上について、普請会所より御歩頭へ通達
今年も毎8日・23日に経書講釈、物頭以上聴聞登城
御在国中、以前のとおり同役一人四つ時より八つ時まで城詰め
15日寺中祭礼能（番付書上）
大坂在住の心学者（脇坂義通）の人気について
5・1 月次出仕一統御目見御意あり、★看病役引のため出仕せず
転役・新知（中西）
転組（村田）
病により加判等御免（横山）
5・2 今月の天気
5・3 養子の服忌につき触れ

5・5　一統端午祝詞出仕、★看病役引のため出仕せず
5・6　転役五件（交名あり）
★悴（辰之助）死去、享年二一歳、忌引届及び同役中へ案内出す
5・7　転役三件（竹田・高畠・辻）
5・8　転役三件（奥村・藤田・平田）
★忌中役引につき経書講釈欠席届出す
（青山）御呼出しあるも当病で欠席
諸士借銀の一括打込み・年賦返済等の触れ
江戸で一家殺害犯の人相書手配書出る
5・11　飛騨守帰国途次の金沢城登城時に齟齬あり
右につき奏者番三名指控
5・15　一統月次出仕、斉広病により御目見なし、★忌中欠席届出す
犀川・浅野川の塵芥放棄・踏み荒し等の禁令
5・17　同役（富永）学校兼帯で繁忙時は、（奥村左京）の指示を受けること
公儀通達により、御歩組中の奉公人数報告書上
5・23　経書講釈★忌中欠席、昨日断り紙面出す
22日、転役三件（本多・宮崎・中川）
5・25　★明26日忌明につき、明日よりの出勤届出す
転役等三件（仙石・水原・多賀）
5・26　転役（横山）
5・28　御用御免（前田）
役儀指除・遠慮（小堀）
足軽・坊主の僭上を諌める触れ
転役（武藤）
29日、★痛所あり、足袋着用届出す
28日、転役（神尾）
心学者脇坂義道の名講釈一件
6・1　月次出仕一統御目見御意あり、役儀御礼・初御目見あり
今帰国道中歩御供の人々へ拝領物
今月の天気
永年勤続につき拝領物及び役儀御免（品川）
切米加増・転役二件（岸・高橋）
6・3　兼帯免除（長瀬）
転役三件（大野・城戸・猪俣）
6・4　転役等五件（交名あり）
6・5　4日病死（窪田）
6・8　転役三件（岡田・加藤・山崎）
大小将撰六人中二人病により断り

6・11 暑気伺使者（三嶋）江戸へ発出
13日夜戌三刻から土用
転役（井口）
6・15 月次出仕一統御目見御意あり
喧嘩追懸者交代（青木→仙石）
今月朔日、御代替わり時来聘の朝鮮通信使、対馬限りで完結とする
6・17 新番御歩召出（増木）
名替二件（岡田・加藤）
6・18 学校読師拝命（松原）
祐仙院毎月忌日・祥月とも家中殺生遠慮触れ
家中の地子銀上納について触れ
裕次郎御側小将候補として、頭分子弟の書上を命
右につき★該当なしを報告
6・25 転役六件（交名あり）
6・26 転役（山森）
新番御歩召出三人（交名なし）
6・28 加増（林）
転組二件（岩倉・崎田）
22日、大小将被任六件（交名あり）
24日、病死（岩田）
26日、病死（今村）
14日、転役三件（松崎・薄井・黒田）
24日、切米取人病死の際の上納銀取扱方触れ
病死（小寺）
★悴辰之助病死に伴い、その妻を実家へ戻した旨届出
同じく実家よりも届出
金沢町人の詠歌及び京御歌所の加筆一件
7・1 月次出仕一統御目見御意あり
成績良好ニ付、弓料頂戴（小西・根来）
同、異風料頂戴（小塚・中村・岡野）
永年無懈怠勤続につき拝領金等（吉田・岡田）
学校読師等へ（藤田・堀）
学校生徒へ（矢部等一〇人）
半納米価書上
7・2 今月の天気
7・4 暑気御尋奉書到来、御礼使（長瀬）7日発足
加増（塚本）
転役（山本）
7・5 大聖寺横目今日より御用なし（平岡・真田）
7・6 跡目・残知等三二件（交名あり）

7・7 七夕祝儀出仕、一統御目見御意あり
★同役（富永）、兼役ありにつき御城詰番免除
稲実入り時期につき鷹野遠慮触れ
家臣・陪臣の門前地へ転居時の寺証文提出厳正化の触れ
7・11 転役三件（村・水越・武田）
依願役儀免除二件（小杉・吉田）、（吉田）には拝領物
斉広、跡目御礼受ける
縁組・養子等仰出
喧嘩追懸者交代（吉田→水原）
7・13 転役四件（交名あり）
7・14 転役（山岸）
転役・新知（中村）
召出（奥泉）、経緯書きあり
拝領銀（村田・中村）、御益の筋ありにつき
喧嘩追懸者交代（水原→武田）
7・15 例年通り月次出仕なし
跡目（辻）
7・17 転役（神保）
7・18 転役（中村）
7・19 転役（深尾）

当秋江戸詰番交代（中泉・高畠→堀・仙石）
7・21 転役（永原）
7・23 裕次郎御側小将撰あり一五人出席
7・25 同右、一三人出席
裕次郎疱瘡未済につき、御殿出仕制限の触れ
7・28 転役（井上）
今月1日、裕次郎当九月卯辰観音御宮参の役付け等
右宮参り時の服装について27日に触れ
2日、去年正月の殺人事件について、公事場で刎首の判決
4日、病死（木梨）
11日、御内意あり、14日同役連名御請け
23日、御歩中において上納切手紛失一件、その取捌きについて
26日、白銀拝領（御歩　吉田）、公事場ためし斬り御用宜しきにつき
8・1 月次出仕一統御目見御意あり
斉広、役儀の御礼受ける
転役（青山）

8・2　★同役とともに、大野川で御歩水練見分
8・3　裕次郎御宮参9月13日の旨★披見
8・4　今月の天気
　　　裕次郎御宮参行列書上
8・6　年寄衆加判（家老　前田）
　　　切米加増（篠田）
8・9　学校兼帯（武田）
　　　指控（水越〈縫〉）
8・10　逼塞（水越〈軍〉）
　　　遠慮（山本）
　　　急度慎み（右悴　六事）
　　　遠慮（由比）
8・11　転役（中宮）
　　　転役・新知（太田）
　　　喧嘩追懸者交代（武田→永原）
　　　町会所加入銀年賦期限の延長、町奉行より追談
　　　★同役（富永）兼役学校方役人不足につき、本役御用番指し省き
　　　大津詰御歩より、刀持足軽につき願紙面一件
　　　聖聡院、前月27日逝去、諸遠慮触れ
8・15　月次出仕一統御目見御意あり
　　　斉広、役儀の御礼受ける、息方初御目見
8・16　聖聡院逝去につき藤中御尋奉書到来、御請使者（河内山）20日発
　　　右御礼使者は平士仕立てで、江戸の（小川）へ命の筈
　　　相公様御代のたいはい見物者の調査につき、★自分見物と覚書提出
　　　御匕御用（横井）
　　　同是迄通り（大高）
　　　同免除（魚住）
8・18　転役・改名（笠間）
　　　家中・町在とも女衣服華麗なるを諌める
8・20　★裕次郎御宮参の道筋披見
　　　病死（後藤）
8・23　裕次郎御宮参主付御用（永原）
　　　★同役（菊池）病役引、（水越）へ御用番差継廻状あり
　　　石川・河北の松山締り等の触れ
　　　裕次郎御宮参時の道筋締り方覚書
　　　同、随行者の服装覚書
8・27　土橋御門普請につき、往来規制触れ
　　　転役二件（加藤・神尾）
　　　病死（佐藤）

8・30 今石動からの給人引米方変更触れ
近年、自組限りの願い向き多く、自制すべく触れ
20日、普請奉行から御歩御用番へ、切米取士の跡屋敷の取扱適正化を指示
26日、御使番から御歩御用番へ、当番御歩急御使時の草履の件で指示
脇坂義道施薬布袋丸の能書

9・1 月次出仕一統御目見御意あり
転役二件（寺西・永井）
裕次郎御側小将召出二件（村・井上）

9・2 今月の天気
裕次郎御宮参時の御歩方要領
重陽出仕、御目見なし

9・9 裕次郎御宮参道筋の変更あり

9・13 裕次郎御宮参、（奥村）宅へ御立寄り
御供の御歩小頭等へ拝領金あり

9・15 月次出仕一統御目見御意あり
斉広、役儀の御礼受ける
喧嘩追懸者交代（仙石→茨木）

9・16 今日御近辺の人々へたいはい仰付、各見物仰付も

★病で欠席
両学校方兼帯免除（富永）

9・17 （堀）交代のため江戸へ発出、（仙石）は18日発
転役等四件（交名あり）
助教指除・逼塞（儒者　木下）、政事向き言動あり不届きにつき
遠慮（寺田）
印物未頂戴の人々名簿提出を令す
転役二件（有沢・青木）

9・21 転役（中村）

9・28 二条様御使い（鈴木）来着、馳走役（青木）等四人
今夜、年寄衆退出夜中になり、御用番（村井）指控伺い
右代として御用番（長）、御城代（前田）、理由は不明

9・29 前記（村井）御免、指控に及ばず
二条様使者（鈴木）応対条々書上
武州東海寺淋光院石碑碑文
葛巻家の秘書

10・1 月次出仕一統御目見御意あり
斉広、役儀の御礼等受ける
明日、二條家使者登城につき打合せ、及び饗応次第書上
10・2 二條家使者登城、饗応献立書上、★相伴
同使者、六日金沢発
10・3 ★学校出座聴聞
10・4 今月の天気
文化元年分地子銀を町会所へ納付の触れ
10・5 転役（奥村）
10・10 転役二件（小幡・村井）
10・11 転役二件（浅加・辻）
10・13 新番御歩に召出三件（進士・石黒・渡辺）
10・15 月次出仕一統御目見御意あり
10・18 転役五件（交名あり）
昨17日、自分指控（大田）
10・19 転役（山森）
寿光院三回忌の遠慮等触れ
一五歳に達したに付能州嶋へ流刑（馬場孫三孫恒太郎）
喧嘩追懸者交代（茨木→高畠）
10・21 転役（村井）
10・24 18日関連、用捨も指控（大田）
一昨日、転役（藤田）
10・26 兼帯（前田）
算用者（近藤）出奔
詠歌一首
11・1 月次出仕一統御目見御意あり
斉広、役儀の御礼等受ける
転役二件（前田・伊藤）
省略のため、内作事所・外作事所当分休止、両奉行等御用無し
11・2 転役二件（金谷・加須屋）
悴不心得のため慎みと叱り、及び父の役指除（林父子）
過酒により役儀指除（御歩横目　柳）
省略につき御用無し（木蔵才許　中嶋）
11・3 兼帯御免（永井）
遠慮御免二件（伴・佐藤）
指控御免二件（永原・大村）
その外、平士等の御免あり
11・4 役儀御免・転組（竹内）

11・5　今月の天気
11・7　転役（篠田）
　転役二件（武田・有賀）
　★同役（富永）、御用番（奥村）から御尋ねの趣あり
　斉広、粟ヶ崎口へ放鷹、途中から治脩へ獲物献上使者出る
11・10　15日の裕次郎着袴の儀につき、御歩並以上布上下着用の触れ
11・11　右により、恐悦として御用番宅へ勤めるべしの触れ
　御歩横目（中村）、指控中の（大田）と文通等一件
11・13　転役二件（広瀬・中村）
　御近習（横浜）への内談の差控えを諸役人へ令す
　御近習（本多）等へも仰出のことあり
11・14　11日の（中村）役儀指除のみですむ
11・15　月次出仕一統御目見御意あり
　斉広、役儀の御礼等受ける
　新知（医師　中村）
　来春参勤御供年寄（奥村・本多）
11・21　人持頭分等四組へ御判物・御印物下さる
11・22　御馬廻組以下新番御歩まで右同様
　斉広、新知の御礼、子供初御目見等受ける
　転役（坪江）、★組につき政隣宅で申渡し
11・24　★経書講釈聴聞、御前も出席
　参勤御供順を書出すべくの覚書渡る
11・25　転役（松原）
　指控（★同役　富永）
　叱り二件（小塚・長）
11・30　江戸表へ寒気伺御使（沢田）、翌月6日発足
　15日、裕次郎着袴につき、斉広から大小進呈
12・1　月次出仕一統御目見御意あり
　転役（田辺）
12・2　転役（松原）
12・3　★学校出座
　道中奉行（中川・平田）
　来春参勤御供（半田・河村）
12・4　今月の天気
12・11　跡目二三件（交名あり）
12・17　来春参勤御供一〇件（交名あり）
　但し、御歩組頭御供順番（富永）指控につき代（菊

池）
人数減少につき★詰番に及ばず、但し★組士は詰番勤仕
来春在府詰二件（青木・湯原）

12・18 相公様への来年頭献上について触れ

12・20 寒気御尋奉書到来、返礼使（富永）23日発足

12・22 転役（真田）
来春参勤御供を御膳奉行等へ命
転役（篠原）

12・24 叙爵（本多）
御用人加人（水越）、本役（安達）家人疱瘡のため
「ロシア船来記」書上
賭けの諸勝負禁止触れ
元日御礼人揃い刻限の通知

12・25 御歩に召抱三件（利倉・川嶋・鹿野）
24日、蟄居（駒井）、風説あり
当分加人（神保）、金谷広式御用（三宅）御使い不在のため代

12・26 病気により役向き指除（神田）

12・28 歳末祝詞登城、（本多）叙爵の弘めあり
右により、年寄・家老中へ祝詞廻勤すべしと触れ
来正月8日は例年通り経書講釈中止と触れ
来正月4日の息方御礼刻限通知
転役二件（横山・萩原）
27日、役儀指除二件（湯原・湯浅）
沢庵和尚の法語諷
津幡住俳諧人見風の戯歌数首
長家家臣（横田）の狂歌一首

文化二年（一八〇五）

治脩（六一歳）在国
斉広（二六歳）在国、3月26日参府
裕次郎（六歳、治脩子・斉広養子）5月21日死去
★権平【政隣】（五〇歳）在国

1・1　年頭規式例年通り
　★在江戸同役（吉田）の祝儀転役目録を奏者番へ達す
1・2　例年通り御松囃子
1・3　御礼人例年通り
　★在江戸御歩小頭中の献上目録を奏者番へ達す
1・4　例年通り息方御礼、射初め・乗馬初めあり
1・5　今月の天気
1・6　寺社方御礼
1・7　人日祝儀登城
　今月15日・2月朔日月次出仕なし
1・8　月次経書講釈なし
1・15　月次出仕なし
1・17　転役（杉江）
1・18　★同役寄合、宿（菊池）宅
1・20　転役（西村）
1・21　転役二件（千秋・広瀬）
　当参勤日限、3月11日と仰出
1・22　★月次経書講釈聴聞登城
　当参勤御供関係人事発令（交名等あり）
1・25　転役（山崎）
1・26　跡目後、印物未頂戴の人名書出しの触れ
1・28　（本多安房守）の口宣受取使者（前田）発足、2月20日帰着
　斉広・裕次郎未疱瘡につき、近侍の人々心得触れ
　今般省略方仰出（馬・広式女中減少、鷹すべて売渡し、参勤御供減少）
　在京都神主の狂歌一首
2・1　今月の天気
2・2　指控二件（神保・山崎）、但し、同月中御免
　指控二件（御土蔵奉行　高柳・疋田）、御土蔵銀紛失のため
　右につき、かね見（尾張屋勘右衛門）牢死
　右につき、御土蔵奉行加人二件（芝山・山辺）
　江戸・遠所一季居奉公人の継続雇用の触れ
2・3　★学校出座・聴講

2・4　転役（長瀬）
2・8　★月次経書講釈聴聞登城
春秋出銀日限の触れ
2・11　転役・新知（服部）
定番御歩（中村）妻自殺一件
2・14　大小将（中西）妻自殺未遂一件
2・15　月次出仕一統御目見御意あり
（本多安房守）叙爵御礼、料理・拝領物等先規通り
2・18　斉広、役儀の御礼受ける、且御印物頂戴仰付
御用部屋から財務状況の覚え書
2・23　★月次経書講釈聴聞登城、斉広も出席
2・25　★内寄合
2・26　転役五件（交名あり）
（本多）叙爵御礼使者（団）翌日発足により拝領金等あり
役儀指除（田中）
2・27　兼役（水越）
加人・名替（神保）
2・30　今年詰番（岡田）、公辺結納祝儀のため繰上げ発足、拝領物あり

狂歌一首
3・1　月次出仕一統御目見御意あり
今月の天気
3・3　上巳出仕
3・4　両殿様同道、鶴来辺行歩・白山宮参詣等
3・8　★月次経書講釈聴聞登城
発駕御機嫌伺のため、前日10日登城の触れ
3・10　頭分以上登城
火の元厳重注意の触れ
3・11　斉広、昼頃発駕、今夜今石動泊、23日江戸着予定
3・12　（大音）重態、訪問の年寄（長）へ末期御礼、依頼により★取持ち
右（大音）家老役隠居のため、治脩より見舞品あり
3・13　★同役寄合
3・15　月次出仕
馬廻・小将両頭から組中へ御意の伝達（財務・省略方等）
3・16　式日登城、御留守年の御歩頭式日等書上
3・18　越中境より飛脚をもって道中状況報告あり
3・19　御歩中への当春切米払代金の割賦を、★御用番に

つき政隣宅で行う
石川門続櫓下石垣普請につき通行制限の触れ
3・23 ★月次経書講釈聴聞登城
26日斉広江戸着・老中廻勤等の報あり（4月6日）
27日、近火の際の大御前様避難の跡乗りを（菊池）へ命
28日、今般参府につき上意あり、斉広、老中方廻勤
同日於江戸、役儀御免（仙石）
4月1日、斉広登城、参府の御礼、（奥村・本多）も御目見
漢詩一首
4・1 月次出仕、年寄衆等謁
長谷観音祭礼能（番付あり）
4・2 今月の天気
4・7 ★白山社参・近辺巡見
4・8 ★月次経書講釈聴聞登城、このあと記略
4・9 留守詰の人々、追々帰着、★同役（吉田）今日帰着
諸方御土蔵上納銀の納期変更の触れ
4・13 ★同役寄合、このあと記略
文化元年帰国道中日用賃の★政隣負担額の通知あり
4・15 月次出仕、年寄衆等謁、斉広着府等の披露あり
寺中祭礼能（番付あり）
（本多）江戸から帰着、治脩から御意・料理等あり、★取持ち
郡方の者を小者に召抱える際の仕法について触れ
今月12日出現の福雲について記述（絵図あり）
於江戸、兼役等（湯原）
江戸で倹約所廃止につき、担務変更
江戸で公界向御用の頭分等への下され金について
12日於江戸、御用人故障時の代（菊池）
交代で15日江戸着（山岸）
当参勤道中姫川出水で三日逗留分の旅籠代は下し切りになる
斉広、17日紅葉山予参を病により断る
雨中問答の一節
有徳院他界時の鳴嶋道筑詠歌一首
5・1 月次出仕

5・2 新宛行・転組（高桑）
5・5 今月の天気
端午祝詞登城
5・8 桐陽院（前大聖寺侯室）死去につき遠慮等触れ
5・15 遠慮中につき経書講釈取止め
5・16 月次出仕、年寄衆等謁
5・21 一〇年以上皆勤の平士へ御意あり
5・22 裕次郎逝去、その前後の子細、及び遠慮等触れ
★右につき、御機嫌伺で御用番宅へ参出
遠慮等の追触れ
5・23 裕次郎葬式主付（長）
裕次郎葬式、観樹院（齊敬）に準じ詮議すべしと命
裕次郎法号（香隆院）
葬儀日程提示の上、★組中での詮議を命
葬式時の服装等触れ
中陰等の拝礼につき触れ
火の元入念注意を命
御歩以下喪服は代銀で下され、人数書出しを命
某日、蝦夷地骨折りにつき七万石に（津軽越中守）
22日、転役（伊藤）、且、国へ暇
5・26 清泰院（光高室）一五〇回忌御法事御用主付（中川・平田）
同御用（会所奉行等）
5・27 裕次郎逝去の際の使者往来等の次第
公辺より治脩へ朦中御尋の宿継奉書出、6月8日金沢着
5・29 同返礼使（人見）6月11日発足
公方様・大納言様から斉広へ、上使をもって弔意あり
江戸での忌中遠慮等の触れ
著聞集中一首の解について
太閤秀吉、朝鮮征伐時の一句
非人の歌一首
6・1 忌中ながら例月出仕あり
物頭以上御機嫌伺を談
先月29日（前田内匠助）死去、昨日より町方鳴物等三日遠慮
右につき、御両殿様へは御機嫌伺には及ばずと談ず
御月番（村井又兵衛）内匠助縁類により、（横山山城）へ御用番交代

午すぎ年寄衆謁、内匠助死去により、御両殿様へ御機嫌伺すべしと触れ
6・2 6日までの天気
裕次郎（香隆院）葬式等の段取りを触れ
6・7 今月の天気
明8日、（長甲斐守）野田山・宝円寺へ葬式の事前見分との廻状あり
香隆院葬式予定次第書上
6・8 野田山・宝円寺惣見分
各士先祖忌日の参拝、香隆院忌明けまでの指控を令す
6・9 香隆院葬式次第
6・11 明日より法事につき惣見分、★政隣参加
6・12 御歩頭の寺詰番書上、★政隣は13日及び14日巳刻より
6・15 月次出仕
犀川・浅野川の塵芥投棄禁止触れ
組・支配中の閉門等処分者の書上を触れ
香隆院忌日毎月21日とし、諸殺生指控を令
香隆院忌日法事の諸事触れ
6・26 宝円寺で香隆院三五日法事、★六ツ時より詰め
6日於江戸、香隆院御茶湯執行主付（青木・平田）
文化元年石川・河北山々御家中鳥構場仕法書上
宝暦14年朝鮮人来朝時の詩一篇とその註
7・1 月次出仕
半納米価書上
7・2 今月の天気
7・4 宝円寺で香隆院四九日法事
右御寺詰一統へ御菓子拝領で、★組・支配の分台所奉行へ御礼
7・6 大聖寺侯参勤途上で当地止宿、痛のため金谷へは寄らず
7・7 七夕出仕
7・11 香隆院百か日法事、★宝円寺詰
治脩より御菓子頂戴、御礼は4日のとおり
★寺詰により、二之丸式日詰は★同役（吉田）
稲実入り時期につき鷹野遠慮触れ
7・22 転役（三宅）
残知（井上）
跡目二二件（交名あり）
7・23 縁組・養子等仰出
7・25 老衰につき依願免（田辺）

7・28　転役（長屋）
7日於江戸、陪臣が酒狂により小者へ刃傷一件
18日於江戸、公界向き御用勤仕者への下され金につき触れ
水戸黄門医師の漢詩一篇
ある格言の訳け
8・1　月次出仕
今月の天気
8・4　喧嘩追懸者交代（永原→中村）
8・11　4日江戸発の飛脚、会津侯死去一件申来る
4日四谷新宿火災、過半焼失と申来る
家中の犀川での魚獲りには、川役銀・川師よりの見合札要すと令
8・13　公事場で非常の大赦あり
★例月の同役寄合、内寄合は25日
8・15　月次出仕
当9月法事のため江戸派遣、終って交代江戸詰（武田）
8・22　於江戸、斉広、御鷹の雲雀拝領
8・25　指控御免（富永）、★同役ゆえ本人から通知あり
このほか御免多くあり
閉門御免（福嶋）、享和3年7月晦日参照
指控御免（疋田・高柳）、今年2月2日参照
御鷹方御歩に召抱一件（棚橋直之丞）
宮名目金返済滞納につき、馬廻頭（団）等五人指控
石川門続櫓下石垣普請につき通行規制触れ
8・28　今月病死二件（人持組　永原・大野木）
⑧・1　月次出仕
今月の天気
⑧・4　転役三件（萩原・中村・木梨）
⑧・15　月次出仕
⑧・23　転役等六件（交名あり）
香隆院御供役等それぞれ御免
11日於江戸、御前様市ヶ谷御邸へ入り、不例により逗留一件
同日於江戸、不応思召により帰国(御使番　今村)
乞食、金拾得時の詩歌一件
俚諺一篇

撰集抄から引用一件

9・1 月次出仕
今月の天気
9・4 馬廻組（和田）一家不和による公事沙汰一件
9・9 重陽出仕
9・11 隠居・家督二件（不破・小川）
9・13 ★同役寄合、貝方御歩の貝吹きを聴く
9・15 月次出仕
治脩の御内用使者（石野）17日金沢発
同右（村井）18日金沢発、11月某日金沢帰着
清泰院一五〇回忌法事、23日江戸・金沢で執行等の触れ
伝通院における右執行次第書上げ
9・23 右法事につき、斉広、前日・当日参詣
右法事で公方様から代香使者・香奠、斉広御礼登城
金沢如来寺でも右法事
9・24 於江戸、聖堂火消の出動手順について申渡し
半井卜養狂歌数首

10・1 月次出仕
今月の天気
喧嘩追懸者交代（高畠→音地）
10・3 病死（坂井）
10・8 江戸から交代により帰着（堀）
右により加人御用御免（青木）
10・11 香隆院御用、御逝去により御免・本役へ（辻・渡辺）
同右、治脩近習御用へ（横山）
同右、新知一五〇石、大小将頭支配下へ（生駒）
同右、新知一〇〇石、組外へ（村・井上）
10・15 月次出仕
10・16 家芸優秀につき、異風料三〇石（大脇・分部）
役儀指除・逼塞（今村）、江戸詰中、斉広へ不整文上申のため
10・22 役免除等三件（神田・多羅尾・今村）
10・23 清泰院一五〇回忌により非常の大赦を令
諸士から知行所百姓へ直接米売渡しの指示等禁止の触れ
土橋御門竣工につき、同門往来再開の通知
10・26 下口百坂で女二人磔刑、拷札書上

今月朔日の本納米価
沢庵和尚の一書

11・1　月次出仕
今月の天気

11・15　月次出仕、★風邪により欠席
転役（山森）

11・16　転役（寺西）

11・18　6日、水戸中納言逝去により各種遠慮触れ
右により7日、斉広両御丸登城、帰路水戸家訪問

11・22　組外へ昇格（松原）、永年入情勤務、定番御歩小頭より
新知七〇石（大橋）、普請会所永年入情勤務により
潟・川漁の厳正について触れ
転役（長）
足軽・坊主の着服について触れ
右、★組に該当せずにつき、小頭へのみ通知
15日於江戸、清泰院法会懸りの人々へ拝領物あり
18日於江戸広徳寺、浄珠院（6代吉徳側室）二五回忌法事前倒し執行
越中勝興寺、宗意一件につき江戸へ召喚、20日江戸着等
23日出奔の在江戸算用者（加藤）自害一件
17日午五刻より入寒
上州町家娘の詠歌一首
蜷川新右衛門妻の歌一首
西行法師の歌一首
七言絶句一首
中国説話詩

12・1　月次出仕
今月の天気

12・11　新知・転役（津田）
役儀指除・逼塞（三田村）

12・15　月次出仕

12・16　跡目二五件（交名あり）

12・17　縁組・養子等諸願仰出
治脩、諸士の来年頭礼受けず、御礼銭については提出時期を触れ
6日於江戸、8月15日拝領の雲雀披く

12・22　扶持加増（井上）

昇格・改名（木村）
転役・役料（岸）

12・23　★来年頭献上目録を奏者所へ持参、着服は常服
★小頭中の目録、同役（富永）と連名で提出
11日、斉広・大御前様へ公方様・御台様より歳暮祝儀拝受
御前様へは尾張市ヶ谷邸逗留につき、同所へ上使あり
賭けの諸勝負禁止触れ

12・24　当暮の諸士への貸渡金の触れ（階級別貸銀高書上）
19日於江戸、跡目（関）、御歩から組外へ組替えにより由緒帳引渡し
歳末祝詞登城

12・28　加増・転役（松崎）
加増（永井）

12・29　来正月8日の月次経書講釈取止め廻状あり
22日於江戸、江戸詰人難渋により貸渡金の触れあり
西方一向宗のいわゆる「三業惑乱」一件（長文）
2月、永年中絶の与力を、寄親より改めて召出を願うを抑制す

離別の母方親類服忌について
裕次郎死去に関し、側近の自分指控伺一件

耳目甄録　廿二

文化元年―文化二年　氏名索引

姓読み方一覧

読みは諸士系譜による

あ	新	あたらし
	在山	ありやま
い	一色	いっしき
	生田	
	生山	
	磯松	
	出野	いでの
う	上木	
	上村	
	上坂	こうさか
	瓜生	うりゅう
	牛園	
	氏家	附．団
え	榎並	
お	大槻	附．園田
	小幡	
	小瀬	
	小原	
	小篠	
	小竹	
	小倉	
	小野木	
	小谷	
か	帰山	かえりやま
	改田	
	角針	
	河野	かわの
	河地	かわち
	河内山	こうちやま
	上月	こうづき
	印牧	かねまき
	菅野	（すがの）
	神戸	かんべ
	樫田	かしだ
き	久徳	きゅうとく
く	陸田	くがた
	九里	くのり
	熊谷	
こ	郡	こおり
	小川	
	小塚	
	小寺	
	小沢	
	小谷	
	小畠	
さ	篠井	しのい
	篠島	
	山東	さんとう
し	篠原	ささはら
	篠田	
す	菅	
	寸崎	
せ	千福	
	千田	
	千羽	
	千秋	せんしゅう
そ	副田	そえだ
	曽田	そだ
	尊田	たかた
た	鷹栖	たかのす
	武	たけ
	団	だん
ち	長	
つ	槻尾	附．寺島
	柘櫃	つげ
	角尾	つのお
て	豊島	てしま
と	栂	とが
	鴇田	ときた
	東郷	附．中村
	土肥	附．武藤
な	長田	
	半井	なからい
	中居	なかぎり
に	仁岸	
ぬ	布目	
ね	根来	
は	端	
	伴	附．佐垣
ひ	土方	ひじかた
	比良	
	一木	ひとつぎ
ふ	二木	ふたき
	古市	附．赤井
へ	別所	
ほ	堀部	
	細井	
ま	増木	
	曲直瀬	まなせ
み	三階	みかい
	神子田	みこだ
	満田	みつだ
	三吉	
む	武藤	附．土肥
や	安武	やすたけ
	安見	やすみ
	保田	やすだ
ゆ	由比	ゆひ
	行山	ゆきやま
よ	葭田	よしだ
わ	和角	わずみ
	分部	わけべ
	脇葉	

○は閏月

姓・通称	諱		扶持	年月日	没年月日	享年
あ						
青木多門	直信		800	文化1・2・末(2・28) 6・15 9・17 文化2・10・8	文化7・8・27	
青木与右衛門	貞幹		500	文化1・9・28 9・29 10・1 10・2 12・17 文化2・1・22 4・末 6・末(6・6) 7・末(7・18) 12・24(12・19) 12・末(12・22)		
青地七左衛門	愛敬		800	文化1・4・23 5・6 7・6	文化1・4・21	
〃 要人	親久		800	文化1・7・6 8・晦 文化2・12・16	文化2	
〃 寅之助・信左衛門	順信		800	文化2・12・16	天保10・9・1	50
青山将監	知次		7650	文化1・4・13 5・8 8・1		
明石数右衛門	定位		200	文化1・7・6	文政	
赤井猪散太・平左衛門			300	文化2・7・22	文政5・1・12	
浅加作左衛門・三左衛門	中郷		1000	文化1・10・11	文政12	
浅野三郎左衛門				文化2・5・末(5・27)		
安宅三郎左衛門	規景		200	文化2・12・16	文化2	
〃 栄之助	弁升		200	文化2・12・16		
安達弥兵衛	正純		400	文化1・2・末(2・1)(2・21) 4・29 5・17 11・2 12・24 文化2・1・3 3・13 4・頭 8・13	文化7・9・6	58
油屋長右衛門		町人		文化2・8・11		

姓・通称	諱		扶持	年月日	没年月日	享年
新井升平	篤光		200	文化1・10・3 文化2・2・3 3・23	文化6	
有賀清右衛門	直一		1600	文化1・10・18 10・21 11・7	文化9・1・23	
有沢数馬・才右衛門	貞庸		550	文化1・9・17	天保8・7・8	
有澤惣左衛門	元貞		200	文化1・12・11	文化1・8・11	24
〃与八郎	貞吉		200	文化1・12・11	文政3・1・24	
有澤平右衛門・幸蔵	貞親		200	文化1・12・11		
い						
池嶋友右衛門		与力		文化2・12・末		
池田繁蔵	政恒		320	文化1・5・6		
池田勝左衛門	景福		400	文化1・3・8 4・7 8・晦（8・26） 10・18 10・19 12・17		
生駒熊之助			150	文化2・10・11		
生駒内膳・勘右衛門	儀知		300	文化1・9・1		
〃熊次郎・熊次郎		弟	150	文化1・9・1		
石川兵勝・惣十郎	憲勝		600	文化1・5・15	天保3	
石黒嘉左衛門	道尚		150	文化1・10・13	文化4・9・8	70
〃堅三郎・判大夫		二男	100	文化1・10・13	天保2	
石黒源五郎		儒者	15口	文化2・2・8 4・8		
石野主殿助	寛氏		150	文化1・8・16 9・16 10・1 文化2・3・12 9・15	文化5・7	
伊藤雅楽之助			100	文化2・2・23	天保4	
伊藤権五郎	勝禎		1000	文化1・10・18 文化2・12・24（12・19）	文化8・2	
伊藤主馬・五左衛門	昭頼		200	文化2・5・末（5・22）	文政	

伊藤友五郎			350	文化2・7・22	享和3・2・19	
〃駒之助	昭晃		350	文化2・7・22		
伊藤靱負・内膳	惟純		2800	文化1・11・1		
稲垣八郎左衛門			150	文化1・4・11	文化1・4・11	44
〃伝次郎				文化1・4・11		
井上井之助	直政		700	文化1・5・8		
井上勘助	和索		300	文化2・12・末	寛政2	
井上十右衛門・八十郎			100	文化2・7・22		
〃九郎太郎・九内			100	文化2・7・22 10・11		
井上善吉			150	文化2・12・22		
井上太郎兵衛	盛陳		300	文化1・7・28		
井口数右衛門		料理人		文化1・6・11		
井口勇次郎・良左衛門	永保		500	文化1・9・28 文化2・1・22		
猪俣吉郎左衛門	景政		160	文化1・6・3	文化11・9・11	62
茨木源五左衛門	自道		2050	文化1・9・15 10・19 文化2・2・26	文政4・10	
				10・26		
今井左大夫	雅言		300	享和4・2・18		
今井求馬	矩方		500	文化1・8・晦		
今枝内記	易道		14000	文化1・3・末(3・16)	文化12・7・16	57
今村源助	保		150	文化2・10・22		
今村三郎大夫	量景		300	文化1・6・末(6・22) 7・11 12・11	文化1・6・26	54
〃養次郎・五郎兵衛	景氏		300	文化1・12・11 文化2・12・16		
今村次兵衛			100	文化1・7・6	享和3・10・15	
〃兵吉郎・源左衛門	種徳		100	文化1・7・6	天保	
今村藤九郎	懿			文化1・5・6 12・17	天保1・11・8	64

姓・通称	諱		扶持	年月日	没年月日	享年
				文化2・5・末(5・27) ⑧・末(8・11) 10・16		
今村直九郎	政和		300	文化2・7・22	文化1・10・16	
〃 深作・織人	政従		300	文化2・7・22	天保13	52
岩倉庄助		歩	100	文化1・3・20 6・28	文化8・5・6	
岩田源左衛門			500	文化1・6・末(6・22) 12・11	文化1・6・24	36
〃 余所七	盛昌		500	文化1・12・11		
岩田伝左衛門	盛昭		1000	文化1・7・13 7・14 12・11		
う						
上木金左衛門	自庸		800	文化1・5・15 8・晦(8・20)	文政8	
上坂粂之助・平九郎	景従		200	文化1・5・6	文政7・2	
魚住道仙		医師	200	享和4・2・16 文化1・8・16		
臼井丹大夫			150	文化1・12・11	文政10	
薄井左平		歩		文化1・6・末(6・14)		
え						
越中屋七兵衛		町人		文化2・10・26		
〃 むめ		後家		文化2・10・26		
お						
大久保伊左衛門	忠雄		500	文化1・7・6	享和3・9	60
〃 覚兵衛	直忠		500	文化1・7・6	天保3・9	
大嶋忠左衛門	義居		150	文化1・8・11 12・11	文化1・6・20	51

〃忠大夫	武雅		150	文化1・12・11		
太田数馬・小又助	盛一		300	享和4・2・18 文化1・9・17 10・24 10・18（10・17） 11・11		
太田総左兵衛				文化1・8・11		
大高東栄	厚胤		250	享和4・2・16 8・16 文化2・⑧・末（8・11）		
太田兵之助			500	文化1・12・11	文化1・9・7	
〃他三郎・作兵衛	義忠		500	文化1・12・11	天保9	
大塚長大夫	福敬		200	文化2・7・22	文化2・1・29	66
〃平五郎	長尚		200	文化2・7・22	文政5	
大音南郊・帯刀	厚曹		4300	文化2・3・12	文化2・3・12	84
大野木舎人・隼人	直行		1650	文化2・8・28 12・16	文化2	
〃良之助・舎人			1650	文化2・12・16	天保4	
大野茂右衛門			180	文化1・6・3	文化2・5・17	72
大橋作左衛門	則成		800	文化2・5・21 5・末（5・27）	文政2・1・27	
大橋貞右衛門			80	文化2・11・22		
大村七郎左衛門			350	文化1・11・3	文化8・9・22	45
大村武次郎	昌紹		250	文化2・5・末（5・27）	天保5・6	
大脇浅之丞・伊右衛門			150	文化2・10・16	文化8・3・23	38
岡嶋采女・順之助	一之		300	文化1・6・末（6・22）		
岡田伊右衛門	康貞		200	文化1・6・17 文化2・2・晦	文化5・10・16	
岡田主馬・十郎兵衛	貞久		650	文化1・6・8	天保3	
岡田久延	邦実		120	文化1・6・25	文化6・6・16	78
岡田助右衛門	之式		350	文化2・2・18		
岡田又右衛門	宣好		350	文化2・4・9		

姓・通称	諱		扶持	年月日	没年月日	享年
岡田茂右衛門	備正		200	文化1・7・1		
岡野政右衛門	正秀		30	文化1・7・1		
岡野判兵衛			180	文化2・7・22	文政9	
岡本次郎左衛門	永興	歩小頭		文化1・2・末(2・1)	文化1・2・8	
小川久大夫			70	文化2・9・11		
〃兵左衛門	勝富		70	文化2・9・11		
小川伝九郎	知安		500	文化1・6・末(6・22) 8・16		
興津兵助				文化1・7・13		
沖野長哲				文化1・6・4		
奥泉幸助・海平			10口	文化1・7・14		
〃新録	有善		100	文化1・7・14		
奥野保兵衛			550	文化1・8・晦	文化	
奥村河内守	尚寛		1700	享和4・1・3 1・5	享和3・12・24	48
儀十郎・丹後守	栄実		1700	文化1・3・末(3・11) 4・6 4・15 9・9 9・13	天保14・8・9	52
奥村源左衛門	尚之		2700	文化1・5・8 8・晦	天保5・12・25	
奥村左京	質直		10000	享和4・2・頭 文化1・2・末(2・1)(2・21) 5・17 7・25 7・末(7・1) 7・頭 7・7 7・27 7・末(7・1)(7・26) 8・23 9・2 9・9 9・13 10・5 10・7 10・10 11・頭 11・11 11・13 11・15 11・23 11・25 文化2・1・22 3・11 3・末(3・26) 4・15 4・末(4・1) 5・末(5・27)	文化14・6・10	

				7・末(7・18) ⑧・末(8・11)		
				9・末(9・24) 12・24(12・19) 12・末		
奥村鉄七郎				文化2・8・11	文化6・2・15	30
奥村鉄之助	師昌		350	文化1・6・末(6・22)		
奥村半五兵衛			600	文化1・2・末(2・28) 7・6		
〃久五郎・半兵衛	信成		600	文化1・7・6		
音地清左衛門	克比		180	文化1・2・20 文化2・10・1		
小幡右膳	信之		500	文化1・5・15 7・6	文化1・4・27	56
〃左門・多門	信道		500	文化1・7・6 10・10 文化2・12・末	天保9・	61
小幡雅楽助・式部	通之			文化1・7・末(7・2)	文政4	
小幡次郎・忠右衛門	信因		400	文化1・2・末(2・28) 文化2・12・16		
小畠弥六			100	文化1・12・11		
〃弥五郎			100	文化1・12・11		
小原惣左衛門	惟彰		350	享和4・1・末(1・20) 文化1・3・16	天保8・7	84
小原貞次郎		本組与力		文化2・7・22		

か

改田主馬・直次郎	政成		350	享和4・2・18 文化1・12・17	文政12	
帰山長大夫				文化1・12・15		
笠間伊大夫	英里		140	文化2・7・22		
〃祐助・友助	尚賢		140	文化2・7・22		
笠間九兵衛	定懋		260	文化1・3・8	文政12・4	
笠間源太左衛門	以信		480	文化1・8・18 11・25 文化2・2・11	文政11	
				6・7		
春日斧人	政		250	文化2・8・11	文化2	

姓・通称	諱		扶持	年月日	没年月日	享年
加須屋助右衛門	由満		250	文化1・7・6 12・11	文政10	
加須屋団蔵	孝意		150	文化1・11・2	文化8	
片岡亮左衛門	知周		230	文化1・3・末(3・25)		
葛巻昌興	権佐		850	文化1・9・末		
葛巻佐六郎	昌頎		300	文化1・8・晦 12・13	文化10・4・7	
加藤左次馬	惟明		100	文化2・⑧・23	文化5・4・18	
加藤三四郎・与三助	恭道		400	文化1・6・8 6・17 文化2・2・14		
加藤新兵衛	正信		170	文化1・8・27	文化7・1・10	
加藤八郎大夫				文化2・11・末(11・23)		
金岩嘉大夫	喬喜		100	文化2・7・22	文化	
〃 大次郎	善賢		100	文化2・7・22	文政12・7・5	
金岩八郎		算用者		文化1・4・13		
金谷佐大夫	建尚		250	文化1・11・2	天保6・9・16	
鹿野貞右衛門		御鷹方	40俵	文化1・12・25		
〃 忠蔵			40俵	文化1・12・25		
金子吉郎左衛門	定能		350	文化1・7・6		
〃 与三之助	兼定		350	文化1・7・6		
神尾孫九郎	一直		1700	文化1・5・末(5・28) 8・27	文政5・8	
河合養見			5人	文化2・7・22		
〃 養春			5人	文化2・7・22		
川(河)嶋一平	守之		120	文化2・12・16		
〃 件六・平左衛門	博孝		120	文化2・12・16		
川嶋伴七		御鷹方	50俵	文化1・12・25		
〃 忠兵衛		御鷹方	50俵	文化1・12・25		

〔河原左次馬	直秀		500	文化2・12・16	文化2	
〃求馬・右近	直行		500	文化2・12・16	天保11・6・29	
河辺八左衛門			100	享和4・1・末(1・28)		
河村茂三郎	和貴		600	文化1・12・3	文政12	
河内山久大夫	乙昌		450	享和4・1・末(1・28) 文化1・3・頭 3・18 4・29 5・頭 5・3 5・8 5・15 5・17 6・25 7・11 8・16 9・28 9・29 10・1 10・2		
神田才次郎・一平	言睦		250	文化2・10・22	天保10・3・7	69
神田十郎左衛門	政清		350	享和4・2・11 文化1・3・18 12・17	天保	
神田半蔵				文化1・12・26		
神田与大夫		歩		文化1・7・末(7・23)		
〔神戸左七郎			230	文化2・12・16	文化2	30
〃欣十郎・内蔵太	盛継		230	文化2・12・16		
き						
菊池九右衛門	作則		800	享和4・1・末(1・28) 2・頭 文化1・2・末(2・28) 4・頭 4・23 4・29 5・17 8・頭 8・18 8・23 8・晦(8・20) 11・11 11・14 12・頭 12・17 12・25 文化2・1・18 1・22 3・19 3・26 4・末 8・11 9・23 12・24(12・19)	文政9	
〔岸牛右衛門		歩		文化1・6・1	文政8・3	
〃七郎			5人	文化2・12・22		

姓・通称	諱		扶持	年月日	没年月日	享年
城戸元右衛門・此母	高伴		150	文化1・6・3	文化11	
木梨左兵衛	有慶		250	文化2・⑧・4		
木梨訥軒	政仲			文化1・7・末(7・2)	文化2・7・4	77
木下槌五郎	槌		60俵	文化1・9・17		
木村多治右衛門			150	文化1・7・6		
〃儀大夫			150	文化1・7・6		
木村茂兵衛	定好		200	文化1・5・6 9・17	文化11・12・12	
木村弥次兵衛・弥右衛門	寛栗	算用	100	文化2・12・22		

く

姓・通称	諱		扶持	年月日	没年月日	享年
九津見甚兵衛			200	文化1・4・11		
久津見左次馬	信明		150	文化2・12・16	文化2	
〃長八郎			150	文化2・12・16		
国沢所兵衛			200	文化2・12・16		
〃源六郎	政孝		200	文化2・12・16		
九里幸左衛門	正始		650	文化1・3・末(3・25) 文化2・2・15		
				2・26 4・9 4・末		
〃波江			650	文化1・3・末(3・25)	文化13	
久保江庵	三柳		200	享和4・1・1 2・16		
窪田左平	秀政		300	文化1・6・5 6・25 12・11	文化1	
				文化2・2・26		
〃権佐	秀雄		300	文化1・12・11		
黒川元恒			150	文化2・2・14		
黒田源蔵		御鷹方		文化1・6・末(6・14)		

こ

小泉権之助・十郎右衛門	盛明		500	文化1・9・28	文化11・10	
小塚伝大夫		歩		文化1・12・25		
小塚藤右衛門		異風	30	文化1・7・1		
小塚八右衛門	政懿		900	文化1・9・17 11・25		
小杉喜佐衛門	慎筒		170	文化1・7・11 7・28 文化2・12・16	文化2・5	63
〃半七郎	慎簡		170	文化2・12・16		
小寺武兵衛	惟孝		600	文化1・5・6 6・末(6・24) 12・11	文化1	
				文化2・2・26		
〃主計・雅右衛門	孝類		600	文化1・12・11		
後藤清次郎			150	文化2・12・16	文化2	
〃仲			150	文化2・12・16	天保5	
後藤又助	恭明		450	文化2・12・16	文化13・10・1	81
後藤杢左衛門	尚敦		230	文化1・8・20 9・1 12・11	文化1・4・11	
〃杢次郎	尚道		230	文化1・12・11		
小西喜兵衛		弓師	210	文化1・7・1	文化11・7	
小西平大夫・小源太			200	文化2・9・4	天保13・5	72
小堀左内・牛右衛門	頼之		2000	文化1・5・28		
小堀新蔵			1000	文化1・7・6	文化1・4・13	
〃八十大夫	政休		1000	文化1・7・6	天保6・1・12	55
駒井清六郎・宇右衛門	守真		500	文化1・11・7		
駒井武助			100	文化1・12・25(12・24)	文政13	
近藤金七郎		算用者		文化1・10・末(10・8)		
〃次郎九郎		算用者		文化1・10・末(10・8)		

姓・通称	諱		扶持	年月日	没年月日	享年
さ						
斉藤吉兵衛	忠直		300	文化2・7・22		
〃 亥(伊)太郎	中務		300	文化2・7・22	文政12	
斉藤久之助	好寛		250	文化1・12・11		
〃 十之助	武亨		250	文化1・12・11	天保15・3・27	
斉藤大次郎		算用者		文化1・4・13		
斉藤孫之丞		村井家臣		文化2・12・末(3・9)		
坂井小平	克昌		200	文化1・7・6	享和3・10・25	
〃 庄太郎・小左衛門	師貞		200	文化1・7・6 8・晦		
坂井甚右衛門	直正		450	文化2・10・3 11・15	文化2・10・3	51
坂井甚太郎・与右衛門	直清		600	文化1・3・末(3・25)		
坂井八十八			50	文化2・12・16		
〃 斧吉	秀英		50	文化2・12・16	天保13	54
坂倉長三郎・伝右衛門	敦朝		300	文化1・7・13	文政1・11・6	
酒屋与三右衛門		町人		文化2・10・26		
〃 そよ		妻		文化2・10・26		
崎田市郎左衛門			230	文化1・6・28	文化1・12	
佐久間武大夫	盛昭		400	文化1・4・23	天保2・10・20	
佐藤勘兵衛	直寛		1200	文化1・4・23 7・7		
佐藤治兵衛	延政		700	文化1・11・3	文政3	
佐藤清蔵			100	文化2・9・4		
〃 伝三郎	数衛		100	文化2・9・4		
佐藤八郎左衛門	直尚		500	文化1・7・末(7・1) 8・23	文化6・5・22	

佐藤弥次兵衛・十郎左衛門	親友		300	文化1・3・末（3・16）　5・6　8・4　8・27　12・11	文化5・8・27	
〃　八百助・助左衛門			300	文化1・12・11		
里見右門・七左衛門	元資		1200	享和4・2・18	天保1・4	
真田佐次兵衛	信定		600	文化1・7・5　12・22	天保14	83
沢田伊佐右衛門	政詔		1000	文化1・6・4	文化4	
沢田源左衛門	尚賢		400	文化1・11・晦	天保5・12	59
山東甚五郎・次右衛門	陳條		200	文化1・6・末（6・22）	天保1・10	

し

品川主殿	景武		3000	文化1・6・1	文政	
篠嶋茂平	清方		200	文化1・12・13　12・22	文政1	
篠田半大夫			30人	文化1・11・7		
篠原権五郎	尚賢	居合		文化1・6・末（6・24）	享和2・8・7	
〃　勇三郎				文化1・6・末（6・24）		
篠原孫大夫				文化1・8・6		
篠原与四郎	篤行			文化1・12・22	文政3	
芝山織人	広厚		400	文化2・2・2　7・22　12・末		
〃　源左衛門			400	文化2・7・22	文政3	
清水瀬兵衛		権佐家来		文化1・7・末（7・2）		
志村五郎左衛門	吉明		150	文化2・12・16	文化2・7・6	
〃　直七郎	広厚		150	文化2・12・16		
庄田兵庫	察孝		1600	文化1・7・6	享和3・12・12	70
〃　権佐・兵庫			1600	文化1・7・6		
庄田要人	敬明		300	享和4・1・末（1・20）	文化8・2・22	

姓・通称	諱		扶持	年月日	没年月日	享年
進士数馬						
〃 岩之助・源左衛門	武成	二男	100 100	文化1・10・13 文化1・10・13		
進士求馬・源兵衛	直内		620	文化2・12・末	天保4	
神保金十郎・鉦五左衛門			250	文化2・2・27		
神保縫殿右衛門	純倫		550	文化1・12・11 12・25（12・24）	文政1	
				文化2・2・2 12・末		
神保又太郎	信之		150	文化1・7・17 文化2・6・7	文政4	
す						
菅野劉平	徳布		200	文化1・4・11		
杉江助四郎	綏定		200	文化2・1・17 文化2・4・15		
杉江兵助・左内	政恒		600	文化1・7・6		
〃 長八郎・杢左衛門	邦政		600	文化1・7・6 文化2・8・28		
杉野善三郎	盟		300	文化1・4・7	天保	90
杉山新平			600	文化1・8・23 9・頭	文化3	
鈴木知右衛門			250	文化2・7・22		
〃 岩五郎			250	文化2・7・22		
鈴木彦大夫			250	文化1・12・11		
〃 小太郎			250	文化1・12・11		
鈴木与四郎・茂右衛門	義方		300	文化1・6・末（6・22）	文化4・3・16	
せ						
関 弥大夫			100	文化2・12・24（12・19）	文化2	
〃 弥市郎			100	文化2・12・24（12・19）		

関屋中務	政良		1050	享和4・2・2 文化1・3・15 3・20 3・28 12・17 文化2・9・15		
仙石兵馬	久持		300	文化1・5・25 6・8 6・15 7・11 7・14 7・19 8・11 9・15 9・16 文化2・3・末（3・28） 8・11	文政7・8	
千秋次郎吉			500	文化2・1・21		

そ

曽田永蔵・清大夫			150	文化1・3・6	文政12・12	
園田一兵衛	佑賢		300	文化2・12・16		
〃 金左衛門			300	文化2・12・16		
園部宗九郎				文化1・4・13		

た

高桑弘三郎・祥右衛門	知邑		120	文化2・⑧・23	文政5	
高桑善五郎	永政		320	文化2・5・1	文政6	
高崎才治			200	文化2・12・16		
〃 小太郎			200	文化2・12・16		
高沢牛太郎			450	文化1・7・6	文化1・3・24	19
〃 甚五郎・八郎左衛門		弟	450	文化1・7・6		
高沢五左衛門		兄		文化1・7・6		
高田昌大夫			400	文化1・12・13 文化2・2・26		
高橋孤八郎・孤一右衛門		歩		文化1・6・1		
高橋新平	忠音		100	文化1・7・6		
高橋鉄之助・杢左衛門			180	文化1・11・末（11・15）	文政10・9	

姓・通称	諱		扶持	年月日	没年月日	享年
高畠安右衛門	政久		200	文化1・3・16 7・19 10・19	文化9・10・14	
				文化2・8・4 10・1		
高畠五郎兵衛	厚定		700	文化1・5・7 文化2・2・2	文化7・9・25	
高畠彦之丞・善大夫	定則		500	文化1・4・11	天保10・2・17	73
鷹栖伝九郎・伝次郎			200	文化1・7・6		
〃 立之祐・平吉郎	久張		200	文化1・7・6		
鷹屋新左衛門				文化2・1・28		
高柳宇左衛門			120	文化2・2・2 8・25		
多賀左近	直清		6000	文化1・5・25	文政	
多賀帯刀	安定		3000	文化1・7・6		
〃 清次郎・典膳	宗英		3000	文化1・7・6		
竹内十郎兵衛			150	文化1・11・4 文化2・12・16	文化2	
〃 十郎左衛門			150	文化2・12・16		
竹田掃部	忠善		3500	文化1・5・7 文化2・12・末		
竹田源右衛門	忠貞		300	文化1・5・6	享和3・8・6	
武田何市・判大夫	信典		800	文化1・7・11 7・13 7・14 8・9		
				8・11 8・30 10・18 11・7		
				文化2・8・15 10・8		
武田喜左衛門	信古		400	文化1・5・3 8・晦 10・18(10・17)	文政8	89
				10・24 11・13 文化2・10・23		
武 貞右衛門	晋蔵	与力	200	文化2・12・末		
棚橋平六		鷹方		文化2・8・28		
田中市蔵				文化2・2・26		
田中又作		歩		文化1・7・末(7・23)		

田辺五郎左衛門	是頼		200	文化1・5・6　6・25		
田辺善大夫	直養		330	文化1・7・6	寛政9・7・12	
〃永三郎・左兵衛	永保		330	文化1・7・6		
田辺判五兵衛	直廉		300	文化1・12・1	文政2・6・28	
田辺丈平	正尚		200	文化2・7・25　⑧・23	文化13	
谷　猪左衛門	以直		300	文化1・12・11	文化1・5	
〃松九郎・誠大夫			300	文化1・12・11	文化5・4・20	
玉井主馬			1000	文化1・7・6		
〃鉦太郎	権作		1000	文化1・7・6	文政5・7・14	
玉井宗仙・主税	貞通		500	文化1・7・6	享和3・12・3	
〃勘解由	貞矩		500	文化1・7・6	天保5	
玉川七兵衛	成方		400	文化1・11・13　文化2・2・26		
多羅尾左一郎	守静		300	文化2・10・22	天保9・6・9	
団　多大夫・七兵衛	清信		450	文化2・2・26　8・28　12・末	文政	

ち

長　大隅守	連起		33000	文化1・12・末　文化2・12・末	寛政12・10・14	69
〃甲斐守	連愛		33000	享和4・1・頭　1・末(1・26)(1・28)　文化1・2・19　5・8　6・末(6・24)　6・頭　6・18　7・7　9・28　10・頭　10・18(10・17)　10・19　11・25　12・28　文化2・2・頭　3・12　5・頭　5・1　5・5　5・21　5・22　5・23　6・2　6・7　9・4　10・頭　12・頭　12・11　12・17　12・23　12・末	天保2・10・13	

姓・通称	諱		扶持	年月日	没年月日	享年
長 作兵衛	連久		800	文化1・11・25 12・12 文化2・11・22	天保5・7	64
つ						
塚本九左衛門				文化1・8・11		
塚本和左衛門			60俵	文化1・7・4		
辻 喜三郎			100	文化1・12・11		
〃 万作	守一		100	文化1・12・11		
辻 多門			450	文化1・7・15		
〃 右近・三郎左衛門	補好		450	文化1・7・15 文化2・7・22	文政11・11・9	
辻 平之丞	彰信		600	文化1・5・7 10・11 文化2・10・11	文政7・⑧・27	
辻 勇五郎			100	文化2・7・22		
〃 銀之助			100	文化2・7・22		
津田栄八郎			200	文化1・12・11	文化1・9・21	
〃 亮之助	鳳郷		250	文化1・12・11		
津田休寛		町医		文化2・5・21		
津田玄蕃・内蔵助	政本		1000	文化1・2・末(2・19)	文政12・7・27	
津田権五郎	居方		500	享和4・1・19 文化1・5・6 12・17		
				文化2・1・28 2・26 6・9		
津田権平	政鄰		700	享和4・1・3 1・6 1・29 1・21		
				2・11 2・15 文化1・2・19 2・21		
				3・5 3・18 3・20 4・2 4・15		
				4・27 4・29 5・1 5・5 5・6		
				5・8 5・15 5・17 5・18 5・23		
				5・25 5・末(5・29) 6・18 7・頭		

				7·7 7·25 7·27 8·11 10·2 10·4 10·11 11·頭 11·11 11·22 12·17 12·18 **文化2·1·頭** 1·1 1·26 2·26 3·頭 3·8 3·10 3·15 3·19 4·13 4·15 5·頭 5·5 5·21 5·22 6·1 6·2 6·11 6·12 6·26 7·頭 7·11 9·頭 9·15 11·頭 11·18 11·22		
〃辰之助				**文化1**·4·27 4·29 5·6 6·末(6·24)		
津田善助・善兵衛			650	**文化1**·5·15 6·18		
津田兵大夫		坊主頭	100	**文化2**·12·11		
津田孫兵衛・治兵衛	直道		400	**文化2**·7·22	享和3·12·22	
〃善四郎			400	**文化2**·7·22	文化10·6·20	
土山三郎左衛門		料理人		**享和4**·1·末(1·28)		
筒井常右衛門・右門			150	**文化1**·7·6		
〃定右衛門・喜左衛門	則親		200	**文化1**·7·6	天保4	
恒川七兵衛	寿年		500	**享和4**·2·11 **文化1**·12·17	文化5·6·1	
坪江円蔵				**文化1**·11·22		
て						
出野新左衛門				**文化1**·7·6		
出野繁蔵			15人	**文化1**·7·6	享和3·10·20	
〃新平			15人	**文化1**·7·6	文化6	
寺尾五郎作		料理人	35俵	**享和4**·1·末(1·28)		

姓・通称	諱		扶持	年月日	没年月日	享年
寺尾甚之助		算用者		文化1・4・13		
寺田九之丞		儒者		文化1・9・17		
寺田弥左衛門	将順		160	文化2・11・16	文化7・7・30	
寺西九大夫・亥八郎			170	文化2・7・22	天明7・1・15	
〃安五郎・六兵衛			170	文化2・7・22		
寺西九左衛門	秀一		7000	文化2・8・28	文化12	
寺西平六郎・平左衛門	秀実		500	文化1・9・1 文化2・2・11 8・25	天保2	

と

姓・通称	諱		扶持	年月日	没年月日	享年
任田金蔵		料理人	120	享和4・1・1 文化1・2・末(2・28)		
遠田誠摩	自久		1050	文化1・2・末(2・1) 3・8		
栂 源左衛門	羨恭		500	文化1・7・6	寛政13・1・6	42
〃豹九郎・杉松	安恵		500	文化1・7・6 文化2・8・28	天保13	
利倉彦七郎				文化1・12・25		
〃恒吉				文化1・12・25		
戸田五左衛門	就将		150	文化1・5・末	文政8	
戸田斎宮	方重		700	文化1・5・25	享和3・8・6	29
戸田伝太郎・与一郎	勝具		600	文化1・5・6 12・17	文政2	
				文化2・5・末(5・27)		
冨田九郎右衛門	守典		500	文化2・1・22	文政2	
冨田権佐	景周		2500	文化1・2・末(2・1) 文化2・2・8	文政11	
冨田彦右衛門			350	文化2・7・22	文化2・1・8	
〃信次郎・儀右衛門	政安		350	文化2・7・22		
冨永右近右衛門	助有		700	文化1・2・末(2・28) 4・7 4・29	文化13	

				6・末(6・24) 12・20 文化2・3・19 9・4 12・末		
富永久大夫	助三		100	文化1・12・11	文化1・5・21	
〃九十郎・和左衛門	助友		150	文化1・12・11		
富永権蔵	必昌		1050	文化1・4・29 5・6 5・17 6・頭 6・18 6・末(6・24) 7・7 8・11 9・16 10・頭 10・19 11・7 11・25 12・17 文化2・2・26 8・25 ⑧・頭 9・4 10・頭 12・頭 12・23 文化2・12・24(12・19) 12・29	文化4・4・19	35
豊嶋左門	是次		100	文化1・7・6	享和1	
〃小十郎			100	文化1・7・6	文政8	

な

永井源六		算用者		文化2・12・28		
永井貢一郎	尚古		300	文化1・6・4 9・1 11・3	文政2	
永原久兵衛・左京	孝吉		3000	文化1・5・11	文政11	
永原権平			2500	文化2・12・16		
永原治九郎	孝建		800	享和4・1・3 1・5 1・15 1・19 文化1・2・19 2・21 3・末(3・16) 7・21 7・末(7・1) 8・11 8・18 9・15 10・19 文化2・8・4		
永原七郎右衛門	孝弟		500	享和4・2・11 文化1・4・11 7・末(7・1) 8・23 9・2 文化2・6・7 12・16	文政4・4・7	68

姓・通称	諱		扶持	年月日	没年月日	享年
永原善次郎	孝勝		500	文化2・12・16	文化2	
〃虎一郎	孝行		500	文化2・12・16		
永原大学・大八	孝尚		2500	文化2・8・28	文化2・8・29	
永原半左衛門	煖寛		450	文化1・11・3	文政2	
長井助左衛門	在寛		100	文化1・7・6		
〃平吉	有穀		100	文化1・7・6 文化2・12・16		
長瀬五郎右衛門	忠良		1000	文化1・4・11 6・3 7・4	文化11・10・12	
長瀬善次郎・善左衛門	既清		800	文化2・2・4		
中泉七大夫	基理		200	享和4・2・15 7・6 7・19 10・18	文化12	
中川助三・四郎左衛門			400	文化1・5・23		
中川清六郎・八郎右衛門	顕忠		5000	文化1・2・末(2・1) 7・7 9・17	文化12・10・6	42
				文化2・2・2 2・18 6・7 10・16		
				12・末		
中川平膳	忠好		1000	文化1・12・3 文化2・1・22 4・末		
				5・末(5・26) 7・末(7・18) 9・15		
				12・末(12・22)		
中嶋要助		歩		文化1・11・2		
中谷与大夫				文化2・7・末(7・7)		
中西順左衛門	孝交		150	文化2・2・14	文政9・4・22	
〃順作	孝義		150	文化2・2・14	天保10・4・7	63
中西清助		歩		文化1・5・1		
中宮半兵衛	久達		150	文化1・8・11		
中村折之助			300	文化2・7・22		
〃文三郎		弟	300	文化2・7・22		

〃五兵衛		兄	300	文化2・7・22	
中村求之助	性政		1150	文化1・9・21	
中村九兵衛	帷正		300	享和4・1・3 2・18 文化1・2・19	
				3・8 文化2・3・15 9・4	
中村源左衛門			100	文化1・12・11	
〃源右衛門			100	文化1・12・11	
中村左平太・次郎左衛門		歩小頭		文化1・7・14 12・11	
中村治左衛門			50俵	文化2・7・22	
〃万之助		歩	50俵	文化2・7・22	
中村清左衛門				文化2・2・11	
〃甚左衛門		歩		文化2・2・11	
〃甚太郎		歩		文化2・2・11	
中村善左衛門	久供		100	文化1・7・14	
〃善之助			200	文化1・7・6	
〃源六・武兵衛			200	文化1・7・6	天保2
中村宗兵衛・織人	誠之		300	文化1・7・末(7・1) 8・3 8・20	天保3
				9・2 9・9 11・13 11・25	
				文化2・8・4 10・1	
中村沖右衛門		歩横目		文化1・11・11 11・14	
中村直江・平次右衛門	守望		250	文化1・4・23	
中村八郎兵衛	保教		200	文化1・5・6	文化5・4・27
中村半左衛門	菊隆		200	文化2・12・16	
〃十蔵・七左衛門	一吉		200	文化2・12・16	
中村文安		医師	10人	文化1・11・15 11・22 文化2・5・21	
				12・末	

姓・通称	諱		扶持	年月日	没年月日	享年
中村弥十郎			1000	文化1・7・6		
中村弥五兵衛	可致		150	文化1・7・18 文化2・⑧・4		
中村与右衛門		異風		文化1・7・1		
長屋平馬・左近	安敦		2030	文化2・7・28		
鍋屋助七		町人		文化2・9・4		
那古屋恒佑				文化1・11・11 11・14		
波之都		座頭		文化1・12・25		
成田長大夫			500	文化2・7・22		
〃 貞吉			500	文化2・7・22		
成瀬監物・左近種徳	正喬		2500	文化1・7・6	文化1・1・16	44
〃 左近				文化1・7・6		
〃 鍋吉・主税	正敦		2500	文化1・7・6		
に						
西村甚大夫・清左衛門			400	文化1・4・23 文化2・4・9 12・末		
西村与平	喜有		180	文化2・1・20		
ね						
根来三九郎	忠盈		300	文化1・7・1	文化13	
の						
野口左平次・五郎左衛門	貞親		150	文化1・4・23 文化2・4・9	文政3	
野田太郎左衛門			150	文化1・7・6		
〃 皆次郎	成之		150	文化1・7・6		

野村次郎兵衛	永惇		1200	文化2・7・22			
〃仁之助・五郎兵衛			1200	文化2・7・22		文政1	
野村忠兵衛	貞英		300	文化2・4・9		文化7・5	
野村直之助	信之		100	文化1・6・25		文化10・6・2	
は							
萩原源太左衛門	直尽		120	文化2・⑧・4			
萩原八兵衛・又六	季昌		100	文化1・12・28		文政8・1・23	
橋爪五兵衛・忠右衛門			7口	文化2・12・16		文化2・8・29	68
〃八百記・忠重			7口	文化2・12・16		天保6・2	73
橋爪左門	弘矩		230	文化2・7・22		文化1	
〃金左衛門	宣兼		230	文化2・7・22			
長谷川宇左衛門				文化2・12・16			
〃宇八郎			140	文化2・12・16		天保8・9・16	
長谷川平八				文化2・7・22			
〃平太郎			110	文化2・7・22			
服部又助	貞方	歩小頭		文化2・2・11	9・4	文化13・8	
馬場孫三	信営		400	文化1・10・19		享和3・9・7	68
〃藤左衛門				文化1・10・19		文化6・7・29	46
〃恒太郎				文化1・10・19			
早川甚左衛門		所口		文化1・12・14			
早崎宇右衛門		与力	100	文化1・4・13			
〃恒三			100	文化1・4・13			
林浅右衛門			150	文化1・11・2	6・28		
〃伊織・浅丞				文化1・11・2			

姓・通称	諱		扶持	年月日	没年月日	享年
林 周輔	瑜		170	文化1・11・23 文化2・1・22	天保7・8	56
林 弥四郎	克綏		350	文化2・2・18 12・16	文化11	
原 九左衛門	元勲		1280	文化1・2・末(2・1) 文化2・2・2	文化4・12・6	38
原 七郎左衛門	種庸		300	享和4・2・18 文化1・3・8		
原 丈左衛門		鷹方		文化2・8・28		
〃 直之丞				文化2・8・28		
原 与三兵衛		歩横目		文化1・10・末(10・8)		
原田又右衛門	成種	歩頭	500	文化1・5・6 5・1	文政10	
半田牛之助・清次郎	小平		130	文化1・3・末(3・25)		
半田惣左衛門	景福		600	文化1・4・23 12・3	文化8・8・29	
伴 七兵衛	資愛		450	文化1・4・23 文化2・4・9	天保9	70
伴 八矢	方平		5000	文化1・11・3		
伴 酒造・源左衛門	資信		500	文化2・12・16	天保9・1・9	56
ひ						
疋田半平・長四郎			100	文化2・2・2 8・25	文政5	
久田権佐			250	文化1・12・15		
久田儀兵衛	篤親		350	文化2・⑧・23	文政	
一木逸角	移忠		500	享和4・2・11 文化1・3・19 12・11	文政7・5・11	
人見吉右衛門	忠貞		800	享和4・1・19 1・29 2・11	文政5・7・14	
				文化1・2・末(2・28) 3・8 5・6		
				5・7 文化2・5・末(5・29)		
平岡右近・五左衛門	惟進		900	文化1・7・5		
平田三郎右衛門	盛以		350	文化1・5・8 12・3 文化2・1・22	文化13・12・24	55

				5・末（5・26） 6・末（6・6） 9・15		
平田内匠		聞役		文化2・12・末		
平田孫助		歩		文化1・7・末（7・2）		
〃 八右衛門				文化1・7・末（7・2）		
広瀬作兵衛			300	文化2・12・16		
〃 栄次郎	重義		300	文化2・12・16		
広瀬武大夫	胤忠		450	文化1・11・13 12・1	文化11	
広瀬孫助・五郎兵衛			120	文化2・1・21		
ふ						
深尾七之助・又次郎			140	文化1・7・19		
福嶋梅之助			400	文化2・8・25	文政12	
福田杢兵衛	信保		100	文化1・7・6	文化1・2・9	
〃 金十郎			100	文化1・7・6	文化8・10・23	
藤井庄大夫		歩		文化1・10・19		
藤江次郎兵衛		歩	100	文化1・3・20 11・11	文政4	
藤掛亥三郎			500	文化1・12・11	文化1	
〃 鍋吉・又之丞			500	文化1・12・11	文政12	
藤田吉左衛門	有端		100	文化1・7・1	文政8・9・22	
藤田五郎・平兵衛	安処		2000	文化1・5・8 5・11 文化2・12・23	天保3	
藤田甚四郎・八郎兵衛	安慶		500	文化1・9・13 10・24 文化2・9・4		
				12・末		
不嶋源助		算用者		文化1・4・13		
舟木知右衛門		料理人	80	享和4・1・1 文化1・12・11		
〃 伝内			80	文化1・12・11		

姓・通称	諱		扶持	年月日	没年月日	享年
不破久大夫	甫友		280	文化2・9・11		
〃伝吉郎	易直		280	文化2・9・11		
不破五郎兵衛	光保		330	文化2・5・16 9・15	文化11・2・26	73
不破新左衛門			150	文化1・7・6		
〃惣蔵・宇兵衛			150	文化1・7・6	天保5	
不破貞九郎・吉之助			150	文化1・7・6		
〃金二郎・武兵衛			150	文化1・7・6	文政12・4	
不破直記	貞睦		700	文化2・8・28	文政3・5・8	
不破半六	克和		150	文化1・7・6	享和3・9	
〃助次郎	和恒		150	文化1・7・6		
〃宝三郎	和篤		150	文化1・7・6		
不破彦三	為章		4500	文化1・7・6	享和3・10・11	59
〃英之助	為周		4500	文化1・7・6	文政7	
ほ						
堀田次兵衛	之和		200	文化1・2・末(2・28) 文化2・4・9		
堀 左兵衛	秀親		450	文化1・7・1 11・2		
〃定之丞・彦輔			450	文化1・7・1		
堀 三左衛門・兵馬	善勝		200	享和4・1・19 文化1・5・6 9・17		
				文化2・2・14 2・18 3・15		
堀 次郎八・三郎兵衛	康忠		500	文化1・3・末(3・16)	文政10・2	
堀 宗叔	本行		10人	文化1・12・11	文化1・7・4	67
〃周庵	勝能		10人	文化1・12・11	天保6	51
堀 万兵衛	貫保		200	文化1・2・末(2・28) 6・4 7・19	文化13	

				9・16 9・17 10・19		
				文化2・7・末(7・7) 8・15 10・8		
堀部五左衛門	弘通		170	享和4・1・30 文化1・7・6 7・11		58
〃 宗次郎・助三			170	文化1・7・6 文化2・12・16	文化2・7・25	
〃 孝四郎・孫三	恵迪		170	文化2・12・16	天保12・1	
本多安房守・主殿	政礼		50000	文化1・12・24 12・28 文化2・1・28 2・15 2・26 4・15	文政3・7・10	
本多勘解由	政養		1100	享和4・1・1 1・15 2・18 文化1・2・19 2・末(2・28) 3・5 3・15 3・20 5・22 5・23 6・18 6・25 11・13 11・15 文化2・2・18 3・11 3・15 3・末(4・1) 4・15 12・末	天保9・4	74
本多主水・政恒	政基		3000	文化1・2・末(2・1) 文化2・2・2 2・26	文化7・8・8	48
本保六郎左衛門	平通		150	文化1・5・6 6・4	文化6・12・15	67
ま						
前田伊勢守	孝友		18500	享和4・1・3 1・6 1・15 1・19 1・21 1・29 2・2 2・13 2・15 2・17 文化1・2・18 2・19 2・20 2・21 2・末(2・28) 3・5 3・8 3・15 3・20 4・6 5・頭 5・8 5・28 7・頭 9・28 10・頭 12・頭 文化2・2・頭 4・頭 5・頭 6・9	天保	

姓・通称	諱		扶持	年月日	没年月日	享年
				6・26 7・頭 9・頭 10・頭 10・23		
				11・頭 12・11		
前田織江	道済		7000	文化1・6・25 11・末(11・15)	天保1・10・13	
前田掃部	孝亮		3000	文化1・2・末(2・28)		
前田牽治郎・源兵衛	直賢		500	文化2・1・28	天保1	
前田権佐	恒固		3700	文化1・7・末(7・2)	天保1・8・14	
前田式部	孝始		3000	文化1・11・1 文化2・12・末		
前田甚八郎	直房		1020	文化2・2・26	文政7	
前田圖書	貞一		7000	享和4・1・末(1・11) 10・2 11・14	文政	
前田大学	直英		1500	文化1・10・18 (10・16)	文化7	
前田土佐守	直方		11000	文化2・1・2 6・1		
〃 内匠助	直養		2500	文化1・4・頭 4・2 4・13 4・15	文化2	
				4・23 4・29 5・15 5・17		
				文化2・1・2		
前田飛騨守	利考	大聖寺		享和4・1・末(1・26) 2・2		
〃 大学	弟			享和4・1・末(1・26) 2・2		
前田兵部・内記	純孝		4000	文化1・2・末(2・1) 5・6 8・6		
				8・10 10・26 11・11 11・14		
				文化2・8・28		
前田杢	直美		1500	文化1・7・15 文化2・12・16		
前田余三次郎				文化1・9・9		
増木仲平			100	文化1・6・17		
〃 際助			100	文化1・6・17		
牧 昌左衛門	忠輔		200	文化2・12・末	文化10・4・20	

松尾治部・縫殿	栄庸		600	文化1・12・13 文化2・6・2	文政5・10・18
松崎藤左衛門		歩		文化2・12・28	
松崎徳兵衛		鷹方		文化1・6・末(6・14)	
松平吉十郎				文化2・7・22	
松平治部	康乂		2000	文化1・5・11	文政5
松波六郎大夫	義章		100	文化1・7・6	
〃 重左衛門			100	文化1・7・6	
松原安左衛門・伊織	一得		500	文化1・11・25 12・15 文化2・8・28	
松原伊左衛門			100	文化2・11・22	
松原牛之助・牛兵衛	有之		350	文化1・6・18 12・2 文化2・5・21	天保1・8・26
				5・末(5・27) ⑧・23	
松本梅順・吉左衛門		細工者		文化1・6・4	
丸山了悦	応保		300	文化2・5・末(5・27)	

み

三浦要人・采女			1100	文化1・6・末(6・22) 12・11	
〃 重蔵・八郎左衛門	賢善		1100	文化1・12・11	文政7
三嶋安左衛門			400	文化1・6・11	
水上喜八郎			200	文化1・12・11	
〃 助三・助大夫			200	文化1・12・11 文化2・12・16	
水越軍平・善左衛門	政一		150	文化1・8・10	
水越縫殿太郎・三右衛門	道賢		500	文化1・8・10	
水越八郎左衛門	政紹		350	文化1・7・11 7・13 7・21	
				7・末(7・26) 8・23 8・27 8・晦	
				9・頭 9・2 9・9 9・13 9・17	

姓・通称	諱		扶持	年月日	没年月日	享年
				11・11 12・24 文化2・2・頭 2・11 2・18 2・25 2・26 2・27 4・頭 4・13 9・4		
水野次郎大夫	武矩		300	文化1・4・11 7・7 文化2・7・11	文化7・12・15	58
水野半佑			130	文化1・7・6		
〃 五十郎	恒久		130	文化1・7・6		
水原清左衛門・孫太夫	景福		950	文化1・5・25 6・8 7・11 7・13 7・14	文化8・8・2	
三田村縫殿・紋左衛門	定保		4000	文化2・12・11	文政8	
三橋平左衛門		歩		文化1・7・末(7・23) 10・19		
三宅平太左衛門・権左兵衛	正路		450	文化1・12・25(12・24) 文化2・7・22 7・28	文政3	
三輪采男・政之助			1000	享和4・2・11	文化9	
宮井伝兵衛			300	文化2・7・22 10・26	文化11	
宮井典膳	直経		160	文化2・2・26		
宮崎久兵衛・弥左衛門	元功		400	文化1・5・23 8・23 文化2・6・末(6・6)	文化3・8・24	
宮村文左衛門		同心		享和4・1・末(1・28)		
む						
村 杢右衛門	陣救		650	文化1・5・8 5・25 9・1 7・11 7・13	天保1	
〃 金五郎			650	文化1・9・1 文化2・10・11		
村井猪三太	永保		200	文化1・10・10 10・21	文化10・11・19	58

村井又兵衛・豊後守	長世		16569	享和4・1・頭　2・頭　文化1・2・末(2・1)(2・28)　3・頭　4・頭　5・頭　5・5　5・6　5・11　5・15　5・17　5・25　5・28　6・頭　8・頭　8・27　9・頭　9・17　9・28　9・29　11・頭　12・頭　12・22　文化2・1・頭　3・頭　3・8　3・10　3・11　3・12　3・19　4・9　6・頭　6・1　6・15　8・頭　8・25　8・28　⑧・頭　9・15　12・頭　12・末	文政10・10・28	
村田左源太		小松		文化1・5・1		
村田三郎兵衛	恒升		250	文化1・7・14　文化2・⑧・23　12・末	文化7・10・19	
武藤伊織			200	文化2・12・16		
武藤主計	元貞		400	文化1・5・末	天保8・6・12	77
も						
毛利猪之助				文化1・3・末(3・25)		
森口七兵衛			50俵	文化1・12・11　12・14		
〃庸五郎(早川)			50俵	文化1・12・11　12・14		
や						
安田権三郎			180	文化2・12・16		
〃平次郎・兵右衛門	高中		180	文化2・12・16		
安田久左衛門	敷充		93	文化1・3・末(3・25)		
安田侑左衛門		山城臣	70	文化2・12・16		

姓・通称	諱		扶持	年月日	没年月日	享年
八十嶋伊内				文化2・9・4		
柳　源太				文化1・11・2		
矢部勘右衛門	篤定		150	文化1・7・1	天保13・11・2	56
山内伴助		小幡家来		文化1・7・末(7・2)		
山岸七郎兵衛	永秩		250	享和4・1・1　2・17　文化1・7・14	文政2	
				7・17　文化2・2・26　4・末　7・22		
山口小左衛門	一致		320	文化1・11・2	文政6	
山口才次				享和4・1・末(1・28)		
山崎伊織	長恒		5500	文化2・9・4	文化3・10・3	37
山崎小右衛門・頼母	籍侃		700	文化1・12・17　文化2・2・4　9・15		
山崎十三郎	方睦		1000	文化1・6・25　文化2・2・2	文化11・9・24	
山崎鉦助			1000	文化2・7・22		
〃久米之助・勘左衛門	常隆		1000	文化2・7・22		
山崎助大夫	正廉		180	文化2・1・25		
山崎茂兵衛			300	文化1・6・8		
山路忠左衛門			400	文化2・4・15　12・16	文政1・2	
山田忠四郎	正澄		400	文化2・12・末	文政2	
山田万作			400	文化2・12・末	文政7	
山根与九郎			200	文化1・7・6		
〃義六・左大夫	元長		200	文化1・7・6	天保5・12・晦	51
山辺左盛	政試		100	文化2・2・2		
山辺森右衛門				文化2・9・4		
山村善左衛門	慎之		850	文化2・4・末	天保10・10	90
山本直吉・彦右衛門	秀周		100	文化1・7・4		

山本武兵衛		与力	100	文化1・8・10		
〃六事			100	文化1・8・10		
山本又九郎・左次馬	守令		300	文化1・4・7 4・11 11・25 文化2・2・14 5・末(5・27) 11・末(11・23)	天保9	
〃伝次郎				文化1・4・11		
山森権八郎・権太郎	維寧		500	文化1・10・19 文化2・11・15 11・16		
山森藤右衛門	直孝		1500	文化1・6・26		
ゆ						
湯浅友右衛門				文化1・12・28(12・27)		
由比友之進				文化1・8・10		
行山三郎大夫			200	文化2・7・22		
〃安之助	孝始		200	文化2・7・22		
湯原十左衛門	正武		90	文化1・12・28(12・27)		
湯原友之助・久右衛門	信恭		160	文化1・12・17 文化2・1・22 4・末 9・末(9・24)		
よ						
横井元秀			450	文化1・8・16	文政	
横浜善左衛門	玄英		1050	文化1・5・7 11・13 文化2・2・18 5・16	文化3	
横山引馬	隆誨		500	文化1・12・28 文化2・1・17 10・11		
横山久大夫		長家臣		文化1・12・末		
横山圖書	政孝		10000	文化1・5・26	天保7・1・26	48

姓・通称	諱		扶持	年月日	没年月日	享年
横山又五郎	政質		3500	文化1・5・1 文化2・1・2	文化6・9・9	
横山山城	隆盛		30000	享和4・2・18 3・頭 4・23 7・6 8・頭 8・11 8・18 8・23 11・25 文化2・1・頭 1・26 2・26 4・頭 4・9 4・15 4・末 6・1 6・9 6・26 7・頭 7・11 9・頭 9・4 9・15 11・頭 11・18 11・22	文化13・8・24	34
吉田権平	茂淑		750	文化2・1・4 1・26		
吉田才二郎	茂延		300	文化2・1・4		
吉田丈蔵		料理人	100	享和4・1・末(1・28)		
吉田甚左衛門	安定		200	文化1・7・1	文政	
吉田八郎大夫	兼忠		450	享和4・1・末(1・28)(1・20) 2・末(2・1) 3・16 3・17 3・18 5・17 文化1・7・末(7・2)(7・23) 文化2・1・1 1・3 4・9 6・頭 6・7 6・9 6・12 6・15 6・末(6・6) 7・4 7・11 8・頭 8・11 9・13	文化3・6	
吉田彦兵衛	茂育		500	文化2・1・4		
吉田兵馬	守身		150	文化2・12・末	天保11・5・5	68
吉田平兵衛		与力		文化2・7・22		
吉田又右衛門	成憲		200	文化1・2・末(2・28) 6・15 7・11 11・13	文化7	
吉田茂右衛門				文化1・7・末(7・26)		

わ					
脇田源左衛門・善左衛門	祐忠		500	**文化1・12・15**	文政3
脇田小左衛門				**文化1・7・末**(7・2)	
分部喜平太・十左衛門	恒久		150	**文化2・10・16**	
和田磯五郎				**文化2・9・4**	
和田源次右衛門・采女	韶貞		700	**文化1・5・7**	文政3
和田長助・久左衛門			200	**文化2・9・4**	
〃 武兵衛			200	**文化2・9・4**	
渡辺久兵衛	章		250	**文化1・5・6** 8・4 9・1	文政7・8・6
				文化2・10・11 10・26	
渡辺源五郎		右筆	160	**文化1・10・13**	文政10・4・晦
〃 源十郎		弟	160	**文化1・10・13**	
渡部源三郎			130	**文化2・7・22**	
〃 余所太郎・金八			130	**文化2・7・22**	文政3

翻刻・校訂・編集

笠嶋　剛	1939年生	金沢市在住
南保　信之	1946年生	白山市在住
真山　武志	1935年生	白山市在住
森下　正子	1940年生	金沢市在住
(代表)髙木喜美子	1940年生	金沢市泉野町5丁目5-27

ISBN978-4-86627-104-0

津田政隣
政隣記 耳目甄録 廿二
従文化元年―到文化二年

二〇二一年六月一五日 発行

定価 三、三〇〇円

校訂・編集 (代)髙木喜美子
笠嶋 剛　南保信之　真山武志
森下正子

出版者 勝山敏一

印刷 株式会社 すがの印刷

発行 桂書房
〒930-0103 富山市北代三六八三-一一
電話(〇七六)四三四-四六〇〇
FAX(〇七六)四三四-四六一七

地方小出版流通センター扱い